JOGUE PARA
VENCER

O livro é a porta que se abre para a realização do homem.

Jair Lot Vieira

BRAD GILBERT
e STEVE JAMISON

JOGUE PARA
VENCER

LIÇÕES DE UM MESTRE PARA
TRIUNFAR NA GUERRA MENTAL DO TÊNIS

Tradução
Flávia Yacubian

Copyright da tradução e desta edição © 2023 by Edipro Edições Profissionais Ltda.

Todos os direitos reservados. Nenhuma parte deste livro poderá ser reproduzida ou transmitida de qualquer forma ou por quaisquer meios, eletrônicos ou mecânicos, incluindo fotocópia, gravação ou qualquer sistema de armazenamento e recuperação de informações, sem permissão por escrito do editor.

Título original: Winning Ugly
Copyright © 1993 by Brad Gilbert and Steve Jamison
Introduction copyright © 2013 by Brad Gilbert

Grafia conforme o novo Acordo Ortográfico da Língua Portuguesa.

2ª edição, 2023.

Editores: Jair Lot Vieira e Maíra Lot Vieira Micales
Produção editorial: Carla Bitelli
Edição de texto: Marta Almeida de Sá
Assistência editorial: Thiago Santos
Preparação de texto: Marlon Magno
Revisão técnica: José Nilton Dalcim
Revisão gramatical: Marta Almeida de Sá e Tatiana Tanaka
Editoração eletrônica: Spress Diagramação Design
Capa: Studio Mandragora
Créditos das imagens: capa: mikdam/iStock/Getty Images; quarta capa: shmackyshmack/iStock/Getty Images.

Dados Internacionais de Catalogação na Publicação (CIP)
(Câmara Brasileira do Livro, SP, Brasil)

Gilbert, Brad

    Jogue para vencer : lições de um mestre para triunfar na guerra mental do tênis / Brad Gilbert, Steve Jamison, com capítulo escrito por Andre Agassi ; tradução Flávia Yacubian. – 2. ed. – São Paulo : Edipro, 2023.

    Título original: Winning Ugly

    ISBN 978-65-5660-116-8 (impresso)
    ISBN 978-65-5660-117-5 (e-pub)

    1. Desempenho 2. Tênis 3. Tênis – Aspectos psicológicos I. Jamison, Steve. II. Agassi, por Andre. III. Título.

23-157331   CDD-796.342019

Índice para catálogo sistemático:
1. Tênis : Esportes :
Aspectos psicológicos : 796.342019

Cibele Maria Dias – Bibliotecária – CRB-8/9427

São Paulo: (11) 3107-7050 • Bauru: (14) 3234-4121
www.edipro.com.br • edipro@edipro.com.br
@editoraedipro   @editoraedipro

*Para Arthur Ashe, um cavalheiro e grande campeão,
que lutou pela dignidade humana e pelo valor do indivíduo.*

SUMÁRIO

INTRODUÇÃO
Jogue para vencer no século XXI:
tudo muda, nada muda — **9**

PREFÁCIO DA PRIMEIRA EDIÇÃO
Ganhando feio? — **21**

McEnroe: Um mestre perde feio — **23**

I. SAIR NA FRENTE:
A partida começa antes do começo — **27**

1.
Preparação mental: a vantagem pré-jogo — **29**

2.
Ferramentas do ofício: como o equipamento pode ajudar — **49**

3.
Alongando para o sucesso — **59**

4.
Aquecimento no micro-ondas:
descongele as jogadas rapidinho — **65**

5.
Quatro maneiras de acabar com a ansiedade:
superando o nervosismo pré-jogo — **73**

6.
Início inteligente: saia na frente — **81**

II. JOGANDO DE FORMA INTELIGENTE: Encontrando um jeito de vencer — 93

7. A chave para a vitória — **95**

8. Destrua o plano de jogo do adversário — **105**

9. Os sete pontos de vantagem secretos — **139**

10. O *pit stop* do tenista: conserto de golpes — **163**

11. Aprendendo com as lendas — **173**

III. JOGOS MENTAIS, INTIMIDAÇÃO E TÁTICAS DE JOGO: Contos das competições — 189

12. Os mestres da fúria: Connors e McEnroe — **191**

13. A arma letal de Lendl — **207**

14. Agassi: quebrando o limite de velocidade — **215**

15. Como lidar com trapaça — **219**

16. A partida de 1 milhão de dólares: a guerra com Wheaton — **223**

17. Empenho de torneio o tempo todo — **233**

18. A rota para o número 1 — **239**

19. Andre Agassi sobre "ganhar feio" — **247**

INTRODUÇÃO

JOGUE PARA VENCER NO SÉCULO XXI: TUDO MUDA, NADA MUDA

Vamos testar sua memória com esta questão: quem eram os campeões do mundo quando *Jogue para vencer* foi publicado em 1992? Se você respondeu Monica Seles e Jim Courier, acertou! Muito mudou desde então, mas bastante coisa permaneceu igual. Acho que é por isso que muitos jogadores de tênis me contam como *Jogue para vencer* os ajuda a melhorar a performance hoje em dia, tantos anos depois de ele ter sido lançado no desavisado mundo do tênis.

Nada me alegra mais o coração do que um jogador de fim de semana ou um profissional se aproximar de mim num campeonato com uma cópia do livro para eu autografar. Legal! Para mim, é o maior dos elogios. E é por isso que eu não mudaria em nada aquela primeira edição; ela ainda é poderosa. Juro.

No entanto, eu gostaria de *acrescentar* algumas ideias, e é por isso que temos esta introdução novinha em folha e completa, para que *Jogue para vencer* se atualize para o século XXI.

As três maiores mudanças no tênis desde que *Jogue para vencer* foi escrito são: tecnologia, superfícies das quadras e atletismo. (Talvez eu devesse adicionar uma quarta: *replay* instantâneo, o *shot spot*. É ótimo para o jogo e maravilhoso para os fãs, pois satisfaz a curiosidade com evidências conclusivas naqueles casos duvidosos.)

1. Tecnologia: As cordas tecnológicas e as raquetes superleves transformaram as jogadas, permitindo a profissionais e a muitos amadores bater bem forte e gerar *spin* e ângulos que se tornam granadas no fundo da quadra e bombas nos saques. (A bola de

Rafael Nadal gira 5 mil rotações por minuto – mais que o dobro das bolas de Pete Sampras e Andre Agassi no auge.) A bola é atingida com tanta força e com tanto *spin* que é praticamente *deformada* enquanto é lançada por cima da rede na direção do oponente.

2. Superfícies das quadras: as superfícies das quadras ao redor do mundo estão mais ou menos homogêneas: a grama mais lenta; o saibro mais rápido; quadras duras quicam mais. Tudo isso torna os pontos bem melhores – mais interessantes para os torcedores assistirem, e mais divertidos para os comentaristas como eu analisarem.

3. Por fim (e, para mim, a maior mudança), o atletismo e o consequente *movimento* e a musculosidade dos jogadores de torneio do século XXI estão mais incríveis do que nunca.

"Movimento" significa boa movimentação de pés relacionada com velocidade, equilíbrio, destreza e flexibilidade, tanto no ataque como na defesa, pelo tempo necessário, para que o trabalho seja cumprido. Originou-se das melhorias no condicionamento e na força, dentre outras coisas. Para se manter no topo, uma condição física superior hoje em dia é obrigatória, e um preparador físico top de linha é tão essencial quanto um bom treinador. Quando se combina isso com a nova tecnologia, surge o supertênis jogado por superatletas.

Por exemplo, Novak Djokovic – o Djoker – consegue percorrer cinco cantos para frente e para trás – *boom, boom, boom, boom, boom* –, depois dominar o ponto, dar um golpe vencedor e finalizar com o *split*. Ele, Rafa e outros fazem isso por quatro horas seguidas. Eles dominam a habilidade incrível da Recuperação em 20 Segundos (*20-second Recovery*). Esses caras fazem parecer fácil, e isso me impressiona.

Vejo pontos hoje em dia que simplesmente não eram marcados vinte anos atrás. É como olhar um videogame (ou, como eu digo na ESPN2, "ver um jogo de tênis do Wii") com jogadores "completos", que podem jogar de qualquer canto da quadra. O tênis resultante disso é inacreditável e trouxe uma nova era de ouro para o esporte.

Onde o jogo estará daqui a vinte anos? Saques de 320 quilômetros por hora? Pode ser. E o mais impressionante é que os jogadores *irão devolver* esses serviços.

A cara do tênis do século XXI, até o momento, é de Roger Federer. Fed alcançou o número 1 mundial em 2004 e o manteve até 2008, quando Nadal o pegou por um ano, depois Fed outra vez, depois Nadal novamente – e então Djoker o tomou. Mas a marca de Fed – dezessete Slams[1] (até agora) – é a maior do tênis masculino. Ele elevou tanto o nível que obrigou os outros a segui-lo, se quisessem competir. Rafa e Djoker conseguiram. Outros conseguirão.

Do lado masculino, nunca vi um quarteto mais forte do que Fed, Rafa, Djoker e Andy Murray. Duvido que vejamos em breve quatro primeiros colocados tão poderosos – talvez nunca.

Para as mulheres, Serena é a *tal*, embora Venus também seja incrível. Serena e Venus são as duas melhores coisas que já aconteceram ao tênis feminino no século XXI porque elas mudaram tudo. (Steffi Graf no auge poderia desafiar qualquer uma das irmãs Williams porque seu jogo era muito físico, com golpes de fundo de quadra muito poderosos, incluindo seu lendário *backhand* com bola cortada – o golpe fatal. Muito forte mentalmente também, como Venus e Serena.)

Os fãs das antigas gostam de dizer que os anos 80 produziram o maior elenco do tênis – McEnroe, Connors, Becker, Evert, Navratilova, Lendl, Borg e outros. Mas as performances atuais são mais emocionantes por conta das mudanças que mencionei e dos atletas que as incorporam ao jogo.

No entanto, por mais que as coisas mudem para os profissionais, elas ainda permanecem as mesmas para os amadores – e hoje em dia até eu posso ser chamado assim.

Quando *Jogue para vencer* estava sendo escrito, Steve Jamison ficava me relembrando de que o foco deveria ser exclusivamente o que os amadores poderiam aprender com os profissionais na questão *mental* do tênis. Esta verdade não mudou: você pode mudar o seu jogo bem rápido se mudar sua forma de pensar; se trabalhar a sua mente tanto quanto trabalha as jogadas.

Porém o novo elenco de superestrelas que domina a cena do tênis no século XXI proporciona novas ideias de administração mental para o seu arsenal. A abordagem delas para o jogo cerebral o ajudará a derrotar oponentes que estão derrotando você – eles podem até bater melhor na bola, mas não pensam tão bem.

---

1 O termo *Grand Slam* é usado para denominar os quatro mais importantes torneios de tênis no mesmo ano. (N.E.)

Pra começar: Roger Federer. Você já percebeu que nas partidas do Aberto da França as meias de Federer não se sujam, mesmo no saibro? E o cara mal sua. Como é possível? Ainda mais no saibro vermelho – é impossível. Todo mundo fica coberto de terra e suor. Por que Federer não? Bem, em parte, porque ele é perfeito: tem movimentos impecáveis, elegantes, naturais e eficientes. E ele tem a habilidade de ditar os pontos com o melhor *forehand* que o tênis já produziu. (Talvez Nadal seja o único outro nesse nível.)

Mas eis o que podemos aprender com Fed: embora ele não tenha o melhor saque do circuito, ele é o melhor em "manter o saque" – durante mais de 90% do tempo Roger Federer mantém o saque *sem* ter um grande saque. Como? Em parte isso acontece porque ele atinge os lugares com precisão e consistência inacreditáveis. Alguns jogadores acertam uma moeda, Fed acerta um pontinho no chão. Um saque poderoso é ótimo, mas, acredite em mim, um receptor pode entender como lidar com esse poder com bem mais facilidade do que lidar com uma colocação melhorada. Na verdade, segue uma dica. Se o adversário está constantemente pontuando com um saque poderoso, a solução é simples: dê um passo para trás de onde está parado recebendo o serviço. Você gostará do resultado.

A lição? Segure o saque e treine a *colocação* da bola acima de tudo; mude o saque um pouco de lugar. Você não precisa ser Roger Federer para conseguir resultado mudando de lugar. Deixe o oponente na dúvida. E, lembre-se, se for trabalhar em uma única coisa, *pratique o saque!* Deve ser a jogada mais importante desse esporte.

Acho que a zona de conforto de Rafa é quando ele sente que não está bom o suficiente e que precisa melhorar cada vez mais para se manter competitivo. Então, ele está sempre mudando alguma coisinha do seu fantástico jogo, nunca está satisfeito, sempre está em busca do que melhorar. Melhorar, melhorar, melhorar! Não gosta que lhe digam que é o melhor porque ele não quer acreditar nisso.

Rafa não quer se sentir o melhor porque quer ser cada vez melhor, então está sempre trabalhando em algo. Quando converso com ele nos torneios, ele está sempre mexendo em alguma coisa – a empunhadura, o arremesso ou outra coisa. A paixão que se vê em Rafa na quadra, no quinto *set* das finais de um Grand Slam, é a mesma paixão que ele sente fora das quadras para melhorar sua execução. Rafa Nadal dá 100% de si durante as partidas, o treino e provavelmente durante o café da manhã também. Comprometimento total.

A lição? Sempre queira melhorar, elevar o nível da mecânica e do pensamento do seu jogo. Se um dos maiores jogadores da história do tênis acha que o jogo dele nunca é bom o suficiente, você também consegue. E eu também. Veja o meu exemplo.

Quando eu estava no circuito, deixava os jogadores loucos indo atrás de tudo, mantendo o ponto vivo, segurando as pontas. Eu declarava uma guerra de atrito. Hoje em dia? As pernas e os pulmões não são como eram vinte anos atrás, e precisei ser honesto comigo e admitir isso. Então, fui mexer na minha mecânica, como Rafa, porque eu precisava de *end points* (pontos de definição) mais cedo nas partidas de nível sênior que jogava. Para isso, precisava bater com mais impacto no meio da quadra e torcer para que a bola não voltasse ou voltasse mais fraca, para que eu não precisasse correr tanto. Quando comecei a calibrar o golpe, deixei minha esposa, a senhora G., maluca, porque eu andava de um lado para o outro da casa com a raquete na mão, praticando um *forehand* mais achatado, atacando uma bola imaginária.

Fico orgulhoso de afirmar que nunca quebrei uma lâmpada, bem como fui capaz de desenvolver um *forehand* mais forte, achatado e contundente. Eu coloquei a mão na massa (na sala, na copa, na cozinha) e depois na quadra.

Seja como Rafa: insatisfeito com o seu jogo! Faça alterações boas e bem trabalhadas sempre com o objetivo de se tornar melhor, e assim você se *tornará* um jogador melhor e ganhará mais vezes.

E, por falar em melhorar, Novak Djokovic dá uma lição de ouro no quesito objetivos: não se acomode com resultados abaixo do seu potencial; não fique confortável. Mas, talvez, em algum momento, Djoker tenha ficado confortável.

Você se lembra de quando ele ficava eternamente em terceiro lugar? Em 2007, 2008, 2009 e 2010? Também se lembra de que naquele dezembro de 2010 ele levou a Sérvia à vitória contra a França nas finais da Copa Davis? E, depois, se lembra do que aconteceu? Ele era imbatível.

Em 2011, ganhou dez campeonatos, incluindo o Aberto da Austrália, Wimbledon e o us Open, e bateu o recorde mundial de prêmios em dinheiro numa única temporada (12 milhões de dólares), o que acontece quando se ganha 41 partidas seguidas, perdendo apenas para a série de 42 vitórias de John McEnroe.

Como esse avanço impressionante ocorreu? Sim, ele começou uma dieta sem glúten, e acredito que isso melhorou muito a respiração dele. Sim, ele passou a acreditar no próprio saque. Novak alterou o movimento do serviço, que não estava funcionando, e voltou para o movimento original, que funcionava. Ele passou de único jogador no Top 50, nos primeiros três trimestres de 2010, a ter mais duplas faltas do que *aces* a ter um saque mais consistente, confiável e produtivo. Ambas as mudanças foram importantes, mas creio que a maior delas ocorreu dentro da cabeça do Djoker.

Levar a Sérvia para a glória da Copa Davis provocou algo na cabeça dele que o abalou, ampliou sua visão e seus objetivos e o levou a uma busca profunda dentro de si, à procura de resultados históricos. Triunfar na Davis o deixou com fome, penso eu, de ser o melhor no circuito da ATP.

Talvez Djoker tivesse se acostumado mentalmente ao terceiro lugar, mas então veio a Copa Davis e destruiu essa zona de conforto – isso sem dúvida teve um papel importante nessa reviravolta. Algo realmente significativo ocorreu na atitude de Djoker. Acho que nem mesmo ele entende completamente, mas esse é o meu palpite, porque a diferença de ser o número 1 e o número 3 geralmente é mental. Djokovic tornou-se o seu próprio profeta; ele enxergou a terra prometida e se mudou para lá.

Algo semelhante talvez tenha ocorrido com o eterno número 4, Andy Murray, que perdeu quatro finais de Grand Slam, incluindo a de Wimbledon, em 2012, para Roger Federer. Murray tinha trazido para o seu time Ivan Lendl – com oito Grand Slams – para ajudá-lo a sair da zona de melhor jogador que nunca havia ganhado um *major*.[2] Ivan *também* tinha perdido quatro aparições em finais de Slam, mas continuou batalhando e acreditando, até ganhar os oito campeonatos. Como um bom treinador, ele instigou Andy com essa insistência incansável, algo que talvez faltasse ao escocês. E começou, acredite ou não, com a *derrota* de quatro *sets* para Federer nas finais de Wimbledon. Lendl reconheceu na derrota que Andy tinha sido muito competitivo pela primeira vez em uma aparição de final de Grand Slam – ele venceu o primeiro *set* e ficou perto de vencer outros dois.

Pelas minhas conversas com Ivan, acredito que ele manteve o foco nos pontos positivos com Andy, depois da derrota, fazendo que pensasse na

---

2 *Major* é a forma americana de denominar cada um dos torneios que integram o *Grand Slam*. (N.E.)

performance muito melhor em relação às aparições prévias nas finais de Slam, nas quais perdera em *sets* não tão competitivos. A prova deve ser esta: quinze dias depois da derrota em Wimbledon, Andy vence Fed com facilidade pela medalha de ouro nas Olimpíadas de 2012. Embora não seja um evento de Grand Slam, Ivan Lendl o declarou "importante" e disse que Andy havia ganhado seu primeiro Grand Slam! Com essa declaração, praticamente chamou Murray de campeão de Grand Slam. Isso tirou um peso dos ombros de Murray? Você decide.

Por mais estranho que pareça (pois quando o víamos sentado no camarote, assistindo a uma partida, Ivan parecia sério e mal-humorado), ele ensinou Andy Murray a manter o pensamento *positivo*.

A lição? Você é melhor do que pensa; pode jogar num nível mais alto; e tem potencial para derrotar os ditos melhores. Se você quer competir, não apenas jogar para se exercitar (e tênis é ótimo para cardíacos), não aceite ficar onde está, não se contente com pouco. Dê a volta por cima, como puder, e vá atrás dos resultados. Como Murray e Djoker, você pode mudar as coisas e derrotar quem o derrota.

Essa atitude de "não se contente com pouco" foi demonstrada por uma jogadora que eu chamo de Faísca, por causa de sua grande intensidade e energia na quadra. Justine Henin, embora fosse pequena – 1,67 metro e 56 quilos –, jogava um tênis explosivo. Ela poderia ter se acomodado na posição de rebatedora, como todos diziam para fazer (devido ao seu tamanho), mas ela disse não.

Justine tinha um tipo diferente de jogo em sua mente e usou o seu *timing* impressionante para saques e *forehands* e para desenvolver um dos melhores *backhands* do tênis feminino. Ela se forçou a se tornar uma jogadora dominante e *ofensiva*, sem dar bola para o convencional e os *experts*. Adoro isso. Ela superou as adversidades e ganhou sete Grand Slams com um grande tênis, apesar de sua estatura. Jogo grande num frasco pequeno.

Henin superou a altura com a mente. Algo difícil, mas foi o que ela fez. E talvez você possa fazer o mesmo, do seu jeito. Em alguns momentos, é preciso seguir o instinto, saber o que é certo para si mesmo e se comprometer com isso, como Justine fez no início da carreira.

Agora vamos nos focar em um aspecto de outra superestrela feminina que você deve incorporar no seu jogo, ou melhor, na sua cabeça. Serena e Venus Williams têm um problema sério de perda de memória recente. Com isso, quero dizer que, quando as coisas vão mal num ponto, *game*, *set* ou *match*, elas conseguem "limpar a lousa": esquecem imediatamente e não se deixam influenciar. Jogadores de fim de semana? Perdemos uns lances, uns jogos, e ficamos doidos; perdemos a confiança, ficamos agitados, queremos parar de jogar. Acredite, eu sei bem. *Eu* era assim nos campeonatos. Como você vai ver mais adiante, quando se deixar levar para baixo – começar a se julgar mentalmente –, surgirão *dois* jogadores na quadra querendo derrotar você. E um deles é você mesmo.

Utilize-se do exemplo das irmãs Williams – a capacidade de olhar adiante, não para trás – e faça algo parecido; use isso positivamente. Quando uma delas está mal no jogo, esta não perde a fé. Continua recebendo as bolas e tentando os lances sem ansiedade sobre o placar *ou* sobre os erros. Cada ponto faz recomeçar tudo na mente delas, isentando-as de culpa pelo erro prévio.

Esse é um ótimo tipo de memória recente, que ajuda a mantê-las comprometidas com o que querem fazer. Os oponentes sabem disso. Sabem que Serena, principalmente, pode ser muito letal nessa situação porque ela *não* vai desistir, permanecerá comprometida e com fé no próprio jogo, vai passar a lutar com mais empenho do que antes. Isso é assustador para quem está do outro lado da rede.

Se a gente assiste a muitas partidas, em algum momento vê algo inesperado. E durante o Aberto da França de 2012 eu vi: Serena Williams perdeu um *match* de primeira rodada para a 111ª do *ranking*, embora ela nunca tivesse perdido numa primeira rodada de Slam – nunca! – e estivesse um *set* à frente, e liderando o segundo *tie-break* por 5–1. Como isso aconteceu? Simples: a maré vira e às vezes não é possível mudar seu curso, mesmo sendo uma Serena Williams contra uma oponente na casa das centenas.

Uma decisão errada aqui, um erro não forçado ali, uma jogadora, a francesa Virginie Razzano, entra na "zona" e passa a ter apoio local – e, de repente, as coisas ficam fora de controle. Pode demorar, mas acontece. E aconteceu.

Serena ficou várias vezes a dois pontos de ganhar a partida de três horas e salvar sete *match points* contra si. Razzano finalmente ganhou na oitava tentativa. Foi um golpe devastador para Serena, certo? Errado. Justamente o oposto.

Curta foi a resposta dela para a mídia, logo em seguida: "Sabe como é, a vida é assim". A lição? Vencer já é difícil mesmo quando se acredita nos próprios lances. É impossível se duvidar. Tire a dúvida com a perda de memória recente, e prometo que conseguirá resultados dignos de recordação. Uma boa maneira de fazer isso depois de uma derrota é escrever o que fez de *certo* durante o jogo; tirar algo positivo do negativo.

No caso da Serena, ela fez muita coisa certa para chegar tão perto da vitória. Continuou lutando muito quando se deparou com um *match point* de novo e de novo e de novo. Muitos pontos positivos. No seu caso, olhe os seus pontos positivos, aprenda com eles. Olhe para os negativos, conserte-os. Aprenda e conserte. Siga em frente. Diga para si mesmo: "A vida é assim".

Serena detesta perder uma partida, especialmente num Slam, mas, em sua mente, ela não fica se debatendo com a derrota. Ela a usa para melhorar, e muito. Em vez de voltar para Nova York, seguiu para a academia de tênis de Patrick Mouratoglou, em Paris, para fazer consultoria e uma melhoria intensa. Ela usou a dor – e não deixe que o comentário sobre a vida ser assim sugira que não houve muita dor – da derrota para a francesa com o objetivo de se preparar muito e melhorar seu desempenho para os testes que viriam em Wimbledon, nas Olimpíadas de 2012 e no Aberto dos Estados Unidos.

Acredito que seu espírito de luta, sua determinação e sua força de caráter foram inflamados pela derrota para Razzano, e o que se seguiu foi inacreditável: Serena ganhou os campeonatos em simples e em duplas de Wimbledon, as medalhas de ouro em simples e em duplas das Olimpíadas, e os simples do US Open! Acredito que tal desempenho tenha relação direta com a derrota em Paris.

Amadores que sofrem uma derrota difícil em geral ficam deprimidos e sem jogar durante semanas, porque criam algo devastador na mente. Serena não. Ela se recusa a ficar deprimida. Faça o mesmo com o seu jogo.

Agora vou contar a vocês o que ainda é a minha maior reclamação no que se refere a amadores: com frequência, vocês calculam a questão risco × recompensa ao contrário. Por exemplo, quando não está na vantagem em um ponto – quando foi forçado a ficar no fundo, nas linhas laterais –, e tenta conseguir aquela jogada impossível de anos anteriores. E também quando uma bola atinge bem o *meio* da quadra – logo atrás da linha de serviço –, e você pensa "ah, não quero perder essa mamata", e faz algo pouco arrojado, só jogando por cima da rede. Eu digo: "Por quê? No que está pensando?". *Esta* é a hora de ser agressivo, arriscar, elevar o nível. A bola está na sua zona, e ali há bem mais chance de uma jogada forçada e produtiva, de um lance vencedor. Um lance fácil oferece uma recompensa mais fácil. Aproveite!

A lição? Não recue quando a bola estiver "no jeito"; não fique atrás da quadra quando tiver apenas de manter a bola rolando.

Mas amadores geralmente ficam cautelosos quando deviam ficar agressivos, e agressivos quando deviam ficar cautelosos. (O mesmo acontece com bolas altas: você fica ali parado, com a bola brincando com você enquanto tenta cortá-la. Não faça isso. Dê uns passos para trás e devolva uma bola neutra e alta para o oponente.)

Talvez tenham ensinado você a nunca ceder. Bem, eu digo para que ceda e continue no ponto com uma bola neutra e espere a chance. Quando a chance vier – como aquela bola no centro da quadra – *aí sim* force a jogada. Federer pode conseguir uma vencedora de qualquer lugar do estádio, até do carrinho de cachorro-quente, mas os amadores devem ser mais realistas na análise de risco e recompensa.

Por fim, minha última lição aqui vem de uma fonte menos ligada ao tênis: a banda Metallica, minha favorita, e o baterista deles, Lars Ulrich, meu amigo. (O pai dele, Torben, era tenista profissional na Dinamarca, nas décadas de 1950 e 1960, talvez o cara mais eclético que já tenha participado do circuito mundial.) Lars e cada membro do Metallica ainda continuam em turnê mundial, se apresentando diante de plateias gigantescas, embora não sejam mais adolescentes. Pois a paixão deles ainda é gigantesca também. Lars está com quase 50 anos e ainda dá tudo de si, todas as noites – suado, tocando com mais força para públicos maiores do que nunca. Eles, como um grupo, dão muito valor a isso, e se esforçam ao máximo. Como Rafa, 100%.

A lição? No tênis e na vida, se você faz algo que ama, aprecie e respeite isso dando tudo de si. Valorize porque em breve isso será tirado de você. O tempo é cruel. Agradeça todas as vezes que estiver numa quadra. Seja grato. Acredite em mim, eu sou. Se tiver a sorte de ser um jogador de tênis, reconheça que se trata de um privilégio entrar numa quadra e jogar.

Também sou grato por poder analisar o tênis do século XXI na televisão. O tênis é uma escada rolante, está sempre mudando; os jogadores; a tecnologia; as jogadas; as quadras; as raquetes; as bolas. Adoro fazer parte de tudo isso. E mais uma coisa: adoro ficar nervoso. Adoro acordar às três da manhã ansioso para disputar uma partida que vou jogar ou por causa de uma partida do jogador que estou treinando.

Não há nada como os nervos e a empolgação de saber que em poucas horas dois homens entrarão numa arena e apenas um sairá vencedor. A transmissão pela TV é ótima. Eu me divirto. Faço ótimas escolhas, e às vezes algumas imbecis, mas isso não me deixa ansioso. Dissecar os jogos e conversar sobre estratégias e táticas é legal, mas não é a mesma coisa que estar no ringue; não dá nos nervos como acontece antes da luta. Isso é que é legal.

Por isso jogar tênis é tão maravilhoso, em qualquer nível. Um jogador de terceira classe pode se divertir muito jogando uma partida ou disputando um campeonato, tanto quanto um profissional. Espero que *Jogue para vencer* no século XXI aumente sua diversão com dicas sobre administração mental que poderão transformá-lo num jogador melhor hoje mesmo. Acredite em mim, você não está longe de derrotar aqueles que o derrotam. *Jogue para vencer* vai mostrar como virar o jogo. Boa sorte!

PREFÁCIO DA PRIMEIRA EDIÇÃO

GANHANDO FEIO?

"Como é que esse cara ganha? Ele bate como um homem das cavernas que encontrou uma raquete." Escutei essa opinião incrédula durante as finais do Volvo Tennis/San Francisco Classic enquanto Brad Gilbert combatia e derrotava Anders Jarryd na final do campeonato, pelo prêmio de 32 mil dólares. O prêmio fazia parte do um milhão e meio que ele ganharia naquele ano. Minha reação me surpreendeu. Como um dos milhares de torcedores que foram ver o herói local (Brad mora perto de San Francisco, em San Rafael, na Califórnia), não gostei de ouvir a crítica. No entanto, preciso admitir que a referência ao homem das cavernas não era de todo errada. Brad tem mesmo um estilo único.

Fiquei pensando: por que ele ganha? Como derrota adversários como Boris Becker, supostamente melhores? As aparências enganam, e, no que se referem a Brad (cujo estilo já foi descrito como "feio"), enganam muito. Ele já ganhou mais de 5 milhões de dólares em prêmios. Ficou no Top 10 mundial durante cinco anos e chegou a número 4 do mundo em 1990. É medalhista olímpico e representou com sucesso os Estados Unidos em muitas edições da Copa Davis. Brad Gilbert foi um dos melhores jogadores de tênis durante dez anos. Tudo porque ele era capaz de vencer oponentes que, diziam os *experts*, ele não seria capaz de vencer. Como ele fazia isso?

O sucesso de Brad vinha do fato de que ele é um ser pensante. No tênis, é o melhor do mundo na questão mental. O que os espectadores veem são as raquetadas, e elas não são muito bonitas. O que não veem são as maquinações mentais que o levam à vitória, o que está dentro da mente dele antes, durante e depois da partida. A maioria dos tenistas é preguiçosa em termos mentais. Brad usa isso em sua vantagem e acredita que você pode fazer o mesmo. Ele usa cada segundo do jogo para tentar entender um jeito de sair na vantagem. Sem habilidades físicas incomuns ou jogadas impressionantes, Brad ganha porque pensa mais e planeja mais que os rivais.

O livro de Tim Gallwey, *O jogo interior do tênis*,[3] foca o lado direito do cérebro, da intuição. O foco de Brad é no lado esquerdo, no processo analítico. Gallwey ia atrás da alegria de jogar. Brad vai atrás da alegria de vencer. Gallwey preocupava-se com o "jogo interior". Brad preocupa-se com o que está bem diante do seu nariz, e quer descobrir como levar vantagem nisso.

Jogue para vencer mostra como fazer o mesmo com o seu jogo de tênis. Brad descreve a fórmula de como aproveitar ao máximo o que já se tem. E ela funciona. Ao escrever este livro com ele, compreendi uma questão do jogo que eu nunca havia levado em conta: o aspecto mental. O meu tênis melhorou, e o seu também vai melhorar.

Depois de testar essa fórmula, se alguém acusá-lo de "ganhar feio", responda: "Obrigado. Andei praticando!".

Steve Jamison

---

3 GALLWEY, W. Timothy. *O jogo interior do tênis*: o guia clássico para o lado mental da excelência no desempenho. 2. ed. São Paulo: Edipro, 2022. (N.E.)

McENROE: UM MESTRE PERDE FEIO

John McEnroe estava vivendo seu pior pesadelo. Era o Masters,[1] na Madison Square Garden, em frente a milhares de leais fãs nova-iorquinos que gritavam e pulavam. Nessa noite, McEnroe, defensor do título e segundo lugar no *ranking* mundial, aos poucos percebia que iria perder para um cara de quem não gostava e cujo jogo ele abominava. O cara era eu. Era humilhante para ele. Ele fervia de raiva.

Os olhos dele o entregavam. Ele tinha aquele olhar da criança que acabou de colocar fogo no gato do vizinho: assustado e malvado. Seu semblante expressava aquela careta odiável de McEnroe. No intervalo de um dos *games*, ele rosnou para mim: "Gilbert, você não merece estar na mesma quadra que eu!". Ele estava à beira do precipício. Passamos a poucos metros de distância um do outro. Para o caso de eu não ter ouvido, ele fez questão de acrescentar: "Você é o pior. *O* pior, ——!".

McEnroe continuou ladeira abaixo, reclamando da máquina eletrônica de linha, discutindo exaustivamente com um espectador durante o segundo *set*, recebendo uma advertência de conduta mais tarde, por "obscenidade visível". Ele estava completamente ensandecido. Gritando consigo mesmo, jogando a raquete no chão, batendo os pés com força e provocando o público (os próprios fãs!). Às vezes, aparentava estar sofrendo um colapso nervoso.

Foi uma de suas melhores performances. Mas, no fim, o cara que não merecia estar na mesma quadra que ele venceu em três *sets* difíceis.

---

1 Tennis Masters Cup; hoje, ATP World Tour Finals. Disputado anualmente no final da temporada, envolve os oito jogadores mais bem classificados no ranking da ATP. As oito melhores duplas da temporada também participam. (N.E.)

Bem, na verdade, dois. O terceiro foi tranquilo: 5–7, 6–4, 6–1. No *match point*, John estava mansinho. No entanto isso não foi o fim.

Então, ele lançou a bomba. McEnroe anunciou sua "aposentadoria" do tênis, aos 27 anos. E pôs parte da culpa em mim! Mac explicou que precisava de uma licença sabática porque "quando começo a perder para jogadores como ele" – este sou eu – "preciso reconsiderar por que é que estou jogando esse esporte". Se ele pensou que me insultaria, pensou errado. Na verdade, eu adorei. Em sete partidas anteriores, eu tinha ganhado apenas um *set*. Essa vitória no Masters foi uma grande vitória. Grande *demais* para falar a verdade, mas conto isso mais tarde.

O BANCO NÃO ACHA QUE EU SOU FEIO

John McEnroe e eu nunca fomos grandes amigos. Acho normal quando duas pessoas não se gostam. Ele acha que eu jogo mal. Eu acho que ele é mal-humorado. Mas a verdade é que McEnroe tem razão. Na teoria, ele não devia perder para mim. Nem Becker, Agassi, Connors, Chang, Edberg, Courier, Forget, Sampras, Stich, Wheaton e muitos outros caras com raquetadas melhores e mais do famoso talento natural.

Felizmente, para mim, as partidas acontecem na prática. Nas quadras. E por conta disso eu ganhei 5 milhões em cima desses jogadores. Em 1991, eu era o oitavo na lista de prêmios em dinheiro. Quando somamos os patrocínios e as exibições resultantes das vitórias, meu pagamento total pelo tênis, até 1993, foi de 8 milhões. Ganhando feio? Até no banco.

Isso aconteceu porque usei todos os meus talentos e as minhas habilidades de forma calculada para maximizar meu potencial, o que me proporcionou mais chances de ganhar. Por isso ganhei de jogadores supostamente "melhores". Você pode fazer o mesmo. Aproveitar ao máximo o que já tem. Jogar melhor mesmo sem "jogar" melhor.

O SEU NOVO EU: 20% MELHOR

Primeiro, quero contar uma coisa sobre o seu jogo. A maneira de melhorar o desempenho mais rapidamente é entender e usar as *oportunidades para ganhar vantagens* que já existem em cada partida. As grandes e pequenas. Especialmente as pequenas, aquelas que os tenistas negligenciam por ignorância ou preguiça. Desenvolva seus poderes de observação e análise, *use* a informação, e suas chances de ganhar vão aumentar em 20% ou mais.

TÊNIS EM COMA: O JOGADOR INCONSCIENTE

A maioria dos tenistas de fim de semana, dos amadores, dos que praticam por *hobby* sofre de morte cerebral na quadra. Eles vão correndo, pra lá e pra cá, sem plano nenhum, sem pensar, sem nada. Estudam o tênis tanto quanto estudariam pra pular corda. É por isso que são dominados. Com dois jogadores de mais ou menos o mesmo calibre, o que está consciente, e leva vantagem das dinâmicas, das oportunidades e das chances antes, durante e depois da partida, vai ganhar.

A pessoa que dirige o carro chique pensa que deve sair na frente. Eu aposto no mecânico com o carro tunado que conhece a pista. É a mesma coisa no tênis. Não há nada de errado com jogadas bonitas. Porém há muito mais nesse esporte.

Tênis esperto é um processo de três passos
1. Reconheça a oportunidade.
2. Analise as opções.
3. Tire proveito da oportunidade usando a sua melhor opção.

Reconheça. Analise. Capitalize. Tudo isso antes, durante e depois da partida e em todos os aspectos do esporte: mental, físico e emocional. Até mesmo em relação ao equipamento. Por exemplo? A oportunidade surge no cabo da raquete. Devo reconhecê-lo. Dependendo do oponente e das condições, devo escolher e capitalizar com base na opção correta.

Em clubes de tênis e quadras públicas, faz-se a escolha errada em 85% das vezes. Em breve, vou lhe contar como tirar o máximo de benefício dessa situação. É um elemento muito pequeno dentro de uma partida inteira, mas contém oportunidade. É preciso apenas saber o que fazer com ele.

E há muitas outras deixas de que o tenista esperto pode se utilizar para sair na frente. Acredito que reconhecer e aproveitar essas oportunidades de forma interessante e em vezes suficientes provavelmente o fará vencer.

> "Não acho que ele jogue tão bem, mas compensa com habilidade mental."
> – David Wheaton, após uma derrota para Brad Gilbert

Diferentemente de pular corda, uma partida de tênis não começa quando se dá início e termina quando paramos. O tênis começa fora das quadras, continua no treino pré-jogo e durante o jogo, e segue para além do último ponto (independentemente do resultado). Jogadores espertos sabem como se preparar corretamente para uma partida, e, quando o páreo começa, sabem controlar as emoções. Sabem como pensar durante a partida, evitando jogadas de baixa porcentagem que trazem consigo riscos desnecessários em momentos inapropriados. Jogadores espertos observam o que está acontecendo numa partida e analisam a informação. Sabem capitalizar em cima desse conhecimento.

Obviamente, é necessário ter disciplina, comprometimento e esforço. Menciono isso pois a maioria dos jogadores vai se matar para melhorar uma jogada específica. Vão fazer aulas, jogar contra a máquina de bolas, contra a parede, sob o sol escaldante. Sangue, suor e lágrimas, o negócio todo. E depois de melhorar a tal jogada que estão tentando aperfeiçoar, não gastarão um minuto pensando em como usá-la para obter o máximo efeito na partida. Morte cerebral. Esforçados, mas inconscientes.

Mais à frente, neste livro, mostrarei as oportunidades às quais se deve estar atento, as opções existentes e as formas de capitalizar em cima delas desde o pré até o pós-jogo. Como se preparar mental e fisicamente para a batalha na quadra. Como jogar contra todos os estilos de tênis. Como reconhecer dinâmicas importantes na partida. Como lidar com a pressão e a empolgação. E mais.

É tudo o que aprendi em todos os níveis, dos juniores até o Top 5 e uma conta no banco que nunca imaginei. E você pode aplicar tudo isso ao seu jogo. Algumas ideias são óbvias. Outras, nem tanto. Algumas poderão ser aplicadas ao seu jogo, outras não. Mas todas são direcionadas para o aspecto mais negligenciado do tênis: a questão mental. Vamos começar do começo.

I
SAIR NA FRENTE: A PARTIDA COMEÇA ANTES DO COMEÇO

"O Brad Gilbert não é isso tudo."
—John McEnroe

PREPARAÇÃO MENTAL: A VANTAGEM PRÉ-JOGO

VIRANDO PROFISSIONAL: JOVEM E INOCENTE

Uma das primeiras lições que aprendi quando me tornei profissional em 1982 foi quanta vantagem eu poderia levar antes mesmo de a partida iniciar. Percebi que para os melhores jogadores do mundo o jogo começava muito antes do primeiro saque. Eles *chegavam* prontos para jogar e queriam me pegar pelo pescoço assim que possível.

Como membro das equipes de tênis do Foothill Junior College and Pepperdine, eu gostava de apenas aparecer para jogar. Eu entrava no jogo, mental e fisicamente, ao longo do primeiro *set*. Muitas vezes eu me dava bem, porque meu oponente fazia o mesmo. Você encara as suas partidas da mesma forma?

No campeonato profissional, isso não era uma boa ideia. Começar devagar não funcionava contra McEnroe, Lendl, Connors e alguns dos veteranos. Quando eu entrava de cabeça em alguns desses jogos, a partida já havia acabado. Certa vez, comecei perdendo os primeiros dezesseis pontos da partida. Terminou tão rápido que nem precisei tomar banho depois. Foi brutal... eu aprendia na porrada.

Os melhores jogadores chegavam querendo me devorar, e estavam pensando na primeira mordida desde que me viram no menu. Quatro ou cinco jogos para abrir o apetite? Eles já chegavam prontos para comer. O prato principal? Churrasquinho de Gilbert.

Fazendo pausas antes da hora, sem ritmo, sem plano, sem continuidade... eu saía muito na desvantagem. Eu era esmagado pelos caras espertos da competição. Eles sabiam algo que eu não sabia.

COMECE A PARTIDA ANTES DO COMEÇO

O que eu descobri observando, ouvindo e perdendo foi simples. Os caras que embolsavam a grana começavam a trabalhar no alvo (eu, por exemplo) antes mesmo de tê-lo na mira. Os espertos revisam informação, consciente e inconscientemente, sobre o oponente assim que ficam sabendo de quem se trata. O processo começa horas antes da partida. Os espertos buscam e avaliam as vantagens o quanto antes. E querem fazer isso no maior número de *maneiras* possível. Para eles, uma das melhores oportunidades é uma boa preparação mental. E isso significa uma preparação mental *antecipada*.

QUANDO VOCÊ COMEÇA O AQUECIMENTO?

Vou contar quando o aquecimento *não* começa: quando você chega à quadra. Pode ser assim para o seu oponente, mas não deveria ser para você. Um jogador esperto começa a se preparar para a partida *no caminho para a quadra*, ou até mesmo antes. O aquecimento deve continuar então no vestiário e seguir até a quadra.

O aquecimento começa no *cérebro*. Sua mente geralmente é a última parte a ser ativada (isso se ela for ativada). Os tenistas alongam de forma errada por um minuto, dão alguns *forehands* e três saques, e então "Vamos lá". Mal aquecem o corpo, mas ainda é mais atenção do que a mente recebe. A mente não deve ser desperdiçada, e os tenistas a desperdiçam o tempo todo.

Crie o hábito de avaliar seu oponente e pensar na partida antes de chegar à quadra. Se for dirigindo, o carro é onde seu aquecimento começará. Se for andando, a calçada é onde o aquecimento começará. Não importa: *o seu aquecimento começa na jornada até a quadra.*

Para mim, pode começar até mais cedo. Na noite anterior, estarei no quarto do hotel pensando na competição do dia seguinte. Vou encenar pontos na minha mente. Ver se conseguirei fazer jogadas e pontos campeões. Visualizo pontos que jogamos no passado. Vejo-me fazendo jogadas específicas contra esse adversário. É quase como assistir a um vídeo com segmentos da partida. Pela manhã, continuarei o processo.

Aquele aquecimento de cinco minutinhos antes da partida que vemos os jogadores do circuito fazer são provavelmente enganadores. Parece que marchamos até a quadra com uma sacolona no ombro, batemos bola por alguns minutos e começamos a partida. Para a maior parte de nós, o processo vem sendo feito ao longo de todo o dia: batendo bola, alongando, soltando os músculos, massageando, e, principalmente, fazendo a revisão mental.

CHECKLIST MENTAL PRÉ-JOGO

Não importa se ganhei ou perdi na última partida com determinado adversário, quero pensar sobre os motivos. Como venci? Como ele seleciona as jogadas e o padrão? Ele ataca? Ele é defensivo? Ele saca forte? Eu cometi erros da última vez? De que tipo, e por quê? Quais são as melhores jogadas dele? E as piores? Ele me forçou a fazer algo que me incomodou? Ele começa com força e depois fica cauteloso nos pontos cruciais? Foi por pouco? Os pontos foram demorados? Revejo tudo relacionado ao jogo do oponente (em relação a jogadas e tendências).

Também é importante considerar a "personalidade" do jogo do oponente. O que ele faz para afetar a atmosfera, o humor e o ritmo da partida? É muito lento entre os pontos? Fica muito emotivo? Contesta muitas decisões da arbitragem? É ótimo vencendo, mas péssimo perdendo? Ele fala muito nas trocas de lado, tentando distrair o adversário, como McEnroe tentou fazer comigo? Sempre aparece com dez minutos de atraso? Faz o aquecimento correndo para começar logo?

Prepare-se mentalmente para as "coisas" que alguns jogadores trazem para as quadras. Queria estar pronto, no aspecto mental e emocional, para o jogo rápido de Andre Agassi ou o ritmo deliberadamente metódico de Ivan Lendl. Queria estar pronto para as explosões temperamentais de Connors e McEnroe, e também para os semblantes de pedra de Michael Chang ou Jim Courier. Saber o que provavelmente vai acontecer do outro lado da quadra faz uma grande diferença para mim porque, assim, controlo melhor meu próprio plano de jogo, ritmo e temperamento. Acredite: faz uma diferença enorme, como você ainda verá neste livro.

O PLANO DE JOGO

Esse processo de revisão me leva ao igualmente importante processo de planejamento estratégico:

1. O que quero *fazer* acontecer?
2. O que quero *impedir* que aconteça?

Ao avaliar meus oponentes, começo a solidificar minha própria abordagem para o jogo. Conforme revejo o estilo de jogo e as jogadas deles, preparo meu plano de jogo básico. Se eles dominaram meu *backhand* na última vez, penso em como impedir que a mesma coisa aconteça dessa vez. Se o saque deles é fraco, fico alerta e planejo como levar vantagem em cima disso. Planejo uma abordagem específica para um jogador específico. Tudo isso *antes de sequer vê-los na quadra.*

CALIBRE SEU COMPASSO

Seu corpo tentará fazer o que sua mente mandar. Nessa revisão pré-jogo, você está programando sua mente para dar ao corpo a informação correta assim que a partida começar e as coisas acontecerem rapidamente e sob pressão. Está seguindo pelo caminho desejado até seu destino. E o destino é a vitória.

Basicamente, o plano se desenvolve conforme você responde a estas questões:

1. Qual é a melhor arma do meu adversário?
2. Qual é a fraqueza dele?
3. Qual é minha melhor jogada e como posso utilizá-la me aproveitando da fraqueza do oponente?
4. O que posso fazer para evitar que meu adversário se aproveite da minha fraqueza?

Esse esforço antes da partida gera um compasso mental. Saber aonde quer ir e como chegar lá. Pode haver desvios no caminho, o oponente pode apresentar algumas surpresas, você pode se perder, mas a rota básica deve ser definida na sua cabeça, anteriormente, e o compasso mental deve mantê-lo no caminho. (A seguir, vou mostrar como esse procedimento me ajudou a derrotar Boris Becker e Jimmy Connors, de maneiras totalmente diversas.)

Mesmo que você jogue sempre com as mesmas pessoas (seus parceiros de tênis), ainda é importante se concentrar naquele jogador específico em determinado dia. Foque naquele jogador. Se eles jogam entre si com regularidade, será ainda mais vantajoso revisar e refinar suas táticas porque você terá um banco de dados. É aí que a coisa fica interessante.

Observe os jogadores profissionais. Os grandes se dedicam a começar bem porque sabem que isso pode definir o tom para a partida inteira. Dominar o outro jogador de saída os coloca na defensiva. Às vezes, eles se recuperam. Muitas vezes, não. É isso o que você deve fazer com seu rival. Você deve forçá-lo, o quanto antes, a considerar a ideia de que "hoje não é meu dia". Pode acontecer rapidinho, acredite. Sua preparação pré-jogo e a visualização podem colocá-lo à frente na disputa.

Você deve estar pensando: "Ah, Brad. Fala sério! *Tenho mais o que fazer*. Não posso ficar pensando em tênis o tempo todo!". É verdade. Mas o que estou falando não toma mais que dez minutos de atenção no trajeto para a quadra, e depois o esforço de seguir um plano quando chegar a ela. Talvez você deva fazer isso apenas em relação aos oponentes que queira mesmo derrotar. Dar a si mesmo a chance de começar bem é oferecer a si mesmo a chance de terminar bem. Isso merece um pouquinho de atenção.

Vou mostrar como fiz minha preparação mental para os jogos mais importantes.

PREPARAÇÃO NUM TORNEIO: BECKER E CONNORS (GOLPES DIFERENTES PARA ADVERSÁRIOS DIFERENTES)

Quando comecei a usar seriamente as oportunidades de pré-jogo dessa maneira, passei a ganhar mais vezes. Digamos que meu oponente nas oitavas de final do Aberto dos Estados Unidos tenha sido Boris Becker (porque foi mesmo). Minha revisão mental antes de chegar ao vestiário do Flushing Meadow teria sido algo assim:

Becker pode atacar meu fraco segundo serviço. Ele sabe como explorá-lo para efeito máximo. É uma maneira elegante de dizer que ele me arrasaria nessa hora. Desse modo, não queria que ele visse muitos dos meus segundos saques. Portanto, devo acertar mais consistentemente meu primeiro saque, ou seja, me esforçar para reduzir os erros do primeiro serviço. Obviamente, preciso me concentrar no lance e assumir menos riscos no primeiro saque, mas em recompensa ele não teria a oportunidade de devorar meu segundo serviço.

Além disso, queria sacar para o *forehand* dele, tentar fazê-lo perder alguns *forehands* de fundo. Por quê? Sabia que Boris tinha um ótimo *forehand*. Ancorava o restante do jogo dele. Mas, se começasse a se atrapalhar, todo o resto sofreria. Ele ficava frustrado quando o *forehand* não atingia sua expectativa.

Eu aprendi (e repeti para mim mesmo na revisão pré-jogo) que, quando ele começava a errar o *forehand*, o resto do jogo podia desmoronar. Era quando ele começava a gritar em alemão consigo mesmo. Então queria encaixar o saque para seu *forehand* sem ficar ambicioso demais, conseguir acertar uma boa porcentagem.

Também não podia deixá-lo ditar a velocidade. Boris ganhava de qualquer um no quesito força. Sem velocidade, ele ainda bateria forte e poderia exagerar. Ainda mais com o *forehand*.

Antes de chegar à quadra, eu revisava tudo isso mentalmente. Também me lembrava de tentar abrir o jogo com um golpe inteligente contra o *forehand* do Boris. Ou seja, eu sabia, de jogos anteriores com ele, que, quando eu fazia uma jogada ampla para o *forehand* (com o saque ou um golpe de fundo), sua tendência, ou seu padrão de jogada, era tentar mandar direto de volta para meu *forehand*. Eu tentaria essa abordagem (minha melhor arma) de alguma forma. Depois montaria acampamento perto da linha lateral.

Meu plano de jogo ao sacar deveria acompanhar o seguinte padrão com regularidade: sacar abertamente para o *forehand* de Becker; buscar a oportunidade de bater um *forehand* para seu *backhand*; então acompanhar e montar acampamento na lateral. Era o meu golpe 1-2-3.

Dois elementos entraram nessa combinação que eu já havia experimentado em partidas anteriores. Primeiro, Boris teria de mudar da empunhadura de *forehand* (sob a raquete) para a de *backhand* (meio que em cima), enquanto passava de uma zona de serviço para a outra a galope. Eu já tinha visto que ele não era bom nisso. Uma pequena falha que de vez em quando aparecia. E, se ele *conseguisse* fazer a mudança de empunhadura e dar um *slice*,[1] a tendência era *ir para a paralela*. Nem sempre, mas costumava ser a *primeira escolha dele*.

Assista a algum vídeo de Becker. Você verá que ele preferia essa jogada. E o que aconteceria quando ele a executasse? Eu estaria acampado perto da linha. Bingo. Voleio de *forehand* numa quadra aberta. Usei essa combinação com Boris muitas e muitas vezes, com sucesso.

---

1 O *slice* é o efeito que faz a bola girar em sentido contrário ou lateral. (N.E.)

E, no saque *dele*, eu falava para mim mesmo: "Boris tem um grande saque. Não tente muita coisa. Coloque a bola no jogo. Faça com que ele jogue uma ou duas bolas a mais a cada ponto. Mantenha a bola *no jogo*. Essa é a chave para mim contra Boris, fazer com que ele corra atrás de uma bola extra, de novo e de novo. Ele pode se frustrar, e eu quero frustrá-lo". Obviamente, se ele estivesse metralhando *winners*, eu me enrascaria, mas diria a mim mesmo que no lance a seguir eu precisaria permanecer no ponto. "Fique tranquilo. Tenha paciência. Não tente apressar nada."

DANDO DURO COM O BORIS

Também pensava a respeito da "personalidade" da competição e do competidor. Boris Becker era como um cavalo puro-sangue. Seu físico, sua força e sua movimentação eram tão puros que poderiam ser intimidadores. Ele é grande *e* jogava grande. Eu me preparava para uma partida com Becker lembrando a mim mesmo: "Não fique impressionado. Não deixe que a presença dele o desequilibre. Fique de olho no plano do jogo e não no jogo dele!". Precisava fazer isso, senão uma simples olhada no que Becker levava para a quadra, e eu já me aposentaria. (E isso é importante para o seu próprio tênis: só fique impressionado *depois* da partida; nunca antes.)

Queria que ele me visse ralando em todas as bolas, devolvendo tudo. Queria mostrar a ele que iria competir em prol de cada ponto de cada *game* mesmo que a partida durasse uma semana. Queria que ele acreditasse que eu *jamais* desistiria. Queria que percebesse que eu não desistiria. Era permanente. Sabia que Boris ficava frustrado na quadra. Contra alguém como Michael Chang, não importava. Mas com Becker era muito importante. Ele não tinha paciência para pontos, *games* e partidas arrastadas.

Sei que, se ele se impacientasse, iria perder jogadas, pois estava tentando acabar logo com tudo. E, conforme eu me programava mentalmente para o jogo do Becker, também me preparava para explorar as tendências e as fraquezas emocionais e físicas dele.

Minha revisão mental e meu plano de jogo contra Becker

1. Aumentar minha porcentagem do primeiro saque. Não tentar *ace* nem *winner*. Não permitir que ele veja muitos segundos serviços.
2. Sacar no seu *forehand* com regularidade. Buscar devoluções curtas. Descer até a linha. Acampar perto da lateral.

3. Tentar gerar erros no *forehand*. Não deixá-lo pegar velocidade. Repito: sem velocidade.
4. Não tentar nada demais com a devolução do saque. Devolva. Faça com que ele devolva de volta.
5. Dê duro a cada ponto. Dê trabalho para o Boris. Ele ficará impaciente.
6. Não se impressione com nada que ele faça. Deixe-o bater na bola o mais forte que conseguir. Porém, faça com que ele bata *muitas vezes*! Sempre tente fazer mais um retorno.
7. Boris pode se frustrar se as coisas não derem certo. Faça com que ele tenha de ficar mais tempo do que deseja. Se começar a gritar em alemão consigo mesmo, ele está fraquejando.

Funcionava? Sim. Funcionava sempre? Sim. Não é que você vai ganhar todas, claro. Mas meu procedimento aumentava as chances de vitória todas as vezes. E isso é tudo que tento fazer quando jogo: aumentar minhas chances de vitória.

ABERTO DOS ESTADOS UNIDOS, 1987 – QUADRA GRANDSTAND – BECKER *VS.* GILBERT – OITAVAS DE FINAL

Eu usei esse plano de modo muito eficaz contra Becker. Notoriamente nas oitavas de final do US Open, em 1987. Na época, ele era o quarto do mundo. Eu ainda estava tentando me infiltrar no Top 10.

Boris tinha me atropelado no primeiro *set* por 6-2 e depois num *tie-break* no segundo *set*. No terceiro, ele liderava por 3-0. Eu estava praticamente sem saída, e Boris sabia. Ele poderia acabar com a partida logo.

Boris exalava tanta confiança quando estava à frente que poderia detonar a confiança em si mesmo. O cabelo dele ficava mais vermelho. Os cílios, tão brancos que quase desapareciam na pele clara. Ele é maior do que eu *e* se porta com mais altivez. Uma aura atlética pura o circundava quando ele estava indo bem, e era possível senti-la do outro lado da rede. Ele tem uma presença grandiosa. Quando estava à frente, a confiança exibida ia além da arrogância. Ele mostrava com sua linguagem corporal que sabia ser melhor que os demais. Entretanto eu não acreditava nisso.

No terceiro *set*, estou sacando. Esforço-me para manter um 3-1, mas sei que, se o Boris conseguir 4-1, eu já era. Então, ele comete um erro mental grave. Parece sofrer um lapso na concentração. Seu saque é muito casual, quase letárgico. Ele doa um par de pontos com duplas faltas e, de repente, estou de volta ao serviço com 2–3. Há esperança na minha mente, por conta do que sei (e revisei) a respeito de Becker. Subitamente, enxergo uma forma de ganhar. Veja como.

Nossa partida, programada para a tarde, foi atrasada por causa da chuva. Como resultado, começamos tarde, com muito calor e umidade. A temperatura em Nova York naquela segunda-feira estava por volta de 30 graus. Na quadra Grandstand parecia 130. Era como jogar numa selva tropical, uma selva com aviões sobrevoando a cada quinze minutos. Era difícil se concentrar.

Embora eu não goste de calor, senti que poderia trabalhar isso a meu favor. Eu sabia que algumas semanas antes eu tinha vencido Boris em Washington, D.C., nessas mesmas condições climáticas, quando ele desmoronou no último *set*. Senti que, se eu pudesse ganhar esse terceiro *set*, provocaria um efeito muito negativo em Boris. Ele poderia lembrar-se da nossa última partida, no calor úmido, e do que aconteceu.

Acredito que ele já tinha presumido que ganharia por três *sets* seguidos. Se eu pudesse roubar esse *set*, com ele tão próximo de vencer a partida (dois *sets* com vantagem de 3–0), Boris poderia se chatear. Se eu o obrigasse a jogar mais, nessas condições, ele poderia se chatear *muito*.

E eu sabia o que isso poderia significar. Foi um grande motivador. Honestamente, senti que estava me aproximando da oportunidade de entrar na mente de Becker e desequilibrá-lo bastante. Essa oportunidade existia porque eu estava muito atrás. Ou melhor: existia porque Boris estava tão próximo da vitória que podia saboreá-la.

Se eu fizesse ele sentir que as coisas *estavam* se arrastando naquela quadra de arquibancada, com calor e umidade, a qualidade do jogo dele cairia, pois a qualidade de seus pensamentos cairia. Já tinha visto isso acontecer antes. Disse a mim mesmo que, se ganhasse o terceiro *set*, ganharia o jogo. Otimista demais? Veja o que aconteceu.

Num 2–3 eu seguro o saque para deixar o *set* com três *games* para cada. A partida já dura duas horas e meia. Ganhei três *games* seguidos e agora ele está atento. Agora, cada um segura o saque, mas Boris está cada vez mais infeliz e irritado. Ele grita algo em alemão duas vezes. Faço uma piadinha e digo a mim mesmo que a tradução é: "Meus pés estão queimando. Quero enfiá-los no gelo." Boris aumenta o ritmo e joga mais rápido. Como se quisesse acabar com aquilo logo.

Ele está perdendo a compostura. Pontuamos nos próprios saques de novo. E de novo. De repente, 6–*all*, e estamos em outro *tie-break*.

Boris parece se recompor e consegue um *minibreak*.[2] Ele está no saque, 2–1. É exatamente onde não quero estar: um *minibreak* durante um *tie--break* que pode me mandar para casa. Mas Boris agora joga dois pontos cruciais para o resultado, tanto pelo que fizeram ao placar como ao que fizeram ao seu estado de espírito.

Sacando com 2–1 no *tie-break*, Boris comete uma dupla falta. Ele me coloca de volta ao serviço, e eu nem preciso girar a raquete. É um erro grave da parte dele. Penso que ocorreu por conta da sua impaciência, apressando tudo um pouco. Ele quer terminar o trabalho rápido demais. Perfeito.

Imediatamente depois, outra ocorrência crítica leva a 2–2. Boris saca e ataca a rede. Ao se movimentar à sua direita, a poucos centímetros da rede, ele escorrega e cai. Vejo Becker desabando, se esforçando para se levantar, então disparo um *backhand* para o outro lado da quadra que o faz correr para a linha de fundo. Ele não alcança. Na linha de saque, seus pés se atropelam outra vez. E outra vez o corpo dele atinge o chão da quadra. Dessa vez, ele não levanta.

Becker está de cara para o chão, gritando incontrolavelmente em alemão. Caiu tão feio que seu relógio de ouro escorregou para a mão. Está furioso consigo mesmo e com o que está acontecendo. Ele fica apoiado em um joelho e dá um grito horripilante. Ninguém no tênis tem um berro tão amedrontador quanto o de Boris descontrolado. É o som de pura e total angústia. É lindo. Boris está desmoronando.

A 3–2 no *tie-break*, saco para o *forehand* dele. Boris joga no meio da rede e imediatamente emite outro grito desvairado. Dessa vez, não ouço. Um avião passa e encobre todo o som. É uma sensação estranha. A quadra vibra com o som do motor. Vejo Boris gritando, mas não escuto nada a não ser o som do jato. Ele dá uma pancada violenta com a raquete na quadra. Sei que está se afogando e não consegue nadar. Não importa quanto tente, ele sente que as coisas só pioram.

É interessante como distrações nos afetam quando estamos impulsionados e fazendo pontos vencedores. O calor, a umidade, o ruído dos aviões, nada me incomodava. Mas quando estamos com dificuldades é

---

2 É o ponto ganho no saque do adversário dentro de um *tie-break*. (N.E.)

quase impossível manter o foco. As distrações tornam-se debilitantes. Sua mente enlouquece. Você quer dar o fora.

Rumamos para 5–4 no *tie-break* no meu saque. Lembro que meu plano é ir de forma seletiva para seu *forehand*. E é isso o que faço. Boris manda pra rede, 6–4. *Set point* agora, e decido repetir o lance. E outra vez ele manda pra rede! A tática funciona lindamente.

Eu dei um jeito de vencer o *tie-break* e com isso também o *set:* 7–6 (7–4). A marcha para a vitória de Boris foi interditada. Ainda estou vivo no jogo. Mais do que vivo. Sei que posso vencer.

O quarto *set* é dureza, mas meu jogo permanece firme. Nada chamativo, mas exatamente o que eu planejava. Tive a chance e usei. Boris ficou chateado, mas ainda sabe que não está longe de me mandar de volta para a Califórnia. Seguro as pontas, mandando para seu *forehand* sempre que possível e me aproximando do *backhand* com sucesso. Ele não consegue ditar a velocidade do jogo. Não consegue muitos segundos saques. Sou paciente.

Então algo inesperado acontece. A notícia de que Boris Becker estava em apuros começa a se espalhar. Os assentos da arquibancada começam a lotar com torcedores que vieram da quadra onde John McEnroe derrotava Andrés Gómez. E esses torcedores querem mais tênis, e eles sabiam que para isso eu precisava vencer o quarto *set*. A multidão que lotou a arquibancada estava totalmente do meu lado! Comemorando cada jogada. Gritando e berrando conforme eu corria e me exauria naquela sauna. Eles adoraram. E eu também.

Becker foi afetado. Os berros em alemão continuavam: "Meus pés estão queimando. Quero enfiá-los no gelo!". Foi como uma dose de adrenalina no meu sistema. Eu sabia, pelo descontrole dele, que eu o havia derrotado. Boris estava ficando muito frustrado. Ele passou de dois pontos para a vitória (quando eu estava no serviço no terceiro *set* a 4–5, 30–30) e para as quartas de final, para então ter uma trabalheira. Em condições detestáveis até para um camelo.

No 5–5, Boris ameaça quebrar meu saque. Ele tenta duas vezes e fracassa. Não é bonito, mas consigo segurar. Boris sacará em seguida, 5–6. Vamos para nossas cadeiras, para a troca. Decido mudar de camisa para me animar, colocar algo limpo e seco. E começo a trabalhar meu pensamento. Revejo meu plano de jogo: "Fique alerta. Não perca pontos bobos. Mantenha-o na jogada, mantenha o *forehand*. Faça-o cometer erros!".

Ao fundo, ouço um ruído, um barulho na plateia. Perco a concentração. Levanto os olhos e vejo dois adolescentes correndo. Eles balançam bandeiras dos Estados Unidos e o pessoal começa: "U-S-A! U-S-A! U-S-A!". Cada vez mais alto. Eles entram no clima. "U-S-A! U-S-A!" Olho para a área onde minha família está sentada com meu técnico, Tom Chivington. Estão em pé, animados. A emoção pela arquibancada é eletrizante. Fico arrepiado, mesmo com o calor de 30 graus; estou muito animado e confiante.

Voltamos para a quadra com Boris sacando a 5–6. A torcida está energizada. Boris saca quatro vezes. Não faz ponto algum. Quebro o saque no *love*[3] e ganho o *set* por 7–5! É demais. A torcida urra e me aplaude de pé: "U-S-A! U-S-A!". Mais bandeiras se agitam. De repente, dois *sets* para cada um. A partida está igualada, certo? Errado.

Eu ganhei. A partida não foi encerrada, mas eu já ganhei. Olho para Boris e vejo que ele está derrotado. Sem energia. Olhos mortos, sem empolgação nem vontade. Sua linguagem corporal mostra que ele desistiu de lutar.

Não foi uma questão física. Foi mental. Boris é um superatleta com um físico fantástico. O que fraquejou foi sua determinação. Boris ficou frustrado com a partida. Queria dar o fora. Bem como eu imaginei.

Começo do quinto *set*. Meu saque. E novamente Boris não é uma ameaça. Seguro com facilidade. Boris conseguiu apenas dois pontos em dois *games*. A jornada continua. Quebro, seguro, quebro, seguro. Estou a 5–0 e levei dez minutos. Pelo menos, me pareceu rápido assim. Boris conseguiu um *game*, mas perdeu por 6–1.

A partida demorou 4 horas e 17 minutos num calor opressivo e úmido. Uma sauna. Embora estivesse marcada para a tarde, já chegávamos perto das 22h. Eu perdi 3 quilos. Mas estava tão empolgado que podia correr uma maratona. Jimmy Connors me "desempolgou" dois dias depois, nas quartas. Mas não me tirou o orgulho de batalhar, após estar perdendo por dois *sets*, para vencer em cinco. Boris Becker nunca havia perdido depois de sair na frente por dois *sets*.

A PREPARAÇÃO PRÉ-JOGO VALE A PENA

Muitas coisas deram certo para mim naquele dia, mas só pude me aproveitar delas porque já havia me preparado para o jogo e para o tempe-

---

[3] *Love* significa zero ponto. A origem do termo tem duas versões: vem da palavra ovo em francês (*l'ouef*), pelo fato de o ovo se parecer com o número zero; a segunda versão diz que se o jogador está com zero, significa que ele joga por amor (*love*). (N.E.)

ramento de Boris Becker. Quando ele já tinha me laçado, eu ainda via uma maneira de vencer porque entendia o jogo e a personalidade dele. Cheguei para a partida com uma *preparação mental forte*. Eu sabia o que queria fazer acontecer e o que eu queria impedir de acontecer. Parte disso tinha a ver com jogadas e estratégia. E outra parte tinha a ver com personalidade, de ambos os jogadores. A preparação foi útil quando precisei.

Quando as coisas estavam ficando desesperadoras, eu tinha um compasso mental que me manteve na rota correta e me proporcionou um modo de voltar para o jogo. Em vez de aceitar a derrota, eu acreditava que havia um jeito de vencer.

Boris Becker é um cavalheiro. Naquela noite, eu estava numa boate chamada Heartbreak na rua Varick Street, em Manhattan. Por volta da meia-noite, senti um tapinha no meu ombro. Era Boris. Ele me cumprimentou, e conversamos sobre a partida enquanto tomávamos uma cerveja. Ele conta que odeia o calor e a umidade. Eu digo que adoro. Ele fala ainda que precisam dar um jeito naqueles aviões. Eu respondo que adoro os aviões. Ele tira sarro de mim e fala que não vou ter tanta sorte na próxima. Cinco meses depois, eu o derroto no Masters, no Madison Square Garden – sem aviões, sem calor, sem umidade.

CADA JOGADOR É DIFERENTE, MAS CONNORS É ESPECIALMENTE DIFERENTE!

Contra Jimmy Connors, minha visualização ou análise pré-jogo e minhas conclusões são totalmente diferentes, pois a partida e a personalidade dele são bem distintas das de Becker. Primeiro, e acima de tudo, eu me lembro de bloquear os elementos, não o sol ou o vento, mas o caos que ele criava com torcedores e juízes. Jimmy tratava a torcida como se ele fosse um maestro. A torcida fazia o que ele queria.

Num ponto importante, Jimmy poderia levar 14 mil pessoas à loucura, torcendo por ele e contra o adversário dele (no caso, eu). Eu praticava um alerta mental. Precisava ignorar. Era parte do plano de jogo dele. Como você verá, contra Connors, a teoria é mais fácil.

(Se fosse Jimmy em vez de Boris no Aberto dos Estados Unidos que acabei de descrever, Connors teria feito algo perturbador com a plateia quando eu começasse a me dar bem no terceiro *set*. E, quando eu saísse na frente no *tie-break*, garanto que haveria algo rolando para perturbar meu momento: uma discussão com o juiz, uma obscenidade ou algo do tipo. Ele não deixava barato.)

Com Jimmy, também planejo dar um *slice* no seu *forehand* (chamo isso de "fatiar o rosbife"). Nada complicado. Só uma bola baixa. Sei que, quando ela bate na linha de saque, Connors tende a atingi-la com um *forehand*. Se ele fizer isso, estarei esperando. Quero estar pronto para aparecer bem atrás dessa bola.

A devolução de saque do Connors também precisa de análise pré-jogo. Ele tem uma das melhores devoluções de todos os tempos. Sua especialidade é conseguir uma jogada com um grande saque. Ele dá um jeito de colocar a bola na raquete e mantê-la no jogo. Uma bola que deveria ser *winner* ou *ace* volta para você e Jimmy segura o ponto. Não necessariamente quebra o serviço; ele recebe fantasticamente e a coloca na direção correta (crava no lugar onde você não fará sua melhor tacada).

Ele leva vantagem imediatamente e a transforma em desvantagem para você. E faz isso porque "arrisca" muito. E, quando o palpite é certo, até o melhor saque pode voltar.

Entretanto o mais importante é que ele não *mata a devolução*. Isso me permite ir atrás de um *winner* ou outra bola que produza uma devolução mais fraca do meu primeiro saque. Se ele acertar o golpe, ela vai voltar. Se ele errar, eu ganho o ponto. E, se eu fizer falta, ele não vai enfiar a bola do segundo saque na minha garganta, como Becker.

Isso muda completamente minha estratégia de saque. Tirando a pressão do meu segundo serviço, Jimmy me dá mais margem de manobra no primeiro saque. Sei que um saque poderia fazer um *ace* com qualquer outro voltar. Não vou me surpreender. É o que Connors traz para a festa. Se eu ficar incomodado, ele vai fazer com que eu falhe nesse saque ou tente algo cada vez mais arrebatador. Minha abordagem é tentar ótimos saques, *esperando* que voltem. Não me preocuparei com o segundo serviço caso eu cometa uma falta no primeiro.

Na verdade, meu segundo saque o incomoda (você verá). Jimbo adora velocidade. Ele se alimenta dela. Meu segundo saque é fraquinho. Acho que isso o incomoda por causa da ausência de velocidade. Então, não me preocupo em sacar de novo, pois Connors (diferentemente de Becker) não me penaliza por isso.

Minha revisão e meu plano de jogo para Connors
1. Jimmy vai manipular a torcida em momentos-chave. Prepare-se para a perturbação e fique focado.
2. Dê um bom saque de primeira. Se não der certo, ele não vai devorar o segundo.
3. Baixe a bola para o *forehand* dele.
4. Ele não gosta de bola lenta, com movimento. Massageie a bola.

MASTERS, 1987 – MADISON SQUARE GARDEN
CONNORS VS. GILBERT

Connors e eu nos enfrentamos no Masters de 1987, meses após ele me derrotar nas quartas de final do Aberto dos Estados Unidos, logo depois da minha reviravolta de 5 *sets* contra Becker. Nenhum dos dois estava na sua melhor forma. Em quatro semanas, eu tinha competido em quatro torneios em quatro continentes. Jimmy tinha sofrido com um resfriado.

Mesmo assim, fui para o embate bem focado e motivado. O motivo era em parte vontade de me vingar pela perda no US Open. Ele me tirou das semifinais, uma das minhas piores derrotas. Eu tinha certeza de que, se mantivesse meu plano e minha concentração, poderia vencê-lo. E parecia que eu tinha razão.

Imediatamente, comecei a acertá-lo e fui para 6–4, 4–1. Era só ralar e vencer. E, para aumentar minha confiança, parecia que Jimmy concordava. A atitude dele durante o segundo *set* tornou-se totalmente diferente do que costumava ser. Ele parecia estar me zoando. Eu mandava uma alta, e ele corria quase até a arquibancada. Depois parava e começava a brincar com os torcedores (pegou o lenço de um e assoou o nariz). A torcida adorava. Um pouco depois, ele se irritou e começou a "coçar o saco" (Michael Jackson roubou o passo de dança dele). A galera se divertia. Eu tive a impressão de que ele sentia os efeitos do resfriado. Às vezes, parecia sem fôlego.

Agora, a 3–5 do segundo *set* (e perdendo por um *set*), Jimmy se prepara para o saque. Ele se vira para um torcedor e fala em voz alta, para eu ouvir: "Gilbert está na minha mão!". Jimmy está com um sorrisão estampado na cara. A plateia ri e aplaude. "Jimbo. Jimbo." E eu gosto também. Acho que Connors sabe que está cansando e sem chance, então ele decide se divertir um pouco antes que acabe. *Grande* erro.

No momento seguinte em que olho para o placar, Connors e Gilbert estão empatados, 5–5. Simples assim, ele manteve e me cortou. Mexeu com a plateia e comigo; não provocou um tumulto, mas riu e mudou o clima da partida. Eu não acreditava que ele tivesse me desconcentrado. Ele me distraiu com as esquisitices, me fez acreditar que tinha desistido. Perdi o foco. Foi um choque perceber isso. Um choque que me acordou. Eu seguro o saque. Jimmy também. 6-*all*. *Tie-break*.

Eu sabia que estava enrascado se fôssemos para um terceiro *set*. A torcida começava a influenciar, e, se Jimmy levasse para o terceiro, isso seria uma arma importante para ele. Revi meu plano de ação: "Manter as bolas na jogada. Jogo lento. Obrigá-lo a tentar descolar *winners*.[4] Nada elaborado. Vamos decidir já!".

E segui o plano. Connors deixou escapar, mesmo levando de 5–3 em um ponto durante o *break*. Então, ele cometeu alguns erros nos voleios de *backhand* e deixou 5 para cada. Meu serviço. Tento um grande saque. Falta. Meu saque seguinte é um "pirulito", mole, e Jimmy manda pra rede. Ele odeia bola lenta (você se lembra da minha estratégia pro saque?).

No *match point*, um longo rali. Ele manda uma jogada profunda para o meu *backhand*. Estou pronto e devolvo um *winner*, e o *match*. A reviravolta acabou, Gilbert 6–4, 7–6 (7–5). Jimbo quase conseguiu enfeitiçar a plateia para reconquistar o jogo. Dessa vez, falhou. Como veremos em breve, nem sempre tenho tanta sorte.

Connors é soberbo em dar a volta por cima. Ele impede seu arranque de diferentes formas, faz com que você saia do seu jogo, perca a concentração. Tenta fazer com que você jogue pelas regras dele, não pelas suas. Consegue com essas brincadeiras, como dessa vez. Ou por meio da intimidação e da raiva.

No Masters de 1987, reconheci o que estava acontecendo antes que fosse tarde demais. Saí na frente seguindo meu plano pré-jogo e mantendo o foco. Quando Jimmy conseguiu me "desfocar", pude retomar o trajeto porque entendia muita bem suas táticas. Elas estavam no lugar certo da minha mente por conta da revisão e do planejamento

---

4 As *winners* são as "bolas vencedoras". A bola vencedora é aquela indefensável, no saque no cantinho ou muito perto da rede quando o adversário está no fundo, por exemplo. (N.E.)

antes da partida. Percebi que não eram minhas jogadas as responsáveis pela retomada dele, era minha mente enfraquecida.

TOTALMENTE GRANDES, TOTALMENTE DIFERENTES

Então, temos dois grandes jogadores, Becker e Connors, com jogadas, estilos e temperamentos totalmente diferentes. Ambos requeriam atenção especial, planos de jogo específicos e atitudes que deveriam ser implantadas antes mesmo de encontrá-los no dia da partida.

Um capitalizava em cima do meu segundo saque fraco. O outro não. Um conduzia a torcida. O outro não. Becker se frustrava quando a partida se arrastava. Connors adorava estar lá, odiava quando terminava. Boris tinha um primeiro saque incrível, e um segundo muito bom. Jimmy não tinha nenhum.

Antes mesmo de eu ver um oponente no dia em que jogamos, reviso todo o nosso histórico de partidas, seu jogo e meu plano para aquele embate. Já revisei tudo o que quero que *aconteça* mentalmente. E sei exatamente o que quero *impedir* de acontecer. Sei aonde quero ir e como chegar lá. O nadador olímpico Nelson Diebold falou, logo depois de conquistar a medalha de ouro em 1992: "Boa preparação mental é tão importante quanto boa preparação física". Vale para todos os esportes, especialmente o tênis.

O processo pelo qual eu passava para me preparar para Becker e Connors (ou Lendl, Chang, Courier, ou qualquer outro) é *exatamente* como você deve se preparar mentalmente para o seu Becker ou Lendl. Se for esperto. Não pense que pelo fato de você não ser profissional não vale a pena. Vale ainda mais. Veja por quê.

Os caras com quem eu jogava costumavam estar me avaliando como eu os avalio. Eram mestres em me impedir nas tentativas. Você não tem esse problema. Seus oponentes são mentalmente preguiçosos antes e durante a partida.

Dependendo do nível em que joga, você pode não encontrar sequer um cara por mês que considere o seu jogo e os meios de explorá-lo. E mais, o nível relativamente modesto do jeito deles de jogar os faz vulneráveis ao jogador que se aproveita das oportunidades que lhe são oferecidas. Boa preparação mental antecipada é uma oportunidade a ser explorada por você.

ESTEJA PRONTO PARA JOGAR QUANDO FOR A HORA DE JOGAR

Na visualização e no planejamento antecipados, seu subconsciente começa a puxar informações de outros embates. O cérebro começa a ligar interruptores e girar botões que o programam para aquele jogador em particular. É algo difícil de fazer depois de iniciado o jogo, porque há muita coisa acontecendo ao mesmo tempo. Você precisa do compasso mental estabelecido antes do início da partida como um ponto de referência confiável, que o levará de volta ao trajeto rumo à vitória.

Transforme isso num novo hábito. *A sua* partida começa muito antes do começo – no carro, ou em casa, calmamente revisando tudo o que sabe sobre o adversário e planejando como usar essa informação. Leva muito pouco tempo; faça antes de chegar. Quando aquele primeiro ponto estiver vindo em sua direção, você já vai ter "jogado" com o oponente e estará dentro da partida.

A IMPORTÂNCIA DA PREPARAÇÃO PRÉ-JOGO (E UM POUCO DE MALANDRAGEM)

Aqui está um belo exemplo (embora extremo) de uma tremenda vantagem que um jogador comum pode ter com uma boa preparação pré-jogo. E também da desvantagem de ir despreparado. Um jogador num clube de tênis em San Francisco tinha boa preparação mental e física e um pouco mais de habilidade em relação a um cara que foi sem preparo algum e simplesmente começou a jogar. Veja o que aconteceu.

Para uma partida importante (e ele gostava de apostar 100 dólares por *set* com certos jogadores), esse rapaz (um pouco malandro) chegava na quadra uma hora antes. Ele já tinha lido suas anotações (sim, ele mantinha anotações sobre as partidas). Então, prestava um pouco de atenção no plano de jogo. Depois, alongava-se para se soltar bem.

Então se aquecia *antes* mesmo de o oponente chegar. O "malandro" batia bola com algum jogador do clube durante meia hora, analisando as jogadas e consertando o que estivesse lhe dando problemas naquele dia. Um bom aquecimento. Nada muito intenso. Então, ele deixava a quadra, ia para o vestiário e se trocava.

Agora que ele já tinha revisado o plano de ação, relido anotações, alongado, aquecido e se trocado, ele voltaria à quadra? Claro que não. Era hora do momento final de malandragem. Ele se *atrasava* dez minutos, desculpava-se pelo atraso e pedia um aquecimento curto.

Obviamente, o adversário ficaria um pouco chateado com o atraso e gostaria de compensar o tempo perdido. Começariam logo, com um aquecimento ligeiro. O "tolo" entregaria o dinheiro em *sets* sem dificuldade. Ele teria poupado 200 dólares se se preparasse adequadamente. Em vez disso, foi ludibriado. Não tinha plano algum, nenhum sistema, nada. Permitiu que o outro jogador controlasse os eventos já que *não tinha se preparado*. Teria sido um péssimo escoteiro.

O interessante sobre o que esse "malandro" fez foi que tudo (exceto chegar intencionalmente atrasado) foi apenas uma excelente preparação. É assim que um esportista consciente deve chegar para uma partida. O esquema de chegar atrasado provavelmente era desnecessário (espírito esportivo zero). Ele já estaria à frente com todo o restante. Você pode dar a si próprio a mesma vantagem.

TER A "VONTADE" DE VENCER

A maioria dos jogadores amadores não costuma ligar muito para vencer, portanto só aparece para o jogo e corre atrás de umas bolas. Jogadores amadores correm muito e pensam pouco. A descrição provavelmente se encaixa em muitos dos seus adversários. Se sim, você está com sorte, pois pode tirar vantagem da preguiça mental deles e ganhar com mais frequência. Mas apenas se você se importar com vitórias e estiver disposto a se forçar mentalmente para isso; apenas se ativar seu cérebro antes da largada.

Faça isso e a vantagem será sua, e provavelmente o *match point* também.

A seguir: Sua mente está pronta. Prepare o equipamento.

FERRAMENTAS DO OFÍCIO: COMO O EQUIPAMENTO PODE AJUDAR

EI, O QUE OS PROFISSIONAIS CARREGAM NAQUELA BOLSA ENORME?

> "Quando Bradley era criança, ele não era muito bom com as tarefas de casa, como limpar o quarto ou lavar a louça. Ele não entendia como fazer."
> – Senhora Elaine Gilbert, mãe do Brad

O esportista que entende o significado de ganhar uma pequena vantagem (repetidas vezes) pode mesmo assim subestimar o papel que o equipamento de tênis pode ter na vitória. A maior parte dos jogadores pensa estar pronta para a partida se levar tênis, meias, shorts, camisa, raquete, coquilha ou sutiã esportivo. Contentam-se com isso – torcem para que o oponente leve as bolas de tênis. Um tenista que leva a vitória a sério vai além do mínimo necessário. E a lista que mencionei é o mínimo necessário.

O jogador sério quer garantir não apenas o equipamento que o ajudará, mas também o que não *atrapalhará*. Garantir que qualquer equipamento necessário esteja disponível. Por conta dos interesses envolvidos, jogadores profissionais têm *muita* certeza de levar tudo de que precisam. Não é brincadeira. Se perder não é brincadeira para você também, faça o mesmo.

Minha esposa, Kim, acha que eu exagero quando faço a mochila antes de uma partida. Diz que sou fanático. Eu arrumo a mochila da mesma forma para o treino. Sou meticuloso a respeito do que levo para a quadra e procuro deixar tudo em ordem. De certa forma, ali é meu escritório. Minhas necessidades são específicas e provavelmente muito diferentes das suas, mas aqui vai a lista do que quero ter comigo quando chego à quadra. Talvez você concorde com minha esposa ao lê-la.

MEUS EQUIPAMENTOS

A BEBIDA ENERGÉTICA SECRETA: ÁGUA

Água é a melhor bebida energética de todas. Mas, por ser de graça, as pessoas não costumam valorizá-la. Eu levo água. Eu bebo água. E bebo durante toda a partida. Já perdi por não ter bebido água. Agora sempre tenho água no treino e na partida, e *bebo*. Não apenas quando tenho sede, mas continuamente ao longo do treino e do jogo. Quero evitar chegar a ter sede. Nesse ponto, o corpo já foi desgastado pela desidratação. Então levo água e bebo. Assim, evito perda de força muscular e de coordenação, o que costuma ocorrer quando a desidratação começa.

Então, para me "hidratar", garanto que haja água sempre disponível. Levo a minha própria, embora a maior parte dos lugares em que jogo forneça água e outros líquidos. Com sua própria garrafa ao lado da cadeira, bebericar se torna um hábito. Nas duas horas *antes* do jogo, eu tomo dois ou três copos, e mais se estiver calor.

A desidratação prejudica seu jogo, mesmo antes que se perceba. Por isso, beber água durante a partida é essencial. É uma daquelas coisas "óbvias" que os amadores não fazem. Na próxima vez em que assistir a um torneio, observe os profissionais. Eles bebem na *primeira virada*. Porque estão com sede? Não. É garantia. Você não espera o tanque esvaziar antes de enchê-lo, certo? Não espere para beber água quando estiver de língua para fora.

Eu também não bebo nada gaseificado. Água sem gás é melhor. E uma boa tática: beba água antes da partida para se proteger no primeiro *set*. Beba água durante o primeiro *set* para se proteger no segundo. Em outras palavras, beba água *antes* que seja necessário.

COMIDA ENERGÉTICA

Já ouviu falar em "tremedeira de açúcar"? Acontece quando os níveis de açúcar no seu sangue caem e subitamente seus joelhos fraquejam.

Pode acontecer nos piores momentos e sem aviso prévio. A solução é simples: coma algo. Para comer algo é preciso levar algo para comer. Nunca presumo que haverá comida na quadra. Já fui surpreendido muitas vezes. Agora levo meu próprio lanche.

Para mim, é fruta. Pelo menos duas bananas. Fácil de digerir. Energia boa na hora. Chocolate? Os nutricionistas não gostam. Dizem que a energia rápida do açúcar sempre é seguida por uma queda brusca. Não sei. Se for verdade, melhor levar vários. Quando a energia de um baixar, coma outro. De qualquer forma, leve *alguma coisa*. Posso garantir isto: se precisar de energia rapidamente, um chocolate é melhor que nada. E não suponha que haverá uma vendinha na quadra. Quando você mais precisar, não terá nada disponível.

RAQUETES EXTRAS

Exceto quebrar uma perna durante a partida, nada pode tirar você da quadra mais rápido que raquetes quebradas ou cordas arrebentadas. Os profissionais carregam muitas raquetes consigo, oito ou nove. Você está pensando: "Quem vai quebrar oito raquetes?". Além de McEnroe, ninguém. Porém há algo mais envolvido.

Obviamente, equipamento extra é importante. Contudo eu também levo comigo raquetes com diferentes tensões na amarração das cordas. Algumas são mais soltas; outras, mais firmes. O motivo é que, num dia em que o problema for controle, posso optar por uma com tensão mais firme. Num dia em que estou sendo dominado pelos golpes do outro cara, posso pegar uma mais solta. Pode me dar mais força numa mesma jogada.

E para você? Obviamente, duas raquetes no mínimo. É um jogador muito descuidado (ou muito muquirana) aquele que não se importa em jogar com o mesmo tipo de raquete numa partida. Alguns trazem uma segunda, mas como se fosse um estepe: estragado, usado, o suficiente apenas pra chegar ao destino de qualquer jeito. Você não quer jogar de qualquer jeito por conta de uma corda solta na raquete. Então, duas deve ser o mínimo. Se puder se dar o luxo de levar uma terceira com encordoamento mais firme ou mais solto, leve. Você verá que, em certas situações, ter uma opção salvará a partida.

CURATIVOS/BAND-AIDS

Eu levo curativos e Band-Aids suficientes para enrolar uma múmia. Quero garantir que, se uma bolha aparecer, isso não vai me tirar do jogo ou dificultar a vitória. Meus pés são sensíveis, e um dedo dolorido não é divertido se você pisa quinhentas vezes no chão. Estou pronto para fazer um curativo em um segundo.

CALÇADOS EXTRAS

"Dedo de turfa" parece o nome do cavalo que chegou em oitavo no *derby*. Não é. Dedo de turfa é o que acontece quando a unha do dedo do pé começa a se desintegrar de tanto bater na frente do sapato. Primeiro, ela se desintegra; depois, infecciona. Vou poupar você dos detalhes, mas a dor é impressionante. É como comer pipoca com um abscesso no dente: torturante. Eu já tive dedo de turfa e resolvi o problema removendo cirurgicamente a unha do meu dedão. Decidi que não queria mais aquele incômodo. Mas, quando a coisa ficava feia, eu mudava de calçado. Colocava um tênis um tamanho maior, para não bater na frente.

Calçados novos também podem provocar bolhas e outras dores. Nunca se sabe quando um par de sapatos vai incomodar. Se precisar correr demais na partida, um par novo que não se encaixa bem nos seus pés pode se tornar um problema doloroso. Aconteceu comigo nas finais do campeonato Volvo/Stratton Mountain em 1987, contra Jim Pugh. Por algum motivo, o dedinho do meu pé direito latejava sempre que eu parava de repente. Era como dor de dente. E piorava. Ele estava no *break* a 5–2 no primeiro *set*.

Nessa altura, percebi que, se a situação perdurasse, eu estaria encrencado (na verdade, eu já estava). Mesmo se conseguisse jogar com dor, seria uma distração muito grande. Peguei um tênis velho, do pé direito, na mochila e coloquei durante a troca de lado. Ajudou. Não perdi mais nenhum *game* e ganhei por 7–5, 6–0. Peguei meu cheque de 114 mil dólares com um pé esquerdo de tênis novinho e o pé direito esfarrapado. Depois comecei a achar que aquele pé direito era um amuleto da sorte que me ajudaria quando eu precisasse de um incentivo. Ainda tenho esse calçado comigo, meu tênis de 114 mil dólares.

Costumo amaciar um par novo usando-o em casa por algumas semanas antes de levá-lo para a quadra. Depois de ter problemas com o pé, como eu, você se torna muito cauteloso a respeito do que calça. Eu me esqueci disso no Stratton Mountain. Felizmente, eu tinha uma bolsa de equipamento bem abastecida.

MEIAS EXTRAS

Eu levo meias secas para prevenir bolhas. Quando o pé fica úmido com a transpiração, começa a deslizar no sapato, o que gera um problema. Isso acontece porque o tênis é geralmente maior do que o que você costuma usar, para dar espaço aos dedos. Quando o pé desliza para esse espaço na frente, os problemas aparecem.

Num dia quente, troco de meias durante a partida para evitar as bolhas. Vestir algo seco também dá um incentivo psicológico. Quando a partida está avançada, e eu quero "mudar" meu estado mental, troco de meias. Uma coisinha assim ajuda a retomar o foco e manda seu corpo voltar ao trabalho.

POMADA ANTI-INFLAMATÓRIA

Você tem mais de 35 anos? Tem menos de 35 e joga muito tênis? De qualquer maneira, vai ficar dolorido, principalmente após um torneio. Há muitos produtos no mercado para passar nos pontos doloridos. Alguns não cheiram tão bem. Outros são mais eficazes. Encontre um que não cheire tão mal e que funcione para você. Eu passo antes de jogar e reaplico durante a partida ou o treino quando algo começa a doer.

Percebi que, quanto mais velho fico, mais uso. No começo, eu comprava um tubo pequeno. Depois passei para o tamanho grande mesmo. Será que vendem a pomada em balde? É uma solução rápida para um músculo ou as costas doloridas. Eu passo antes e depois. Funciona.

COMPRIMIDOS ANTI-INFLAMATÓRIOS

Ibuprofeno é o nome comprido. Advil e Alivium são comprimidos que contêm ibuprofeno. É o que dá um jeito nas dores. Tomo dois antes de ir para a quadra e mais dois depois. Ajuda a reduzir a rigidez nas juntas e nos músculos.

CÁPSULAS ELETROLÍTICAS

No calor, eu temo as câimbras. A água reduz a chance de isso acontecer, mas, se começo a sentir muitas câimbras, tomo cápsulas eletrolíticas para que cessem. É eficiente, funciona rápido. Chang poderia tê-las usado nas quartas de final do Aberto da França de 1989 contra Lendl. Ele teve câimbras e mal conseguia andar. Felizmente, para Michael, isso deixou Lendl meio louco da cabeça. Na verdade, aqui vai um questionamento interessante: Chang teria derrotado Lendl se não tivesse tido câimbras e mudado a estratégia? Talvez sim. Talvez não.

PROTETOR DA EMPUNHADURA (*OVERGRIP*)
Esses protetores podem ficar encharcados ou desenrolar. Eu não gosto de ter que mudar de raquete por causa disso, então carrego protetores extras. Uso um tipo produzido pela Rocky Mountain Sports Company. É um tecido atoalhado, em feixes que podem ser amarrados. Além de ser eficiente, se tornou um amuleto. Uso há anos, e com ele ganhei muito dinheiro. Quando ouvi dizer que a empresa pararia de produzi-lo, fiquei preocupado. Dei um jeito de comprar os últimos quinhentos que tinham em estoque.

Se você joga muito e usa protetor de empunhadura, ande com extras.

CADARÇOS
Tem razão. Estou ficando paranoico. Você deve estar pensando: "Caramba, será que além disso ele também carrega suportes atléticos?". Bem, não, mas já que você falou no assunto...

BATE-FORTE
O "bate-forte" prolonga um pouco a vida das cordas da raquete. Caso uma comece a esfiapar, coloco um bate-forte para não precisar trocar de raquete. Odeio trocar o que está funcionando. Quando me acostumo a algo, tendo a usar até acabar. E isso vale para raquetes, tênis, meias, cordas *e* cadarços.

VISEIRA
Mantenho uma na mochila, direto. Às vezes, jogo em quadras externas; outras vezes, nas internas. Sempre carrego uma guardada lá. A minha na verdade é um boné velho do Oakland A's, que tenho faz anos. Antes, era um do Raiders.

TOALHAS

O suor é o modo como nosso corpo se refrigera, mas pode causar problemas. Suas mãos podem escorregar da empunhadura num golpe forte. Transpiração nos olhos atrapalha a visão. Secar rosto, pescoço, braços, mãos e pernas pode ajudar muito no processo de refrigeração. Toalhas servem para outras coisas também. Eu rasguei a calça durante uma exibição na Ásia e funcionários ficaram ao meu redor segurando toalhas enquanto eu me trocava.

Também uso a toalha para uma coisa nada a ver com suor. Nas trocas de lado, coloco sobre a cabeça para bloquear tudo, o que me ajuda a focar no que está acontecendo na partida. É como um miniescritório. Muitos profissionais usam essa forma de isolamento. Apaga a plateia, os funcionários da quadra, o outro jogador, tudo. Quando você quer sentar e conversar consigo mesmo, a toalha é importante.

GELO

Não gelo de verdade. Levo gelo artificial, daqueles que vêm numa bolsinha. Quando precisa, é só aplicar. Ou seja, se torcer o tornozelo ou der um mau jeito, pode colocar gelo na hora. Mas tenha cuidado. É muito gelado. Se deixar muito tempo na pele, pode queimar.

TESTEIRA ANTITRANSPIRANTE

É uma espécie de minitoalha, mas muito importante. Sempre leve para a quadra com você. Pode colocar uma agora mesmo.

CAMISETAS LIMPAS

Carrego camisetas extras na mochila por vários motivos. Obviamente, se uma empapar de suor, vou trocá-la. Quando as coisas não estão indo bem (ou se preciso dar uma animada), também troco de camiseta, para mudar um pouco a situação. Colocar camisetas secas e limpas foca minha atenção e ajuda a dar uma mexida nas coisas. É um recomeço.

BALINHAS

Mais uma coisa com a qual me acostumei: gosto de comer algumas balinhas para dar uma animada. Algo familiar me relaxa. Dentistas e nutricionistas não irão gostar, mas sempre as carrego comigo.

LÁPIS E PAPEL
Durante o treino, tenho algumas ideias sobre uma jogada ou como ser mais eficiente contra alguém. Anoto imediatamente. Algumas são valiosas e serão esquecidas se eu não anotar na hora.

ÓCULOS DE SOL
Levo meu RayBan para jogos ao ar livre onde o reflexo é um problema. Algumas superfícies parecem reluzir muito. Os óculos de sol reduzem muito esse efeito.

Bem, isto é o que pelo menos um jogador no circuito carrega na mochila que você vê na quadra: oito ou dez raquetes, algum tipo de lanche, doces, protetores de empunhadura, meias, camisetas, toalhas, água ou suco, cadarços... tudo o que possa ser necessário durante uma partida. Minha esposa brinca dizendo que sou uma criança com seu cobertorzinho. Mas eu sei que tudo que carrego uma hora será usado.

CHECKLIST ANTES DO VOO
Antes da decolagem, o piloto passa por um *checklist* para garantir que o avião está pronto para voar, porque depois que deixar o solo pode ser tarde demais. Ao repassar sua lista, o piloto está mergulhando no trabalho. Sua mente está focada nas questões da lista, mas também está entrando no voo. Preparar minha mala de equipamentos é meu "checklist" – me leva para dentro da partida a seguir.

Recomendo que prepare sua mala também, se quiser ganhar. Faça isso de forma muito cuidadosa. É parte da minha abordagem "NMA": Não Me Apresse. Você ganha de duas maneiras. Terá o equipamento necessário para qualquer circunstância. Já estará entrando no modo de pensamento correto: focado no tênis.

Parece que estou exagerando, mas não estou. *Eu quero ganhar!* Quando 2 milhões de dólares estão em jogo, como durante um torneio na Alemanha, não quero dar chance para bolhas nos pés, câimbras, desidratação, fome, raquete quebrada, cordas esgarçadas, meias ou protetores suados, cadarços frouxos ou qualquer outra coisa que possa levar meu dinheiro embora. Não dou chance para o azar.

Você deve estar pensando: "Escuta, se eu estivesse jogando por 2 milhões, eu também levaria um par de meias. Mas jogo pra me divertir.". É verdade. *E é muito mais divertido ganhar.*

Eu falo para os jogadores com os quais treino que se, de fato, para eles é indiferente ganhar ou perder não devem anotar as vitórias e derrotas. O cara que não sente nada diferente quando ganha ou perde deve ser um coitado. *Essa* pessoa, sim, precisa ir ao médico ver se ainda tem pulsação.

CHECKLIST DE EQUIPAMENTO

NECESSIDADES DIÁRIAS BÁSICAS

Reduza a lista. Veja o que deve levar para a quadra a cada partida.

1. **Água.** Leve. Beba durante a partida. Não espere sentir sede. E beba água *antes* da partida.
2. **Duas raquetes.** Duas é o mínimo. E lembre-se de alterná-las a cada partida. Assim, duram mais. Se você joga muito, leve uma terceira com encordoamento mais frouxo, e uma quarta com tensão mais forte.
3. **Comida energética.** Fruta. Chocolate. Algo para uma dose rápida de açúcar.
4. **Pomada anti-inflamatória.** Se tiver mais de 35 anos, pare de se enganar. Para que sofrer? Use qualquer coisa que ajude a jogar com menos dor.
5. **Comprimidos anti-inflamatórios.** Idem.
6. **Gelo artificial.** Para fisgadas, torções e outros problemas. Quanto mais rápido colocar gelo, mais rápida a recuperação.
7. **Toalhas.** Se você suar. E use como isolamento quando precisar se concentrar e pensar.
8. **Testeira.** Novamente, se você suar. Se não for o caso, talvez devesse se esforçar mais ou jogar contra oponentes mais difíceis.
9. **Viseira.** Use o boné do seu time. Ou use uma viseira mesmo.
10. **Camisetas limpas.** Leve várias para não ter de se lembrar de colocar uma toda vez.
11. **Equipamento extra.** Quanto você joga? De quantos torneios participa? Quer mesmo ter disponível todo o equipamento necessário para a vitória? Então decida por si mesmo quais suprimentos emergenciais seriam uma boa garantia. É duro levar muita coisa. É fácil passar aperto.

O JOGADOR COMPLETAMENTE EQUIPADO

É *difícil* levar muita coisa para a quadra, mas não é impossível. Descobri isso quando conheci Peter Pammer. (Esse não é o nome de verdade dele. Ele conta que nunca percebeu que exagerava até eu perguntar se poderia mencioná-lo no livro. "Não. *Por favor*, não use meu nome.") Ele é um jogador amador que se dedica a encontrar, comprar, levar e usar *todo tipo* de equipamento de tênis. Por exemplo?

Peter leva água, de dois tipos, com gás e sem. Três raquetes. Viseira. Faixas de neoprene para cotovelos e joelhos. Uma faixa de lona que ele usa por cima da de neoprene no cotovelo mais dolorido. Chicletes. Chocolates. Suco de fruta. Gelol. Colírio. Balinhas de menta.

Ele carrega um saquinho de colofônia[1] na quadra. Antes de cada saque, ele passa o pó na empunhadura, para dar mais tração ou algo do tipo. (Depois de uma partida, após ter passado tanto desse pó branco, parece que nevou na quadra.) Ele leva toalhas, gelo, remédio e uma luva de golfe para prevenir bolhas. *Sweatlets*. Testeiras (já viu alguém usar viseira *e* testeira ao mesmo tempo?). Usa tênis de cano alto para proteger o tornozelo.

Quando Peter coloca a armadura, ele fica parecendo a mascote da Michelin. Mas quer saber? Nunca perdeu uma partida por conta de excesso de equipamento. E provavelmente ganhou algumas por estar preparado. Os escoteiros deviam lhe dar uma medalha honorária por "Prontidão para Emergências no Tênis".

No seu caso, leve o meu "pacote reduzido". Vai garantir que esteja pronto para emergências, grandes ou pequenas. E, enquanto você estiver fazendo a mochila e se preparando, seu cérebro saberá que é hora de começar a pensar em tênis.

A *seguir:* Mochila pronta. Agora alongue-se para o sucesso.

---

1 Breu em pó. (N.E.)

3

ALONGANDO PARA O SUCESSO

Em 1988, pensei que minha carreira no tênis estava acabada. Meu tornozelo esquerdo explodia de dor. Às vezes, quando eu o forçava, parecia que alguém tinha enfiado uma chave de fenda e girado. Ficava tão inchado e dolorido sempre que eu jogava por um longo período que eu mancava por dias depois da partida. Lascas de osso e tendão danificado ameaçavam acabar com minha carreira no tênis. Dez ou quinze anos antes, a cirurgia talvez não fosse capaz de resolver meu problema, mas eu estava com sorte. Os médicos conseguiram me livrar da dor.

Contudo eu enfrentava outro problema. Voltar sempre é difícil, mas no meu caso foi especialmente difícil por conta do condicionamento, que nunca foi tão importante na minha lista de prioridades. Quando eu tinha 19, 20 anos, não via muito sentido, e, conforme fui envelhecendo, a atitude permaneceu. Prejudicou meu jogo. Meu treinador, Tom Chivington, percebeu que minha eficiência diminuía muito em partidas que iam além de três *sets*. Eu era teimoso e não fiz nada a respeito.

Depois da cirurgia, eu sabia que precisaria trabalhar muito para voltar ao nível físico de antes (que Tom dizia já não ser tão bom). Se quisesse ser melhor, precisaria trabalhar no condicionamento com muita disciplina e inteligência.

Levei o trabalho a sério. Quando você deixa o circuito e fica em casa assistindo pela TV os caras se digladiando nas quadras ao redor do mundo, sente-se muito distante, muito longe da competição. Era assustador. Nesses meses de recuperação, percebi quanto eu amava competir.

Foi quando comecei a trabalhar de forma dedicada com Mark Grabow, um dos maiores especialistas em condicionamento e força dos Estados Unidos. Ele é ex-jogador de futebol, e representou o país nos Jogos Pan-Americanos. Ele trabalhou com as equipes de tênis masculina e feminina da Stanford University e atualmente é treinador de força e condicionamento dos Golden State Warriors na NBA. Chris Mullin, membro do Dream Team olímpico de 1992, é um de seus célebres pupilos. Também já trabalhou com Aaron Krickstein e Jennifer Capriati. E, mais importante, já trabalhou com milhares de jogadores amadores de tênis, ensinando-os a se preparar adequadamente para uma partida.

Mark não somente me deixou na minha melhor forma possível, como nunca antes eu estivera, ele também desenvolveu uma rotina pré-jogo de aquecimento e alongamento que se tornou extremamente importante para eu *começar a partida* em nível de performance máximo.

Juntos, refinamos um programa pré-jogo pelo qual você deve passar *automaticamente* antes de uma partida. É curto, indolor e efetivo. Ajudará o seu tênis *e* prevenirá lesões. Outra oportunidade à espera.

OS QUATRO (OU CINCO) MINUTOS MÁGICOS DO MARK

Seu objetivo durante este breve programa pré-jogo é duplo: melhorar suas capacidades no tênis logo no começo da partida (o que afetará seu jogo mais adiante) e prevenir lesões. O ideal é passar 20 a 25 minutos preparando seu corpo para o estresse de uma partida (em qualquer nível) antes mesmo de tocar a raquete. No entanto, é raro para um amador fazer isso. Não se preocupe. Fará muito bem a você e ao seu jogo incorporar pelo menos quatro (ou cinco) minutos das recomendações de Mark à sua rotina.

Os primeiros três minutos são para literalmente aquecer seus músculos. Esses alongamentos são chamados movimentos de flexibilidade dinâmica. O minuto seguinte é para alongar os grupos musculares. Esses alongamentos são chamados movimentos de flexibilidade estática. O aquecimento dinâmico (ou em movimento) deve ser feito primeiro. Os movimentos estáticos (de alongamento) devem ser feitos quando o músculo já estiver aquecido.

Aquecimento de flexibilidade dinâmica

Tênis é um esporte de habilidade que começa do chão para cima. Tudo se inicia nas pernas. É a parte do corpo que deve receber mais atenção: os grandes grupos musculares das pernas. Os tenistas amadores quase sempre aquecem automaticamente primeiro braços e mãos. Vão para a quadra, tocam a ponta do pé e puxam a panturrilha para cima (o que eu chamo de alongamento de mentirinha) e imediatamente começam a bater bola. Observe seus amigos se aquecendo. Você verá braços e mãos girando.

O que deve se feito primeiro é um aquecimento de baixa intensidade, específico para o tênis, a fim de aumentar a temperatura dos grupos musculares primários entre os quadris e os pés – ou seja, as pernas. Esses movimentos elevam a temperatura dos músculos em uso, pois aumentam a circulação sanguínea. Os músculos, em consequência, conseguem contrair com mais força e rapidez, e há menos risco de lesão. Isso significa que, *quando começar a partida*, você se movimentará melhor. Os resultados aparecerão no seu jogo.

O aquecimento imitará os movimentos de perna usados durante a partida, mas com intensidade bem menor. Os movimentos fundamentais descritos a seguir deixarão seus grupos musculares principais prontos para a ação. Faça-os enquanto seu oponente finge se aquecer ou fica mexendo no equipamento. O tempo envolvido nisso é curto (entre quatro e cinco minutos) e os resultados, valiosos. Você saberá que está fazendo direito se suar um pouco nos primeiros movimentos – a testa levemente úmida já demonstra que o sangue está circulando. *Depois* você alonga.

Circule pelo quadrado

Este é o primeiro exercício do aquecimento e deve ser feito bem devagar, e com baixa intensidade. Basicamente, você vai percorrer metade da quadra (o "quadrado"), sempre de frente para a rede.

Comece no ponto onde a lateral cruza com a linha de fundo. Depois vá lentamente para a frente, ao longo da lateral até a rede. Quando chegar a um metro da rede, mude de direção e trote paralelamente, no mesmo ritmo. Seu corpo ainda estará de frente para a rede. Quando chegar à outra linha lateral, mude de direção (enquanto ainda está cara a cara com a rede) e comece a trotar lentamente de volta para a linha de fundo. Mantenha um ritmo bem tranquilo. Quando chegar à linha de fundo, novamente mude de direção (ainda de frente para a rede) e trote paralelamente ao longo da linha de fundo até a lateral oposta.

Repita de duas a quatro vezes, aumentando o ritmo aos poucos. Você estará trotando por metade da quadra (sempre de frente para a rede) e colocando seus músculos da perna num aquecimento geral muito bom.

Se fizer apenas isso, já será um belo serviço de pernas usando movimentos para a frente, para trás e para as laterais. O sangue estará circulando pelos grandes grupos de músculos, e os resultados aparecerão no seu jogo (sem mencionar a diminuição das chances de se lesionar). No entanto, Mark e eu também recomendamos acrescentar algo a este exercício para aumentar sua eficácia.

Chute sua bunda

Depois de percorrer a quadra pelo menos duas vezes, acrescente este movimento. Conforme você corre na direção da rede (e depois retorna), comece a aumentar a altura que o seu calcanhar alcança. A cada passo, aproxime o calcanhar das nádegas, como se quisesse dar um chute na própria bunda.

Não exagere. O segredo de um bom aquecimento é o aumento *gradual* do movimento. Isso vai fortalecer o aquecimento das pernas, especialmente dos quadríceps (a frente da coxa). Faça pelo menos em uma volta.

O passo alto

Por fim, acrescente o passo alto ao trote pela quadra *depois* de ter chutado sua própria bunda. Enquanto está se movendo para a frente e para trás (na direção da rede e depois se afastando), traga seus joelhos mais alto e mais próximo da cintura (dê um passo alto). Imagine que seus joelhos alcançarão seu peito.

Após essa rotina, você estará pronto para dar um pique logo na primeira bola. Se tiver tempo para continuar a rotina, aproveite.

AQUECIMENTO DE FLEXIBILIDADE ESTÁTICA

Quando os grandes grupos musculares já estão ativados e aquecidos, é hora de fazer alguns exercícios curtos estáticos (sem movimento).

Depois que você *aqueceu* os músculos, é possível se alongar melhor. Um alongamento feito de forma mais adequada permitirá mais amplitude de movimentos no início das partidas, com menos riscos de lesão.

A cegonha

Este exercício de aquecimento é fácil de lembrar. No final, você ficará parecendo uma cegonha. Fique parado ao lado da rede para segurá-la se precisar de equilíbrio. Levante um pé atrás de você (traga o calcanhar para a bunda) e segure o peito do pé com a mão. De forma gradual e elegante, puxe o pé mais na direção das nádegas. Não exagere. Esse movimento dará continuidade ao alongamento dos quadríceps e dos músculos da coxa.

Faça isso durante quinze segundos em cada perna, alongando aos poucos e soltando, alongando e soltando.

Curve-se diante do imperador

De pé, com os pés levemente afastados, curve-se na linha da cintura, como se estivesse saudando a realeza. Mantenha os joelhos levemente flexionados e as costas relativamente retas. Deixe os braços caírem na direção do chão. Faça isso por dez segundos e depois repita.

Você sentirá o resultado na parte de trás das pernas (nas panturrilhas) e na lombar, conforme se curvar mais adiante. *Não force* este ou qualquer outro movimento. E *não fique indo para a frente e para trás* numa tentativa de alongar mais. Nunca distenda um músculo no alongamento. Os movimentos devem ser graduais, delicados e suaves.

Puxe a virilha

Lesões na virilha são muito comuns, e este exercício simples é um ótimo remédio preventivo.

Fique em pé, com os pés a 60 centímetros de distância um do outro. Gradualmente, transfira o peso para o pé direito (sem mexer os pés). Em seguida, flexione o joelho direito (mova-se levemente para a frente), de forma que acomode a transferência de peso. Mantenha o pé esquerdo fixo no chão e a perna reta.

Você vai sentir uma puxada no lado esquerdo da virilha. Aos poucos, assente-se no movimento e alongue. Mantenha por dez segundos.

Então, faça o mesmo do outro lado.

Esta série de exercícios vai preparar seu corpo para o trabalho mais adiante. Da mesma forma que a maioria dos jogadores não começa a pensar na partida depois que ela já teve início, eles também não aquecem o corpo até que a partida já tenha quatro ou cinco *games*. E esses *games* contam.

Dê ao seu corpo a chance de ajudá-lo a começar da melhor maneira. Aqueça e alongue para o sucesso. Os resultados no início do jogo serão melhores, e isso afetará drasticamente todo o resto. Também reduzirá a chance de uma lesão.

Leva só cinco minutos; faça disso um hábito.

E, por fim, se quiser prevenir rigidez e se manter flexível, faça os exercícios de flexibilidade estática *depois* da partida. Isso é muito importante, principalmente conforme você envelhece. Seu corpo vai ficar bem menos "duro" no dia seguinte se você der uma boa alongada depois dos jogos e antes de esfriar.

A seguir: Corpo aquecido. Agora aqueça as jogadas.

4

AQUECIMENTO NO MICRO-ONDAS: DESCONGELE AS JOGADAS RAPIDINHO

Conforme sua preparação pré-jogo antes do começo da partida se aproxima, você se depara com o elemento mais importante antes do início da disputa: aquecer as jogadas. A maioria dos jogadores amadores desperdiça ou desconsidera essa parte da rotina pré-jogo porque não entende o quanto isso contribui para a vitória.

Aqui vai uma regra fundamental para mim: *tenha um plano*. Cada estágio da partida deve ser reconhecido como essencial para alcançar a vitória. Ter um plano ajuda a garantir esse potencial. Saber o que quer alcançar durante o aquecimento vai resolver a questão.

DOIS EXTREMOS: AMBOS ERRADOS

Há dois tipos de aquecimento para amadores: de mais ou de menos. Alguns aparecem e se aquecem por um mês. Acham que vão de repente ficar bons? Não vai rolar num aquecimento. Têm medo de iniciar a partida? Querem perder peso? O que quer que seja, você conhece a figura (e espero que não seja um deles). Aparecem na quadra e trabalham *todas* as jogadas durante vinte minutos... com a sua ajuda!

Não deixe o adversário usá-lo como uma máquina de lançar bolas. Quando você estiver pronto, comece. Diga ao oponente que precisa ir embora mais cedo. Diga que quer terminar o jogo antes. Ou combine previamente quanto tempo o aquecimento vai durar. Não deixe que ele o arraste no treino *dele*. Vocês podem treinar outra hora. Agora é aquecimento. Além do mais, passar por tudo isso não ajuda o *seu* jogo.

A maioria, no entanto, odeia o aquecimento. Na verdade, quanto pior o jogador, menos ele aquece. É como na aula de educação física do colegial, algo que a gente faz só pra se formar. O aquecimento é desperdiçado, uma oportunidade é jogada fora. Eles fazem tudo correndo, praticam a jogada preferida algumas vezes, ignoram as que não fazem direito e começam a partida. Se ele for desleixado, apressado e descuidado durante esse momento precioso imediatamente antes do jogo, é garantia de que será assim durante o jogo também. O tenista preparado leva vantagem sobre aquele que não utiliza totalmente o período de aquecimento.

O aquecimento é sua última oportunidade de ter um bom início, de sair na frente do oponente e afetar toda a partida, de se preparar para jogar o seu melhor. Tenha um plano para esse momento e o execute. Veja como.

O PLANO: CURTO E SIMPLES

O aquecimento não precisa ser longo, mas há três coisas que você deve ter como objetivo:

1. Continuar o aquecimento físico de seu corpo e de sua mente, que começou no alongamento, no planejamento e na visualização pré-jogo.
2. Fazer com que olhos e corpo trabalhem juntos para produzir lances bem-sucedidos, *o que inclui controlar o nervosismo*.
3. Aprender o máximo possível sobre o oponente.

Os jogadores profissionais chegam à quadra *já* aquecidos. O que acontece diante da torcida logo antes das partidas é o último trecho da preparação. Ajuda com a ansiedade e relaxa. Mas para você o aquecimento em quadra provavelmente é a preparação *completa*. Então faça valer. É por isso que o "jogador modesto" que aqueceu como um profissional antes da partida teve tanta vantagem. Ele já estava pronto antes da largada.

COMO DESCONGELAR AS TACADAS EM 7 MINUTOS E 45 SEGUNDOS

Aqui vai um procedimento bem específico que vai garantir sua preparação correta para o jogo, tanto física como mentalmente. Quando for para a quadra, use-a. Seu oponente vai aceitar isso se você for simpático. Pode usar sua própria variação, contanto que se lembre de aquecer em todas as jogadas e ter uma rotina regular. O padrão que você estabelece diz à sua mente e ao seu corpo que o tênis está na ordem do dia.

NOVENTA SEGUNDOS: VOLEIO A VOLEIO

Você quer que olhos e mãos trabalhem juntos. Não saia correndo dando aquelas pancadas de fundo de quadra, os *groundstrokes*. Ainda mais se você for um jogador de fim de semana que não joga há dias.

É besteira começar com a tacada mais difícil, com mais movimento e que utiliza mais grupos musculares depois de ficar parado uma semana. Se você joga o tempo todo, é diferente. Então pode começar com essas de fundo, depois ir para o voleio. A maioria dos tenistas não tem tanta sorte.

"Diga" ao adversário que quer volear, cada um dentro da área de saque, a uns dois metros da rede. Só para dar uma acordada na velha função motora olho-mão.

Acredite, funciona. Faz com que seus olhos observem a bola, e a raquete acerte com o menor esforço e a melhor chance de bom contato. Seus oponentes vão fazer cara feia. Não dê bola. Eles não têm um plano, e ficaram preguiçosos. É uma boa ajuda para estabelecer um ritmo bom para você (e, infelizmente, para o adversário também).

Dispare a bola para a frente do *backhand* e do *forehand*. Pegue as bolas no alto. Faça bom contato. Isso faz com que seus olhos mantenham um rastreio bem-sucedido da bola, e aquele lugarzinho certeiro da raquete será posto em uso.

QUATRO MINUTOS: *GROUNDSTROKES,* DO MODO CORRETO

Primeira coisa a se lembrar: tente atingir os *groundstrokes* no fundo, bem rente à linha de fundo. Na verdade, uma bola meio longa é ótima. Mire bem perto da linha. Tente atingir os primeiros seis ou sete lances com bastante profundidade. Não encurte a bola. Preste atenção: se a bola cair dentro ou perto da área de saque, corrija e busque a linha de fundo.

Por quê? O nervosismo tende a encurtar as jogadas. Estenda o lance acertando no fundo. Inicia-se assim um padrão de bater no fundo da quadra, que é um dos principais hábitos a se desenvolver. Na partida, é melhor acertar um a cada cinco lances longos do que quatro de cinco curtos. Então comece a lançar para o fundo logo.

Lembre-se: você não está tentando impressionar o oponente com força. Comece tranquilo e devagar. Trabalhe aos poucos a velocidade (que só vai aparecer no quarto ou quinto *game*). É muito importante estabelecer um ritmo confortável e efetivo logo no início. Amadores adoram começar o aquecimento com grandes estocadas. *Evite*. Pegue leve. Deixe o corpo atingir a velocidade de forma confortável.

Sem trapaça

Durante o aquecimento, o jogador médio vai mostrar a sua maior fraqueza nos golpes de fundo (o *backhand*) em 70% das vezes. Já vi jogadores em aquecimento que pegaram a bola com a mão em vez de rebater com o lado mais fraco. Adoram os lances confortáveis e evitam os mais difíceis. Se contar as vezes que evita bater com esse seu lado, você vai se surpreender.

Na verdade, você deveria estar fazendo justamente o oposto: usar o lado mais forte quando possível. Bata com o *backhand* sempre que puder. Aqueça-o. Acostume-se a ele. Acredite em mim, se o seu oponente for esperto, ele vai mandar várias vezes para o seu *backhand*. Então, ignore. Dê a ele ao menos o mesmo tanto de tempo. Vai valer a pena a curto e a longo prazo.

Uma das formas de perceber uma grande diferença entre os dois lados de um jogador, o mais fraco e o mais forte, é observar que ele está sempre executando sua jogada favorita e evitando a que não gosta. Isso se autoalimenta. Ao longo de meses e anos, o lado mais fraco vai se esvaindo. Falta de atenção é igual à falta de eficiência.

Numa partida, pode fazer sentido evitá-la. No aquecimento, dê ao lado fraco um pouco de atenção real. Além de outras coisas, vai aumentar sua confiança. Acostume-se a bater com ele. O aquecimento é um momento para trabalhar isso sem consequências ruins.

TRINTA SEGUNDOS: *OVERHEADS*

Overheads são ignorados no aquecimento, principalmente por amadores e pelas categorias iniciantes de profissionais. Entenda o motivo. Pode ser a jogada em que você é pior ou a que mais odeia. Ninguém gosta de fazer feio na frente do adversário. Um *overhead* pode fazer você pagar mico. É o lance mais difícil de calcular, ainda mais no começo. Por isso muitos jogadores não querem tentar. Então o que fazem? Esperam estar realmente *valendo* para usar esse golpe pela primeira vez. Não é algo inteligente. Pensam que é mais fácil evitar. Não é.

O aquecimento do *overhead* promove duas coisas. Obviamente, aquece a jogada. Mas também começa a aquecer o serviço. Coloca você para fazer tudo o que precisará fazer no saque: olhar para cima, acompanhar, transferir o peso. Oferece aquele *plus* para o saque. Seu objetivo é modesto. Fazer um contato sólido no *swing*. Não se preocupe com força. Não se preocupe com ângulos ótimos. Dê uma cortada relaxada na bola, não faça nada elaborado.

QUINZE SEGUNDOS: LANÇAMENTO

O saque vai para onde o lançamento for. Quando foi a última vez que você treinou o lançamento? Antes de sacar, pratique o lançamento quatro ou cinco vezes. Com calma, mantenha o foco em colocar a bola no ponto desejado. Lance. Depois rebata sem mover os pés. É uma ótima maneira de melhorar o saque com pouco esforço. (E, durante a partida, se o saque começar a enroscar, desacelere os movimentos com alguns "testes de lançamento". Já percebi que isso ajuda a colocar as coisas nos eixos. Se o lançamento for desleixado, será impossível ter um saque confiável.)

Por fim, nessa parte do jogo muito subestimada, porém crucial, não tema interromper o saque se o lançamento tiver sido horrível. Pegue! Lance de novo. Amadores costumam correr atrás de um lançamento ruim até o vestiário.

UM MINUTO: O SAQUE

Quero que você saque quatro vezes em *ambos* os lados, tanto cruzado como no centro. A maioria dos amadores tende a mandar a bola na área de *deuce*.[1] Quero que mande para os dois retângulos de recepção por conta disso. O aquecimento do saque tem por objetivo principal criar um movimento bom e confortável logo no começo da partida, para que você não cometa duplas faltas desnecessariamente.

Bata os primeiros serviços de forma tranquila e relaxada. Mantenha o punho bem soltinho, quase mole. Bata os primeiros três/quatro saques com um movimento quase preguiçoso. Busque a linha de serviço ou *além*. Então, gradualmente, aumente a velocidade.

Você precisa se ajudar ao máximo no primeiro *game* do primeiro saque. Se quer estar à vontade com a jogada e não quer mandar para o retângulo de vantagem pela primeira vez durante a partida, treine no aquecimento.

TRINTA SEGUNDOS: DEVOLUÇÃO

Quando o adversário estiver treinando saques, não pegue, *devolva*. Pratique uma boa devolução. É uma das armas mais importantes, raramente utilizada. *Trabalhe com isso*. E trabalhe no aquecimento. Rebata devoluções focadas, rítmicas e conectadas. Lembre-se: essa provavelmente será uma das primeiras jogadas (ainda mais se seguir meu conselho mais adiante). A hora de entrar no ritmo é durante o aquecimento.

Este é o aquecimento rápido, rasteiro e certeiro de 7 minutos e 45 segundos no micro-ondas. Sim, pode demorar um pouco mais se o oponente quiser tentar um *overhead* ou algo do tipo. Mas o *seu* jogo, ao menos, estará pronto. Faça isso, e você estará no ponto (ou ao menos aquecido).

CONHEÇA O ADVERSÁRIO: LEITURA DINÂMICA

Outro objetivo durante o estágio final dessa oportunidade pré-jogo é ver se o oponente mostra algo sobre o jogo dele que você possa usar a seu favor. Isso é importante no caso de um adversário que você nunca enfrentou. Veja como fazer.

---

1 *Deuce* é quando há o empate no *set* em 40–40. Nas transmissões de jogos de tênis no Brasil, os narradores dizem "iguais", não *deuce*. (N.E.)

Jogue uma bola no centro. Para que lado ele pisa? Ele dá a volta para o *backhand*? Se você nunca viu o oponente antes, ele acabou de lhe contar algo: qual é seu lado preferido.

Quando ele estiver fazendo o voleio sobre a rede, jogue um *lob*[2] de surpresa. Sua recepção é tranquila? Ele é ágil ou atrapalhado com os pés?

Também na rede, jogue uma bola baixa. O oponente dobra o joelho ou abaixa a raquete (o voleio do preguiçoso)?

Durante o aquecimento, preste atenção na forma como ele se move e observe como ele atinge a bola em movimento. É bom de um lado e inconsistente do outro? Usa mais um tipo de jogada do que outro – *slice, topspin, flat*?[3] Golpeia dando um grande giro ou de forma mais compacta? Lembre-se da seguinte Regra de Ouro do Gilbert: *os lances mais lindos no aquecimento são os mais feios sob pressão*. Não se impressione *demais* com o que observar no aquecimento. Mas lembre-se de que alguns probleminhas ou pequenas falhas em determinados lances ou na movimentação podem ser explorados na partida.

---

2 Bola alta golpeada com o objetivo de encobrir o adversário que está próximo à rede. (N.E.)

3 *Topspin* é o efeito dado sobre a bola, o que faz quicar mais alto após tocar o chão. *Flat* (chapado) é um golpe executado "reto", com pouco ou nenhum efeito. (N.E.)

5

QUATRO MANEIRAS DE ACABAR COM A ANSIEDADE: SUPERANDO O NERVOSISMO PRÉ-JOGO

Por fim, lidamos com a questão do nervosismo no começo da partida. Você sabe do que se trata o nervosismo, não? Trata-se de estar com medo, temer algo. Sabe o que é o medo? É um mecanismo de defesa. É a maneira de o seu corpo se preparar para um problema. Quando sua mente ou seu corpo pressente perigo, o medo é a forma natural de se preparar – o mecanismo de "lute ou fuja". A adrenalina começa a se espalhar. Seus sentidos se aguçam. Todos os sistemas estão prontos! – só que às vezes não.

É natural sentir nervosismo antes de uma partida importante, seja por conta do desejo de derrotar seu oponente, seja por causa do torneio em que se inscreveu. Nessas situações, se *não* se sentir nervoso, você perderá. Os bons jogadores são beneficiados pelo nervosismo, pois utilizam a parte boa dele e controlam a ruim. Sabem que a energia do nervosismo pode trabalhar a seu favor, fazendo com que se esforcem mais, estejam mais focados e procurem dar mais de si. Essa é a parte boa. A parte ruim pode prejudicar.

E o dano é importante também. Nervosismo descontrolado deixa as pernas mais pesadas, e os pés, colados ao chão. O nervosismo tira o óleo do motor. Paralisa. Já ouviu falar no "cotovelo de tenista"?[1] Culpa do nervosismo. E acontece em todos os níveis de tênis. Talvez ainda mais entre os profissionais, por conta do que está em jogo.

---

[1] Afecção caracterizada por dor no (ou próxima ao) epicôndilo umeral lateral ou na massa do músculo extensor do antebraço como resultado de um esforço não usual. Ocorre devido a estresses repetitivos no ombro decorrentes de atividades como jogar tênis. (N.E.)

Nervosismo pode fazer com que você pare de pensar na quadra e tente jogadas estúpidas. Um jogador nervoso vai se culpar depois e pensar: *"Por que eu tentei aquela jogada baixa além da linha de fundo?"*. Por causa do nervosismo, claro. O nervosismo deixa você em coma – *mesmo*. O que antes era fácil fica difícil.

Talvez o pior caso de nervosismo que já vi tenha sido o de Miloslav Mecir. Ele sofreu um caso severo de "cotovelo de tenista". Durante uma partida da Copa Mundial de Equipes, ele estava sacando para Connors a 5–3 no terceiro *set* para ganhar a partida e o título para a então Tchecoslováquia. Tudo que precisava fazer era *segurar o saque*. No entanto, foi atacado pelo nervosismo. Passou a cometer duplas faltas. No fim do *game* (a 5–*all*), ele cometeu diversas faltas outra vez. A coisa ficou tão ruim que ele começou a sacar por baixo no segundo serviço só para enfiar a bola na quadra. Não tinha mais como entrar no jogo. Era constrangedor assistir, dava pena do cara. Ele era um grande jogador, mas a ansiedade pesou e ele perdeu a partida por ser incapaz de controlá-la.

Eu já passei por isso. Na Copa Davis, em 1986, quando perdemos de 3 a 2 para a Austrália. E eu perdi ambas as minhas partidas. Era uma sensação horrível. Fiquei deprimido e envergonhado. Eu queria tanto vencer pelos Estados Unidos que fiquei tenso, nervoso, ansioso, querendo alcançar logo os *end points*.[2] É isso o que o nervosismo provoca.

Foi minha pior experiência no tênis. As derrotas pesaram em mim durante três anos. Foi uma longa espera para me redimir. Quando finalmente fui convidado outra vez, venci por conta de um desejo feroz de me provar, e eu estava bem melhor em lidar com os nervos. Vou contar o que faço.

Os nervos vão começar a afetar você durante o aquecimento. Seus pés não vão querer se mover. Você não vai conseguir respirar. A movimentação ficará endurecida. E também os golpes. Faço quatro coisinhas bem simples e mecânicas pra soltar os nervos antes de uma partida.

---

2 O *end point* é o lance para finalizar um ponto. (N.E.)

OS DETONADORES DE NERVOS DE GILBERT

1. RESPIRE COMO SE TIVESSE ASMA
Quando você fica nervoso, seu padrão de respiração muda. É a primeira coisa que deve verificar. A respiração mostra qual o seu nível de ansiedade. E, mais importante, a respiração pode ajudar a controlar a ansiedade. Quando está nervoso, você inspira muito rápido, superficialmente e de forma curta. É exatamente como você se sente. Tudo está agitado e fora de controle.

Quando isso acontecer, controle a respiração. Inspire profundamente, de forma suave e rítmica. Pode começar antes de entrar na quadra. Antes de uma partida que está me deixando muito tenso, respiro da maneira correta – profunda, suave e ritmicamente. Fica parecendo que tenho asma, mas isso ajuda a reduzir o nervosismo.

2. PÉS ALEGRES
Vou falar agora sobre o trabalho com os pés. É a parte mais importante desse esporte. É tudo. E o nervosismo acaba com ele. Um bom trabalho de pés o coloca na posição certa a tempo. Se estiver lá a tempo, terá opções. Se tiver opções, terá mais chances de ganhar o ponto. Pode cortar a bola. Jogá-la por cima. Pode se antecipar. E pode acertar em cheio. Opções. Quanto mais opções, menos chances de receber um ataque efetivo e mais provavelmente *você* controlará o ponto. É o que um bom trabalho de pés pode fazer *para* você. Veja o que um trabalho de pés *ruim* pode fazer *com* você.

Se o trabalho com os pés estiver ruim e você chegar atrasado na bola, ou se estiver esperando a bola chegar até você (ou não se encontrar na melhor posição para acertar o lance que intenciona), você terá menos opções. *A bola* está *jogando* você. Se estiver muito próxima ao corpo, a única coisa que você conseguirá fazer é afastá-la. Jogo de pés ruim acaba com seu *timing*, seu equilíbrio, sua força e sua consistência.

Tensão pré-jogo pode acabar com o seu trabalho de pés. O nervosismo faz com que os pés grudem na quadra, como se a sola do sapato tivesse velcro. Faz com que seu corpo paralise. Que as pernas fiquem molengas. Passos curtos, rápidos e leves se tornam pisões lentos e pesados. E isso vai para o corpo todo. As raquetadas ficam ruins. O *timing* fica ruim. O contato fica ruim. E sua confiança evapora porque você percebe que "Simplesmente não acerto uma hoje!". Jogo de pés ruim.

Como melhorar os pés? Simples. Pense nos "artelhos". Se ficar em cima dos artelhos (os dedos dos pés), você *precisará* dar passos leves, ligeiros e curtos. O calcanhar deve cravar no chão, sustentar o peso, permanecer fixo. Apoiar-se no calcanhar é levar a pior no tênis. E o nervosismo o coloca sobre o calcanhar na hora. Então, falando de bom jogo de pés, pense como um bailarino: fique na ponta dos pés.

Eu digo, no meu íntimo, de forma consciente, para mexer os pés. É uma ordem para mim mesmo quando fico nervoso. "Pule. Fique na ponta dos pés, Brad. Fique leve! Pule." Digo a mim mesmo para pular, ficar leve, me manter em movimento. Isso ajuda a *entrar* no bom jogo de pés e *sair* do nervosismo. Quero pés alegres, não pesados.

Estar em movimento reduz o nervosismo. Ficar parado o aumenta. Você já ouviu falar que alguém "ficou nervoso e *congelou*"? Não estão falando de ficar com frio. Estão falando de movimento, ou da falta dele.

Você notará no seu jogo, quando estiver se sentindo bem, confiante, à frente, e se movimentará com naturalidade e suavidade. Mas, principalmente, *se movimentará*. A mesma coisa com os profissionais. Quando estão relaxados, não ficam parados sobre os calcanhares. Estão pulando e se mexendo.

O jogador tenso, nervoso, receoso por causa da tensão (ou simplesmente exausto) é quem fica parado com as duas solas no chão. E você pode lutar contra a tendência de congelar no lugar quando estiver nervoso. Basta lembrar a si mesmo (ordenar a si mesmo) de ficar na ponta dos pés, leve.

Lembre-se de que isso não é apenas no aquecimento, mas nos pontos mais tensos da partida. Observe Courier antes de um ponto importante. Veja como ele muda de um pé para o outro, joelhos dobrados, pulando sobre os dedos dos pés. Ele está nervoso? Pode apostar que sim. Mas ele sabe como lidar com isso. Os bons nunca ficam *parados*. Eles lutam contra o nervosismo e ficam à vontade através do movimento. E você deveria fazer o mesmo. Converse consigo mesmo. Diga: "Artelhos, não calcanhar!".

Há outro benefício. A boa linguagem corporal. Ela conta ao seu oponente que você está solto, não tenso (mesmo que não seja verdade). Que não está cansado (mesmo se estiver). Conta que está confiante e positivo (mesmo que não esteja).

Além do bem que faz ao seu jogo, isso mexe com a mente do adversário. Ainda mais já no final da partida. Vocês estão em batalha há três *sets*. Seu oponente está procurando sinais de fadiga, nervosismo e resignação em você. Mas ele olha para o outro lado da rede e vê o oposto. Você está de cabeça erguida (e na ponta dos pés)! Está cheio de energia (ou pelo menos assim parece)! Está saltitando levemente de um pé para o outro. Sua linguagem corporal está contando a ele que você está pronto e disposto para lutar até o fim. Acredite em mim, o efeito é bom não só no começo da partida, mas em todo o *match*.

3. LEIA O RÓTULO

Durante o começo do aquecimento, quando estou ansioso e tentando me acalmar, uso outro truque para lidar com o nervosismo. Leio o que está impresso na bola. Tento ver Wilson ou Penn ou Slazenger, conforme a bola vem na minha direção. Você verá que tentar enxergar o nome da marca não somente ajuda a rastrear a bola, mas também o faz esquecer o nervosismo e focar em outra coisa. No começo, provavelmente você não vai ver nada. Seus olhos vão se afiar e começar a enxergar uma mancha. Se isso for o máximo, tudo bem. O que importa é que isso distraiu sua mente do problema. Você não pensará mais no nervosismo, pensará no rótulo.

4. CANTE

Esta tática é meio esquisita. Para me distrair do nervosismo, eu canto baixinho durante o aquecimento. Eu pego uma canção do Tom Petty que anda na minha cabeça e canto para mim mesmo. Tento deixar tudo bem calmo e tranquilo. E, acredite ou não, esse truquezinho funciona para mim.

Então, quando estiver na quadra, meio tenso no pré-jogo, lembre-se dos quatro detonadores de ansiedade:

1. Respire como se tivesse asma.
2. Mantenha os pés alegres.
3. Leia o rótulo da bola.
4. Cante.

Você deve achar impressionante o fato de eu pelo menos conseguir acertar a bola com tanta respiração, os pulos, a leitura e a cantoria. Eu uso as estratégias com cuidado. O principal é verificar se você está se movimentando e se o nervosismo está afetando. Se eu preciso me ajudar a enfrentar os nervos durante o aquecimento e a partida, procuro a lista mentalmente, começando pela respiração e pelo jogo de pés. Quero controlá-los imediatamente, antes que me custem pontos.

SUA MENTE NÃO CONSEGUE PENSAR EM DUAS COISAS AO MESMO TEMPO

Obviamente, o nervosismo reduz sua efetividade tanto *durante* a partida como antes dela. Quando sinto a pressão durante o jogo, há algo que faço intencionalmente para reduzir a tensão.

Sei que o nervosismo piora quando penso a respeito, quando começo a me preocupar com as consequências. Reduzo a tendência ao realmente me focar no meu *plano de jogo* em pontos-chave da partida: O que estou querendo com esse saque? O que estou procurando nas jogadas do oponente para levar vantagem? Eu me foco no plano de jogo. Desvio minha atenção do nervosismo para o ponto seguinte (onde devia estar mesmo!). Ao pensar nisso, não penso no nervosismo.

ABORDAGEM DE CONNORS

Há uma abordagem ao nervosismo que pode ser considerada, mas, que eu saiba, só funcionou até hoje para um jogador: Jimmy Connors. Sua atitude é única diante da pressão. A perspectiva dele é: a pressão geralmente representa oportunidade. Quanto mais pressão, mais oportunidade. E ele adora uma oportunidade.

Ele pensa: quanta oportunidade pode haver num jogo de final no torneio do clube de campo da cidade do interior? Não muita. Nada de fama, fortuna ou fã-clube. Quanta pressão? Não muita. Por outro lado, quanta oportunidade há na final do Aberto dos Estados Unidos? O máximo possível. Ali carreiras são feitas. Lendas são criadas. Quanta pressão? Máxima.

Jimmy enxerga apenas a oportunidade. Não foca na pressão. Ele sabe que nas situações mais opressoras ele pode obter o melhor para sua carreira. E realmente se anima quando há algo grande em jogo. *Match point* num *slam*? Ele não pode se divertir mais. É algo natural para ele. Para o restante de nós, não é tão natural assim. Tente meus detonadores de nervos. Funciona.

PRONTO PARA A COMPETIÇÃO

Agora você está pronto para começar. Está pronto para levar vantagem sobre o oponente *assim que* a partida iniciar. Está pronto para pular de cabeça num início de partida dominador; talvez um *break* à frente, com um bom ritmo, boa concentração, foco no plano de jogo e confiança. *Agora, sim,* que comecem os jogos!

A *seguir:* Um início inteligente para a partida.

6

INÍCIO INTELIGENTE: SAIA NA FRENTE

"Preparação mental", "Ferramentas do ofício", "Alongando para o sucesso", "Aquecimento no micro-ondas" – tudo o que você leu nos capítulos até o momento é a base para a melhor abertura da partida, e a que vai sustentá-lo ao longo da competição. Você começará forte, no auge da forma física e mental, pronto para encontrar uma chance e um padrão ideais para lhe dar uma oportunidade maior de vencer o primeiro *set*. *Você está gerando um impulso positivo para si.*

Sei que, se você se der bem na saída, terá mais chance de vencer o primeiro *set*. Vou mostrar, estatisticamente, por que isso é tão importante para mim e por que pode lhe dar uma vantagem real.

De acordo com a ATP (Associação de Tenistas Profissionais), um jogador do Top 20 que vence o primeiro *set* ganha a partida 86,9% das vezes! No Aberto dos Estados Unidos, quando Jimmy Connors ganhou o primeiro *set*, venceu 88 de 90 partidas! Vencer o primeiro *set* tem um peso significativo. E começar bem aumenta minha chance de vencer o primeiro *set*. Por isso é preciso ter tanto cuidado na preparação.

DISPARE AO SINAL DE LARGADA

O próximo passo é o ponto de transição entre a preparação pré-jogo e o centro da competição. Considero os dois primeiros *games* parte dessa transição. Uso esse período para sair na frente de uma forma que possa ser ignorada pelo oponente. Estou em busca daqueles momentos na partida em que meu adversário provavelmente está dormindo ao volante ou simplesmente não entende nem explora as dinâmicas da situação.

Nos níveis mais altos da hierarquia do tênis, isso não ocorre com frequência, mas, conforme se sobe no ranqueamento, mais e mais oportunidades são subestimadas. A diferença entre um jogador Top 10 e outro tentando entrar para o Top 25 não são os lances com a raquete. É a inteligência no tênis, a parte mental do jogo. Descobri isso na minha própria jornada da selva do tênis até o Top 10. Para os jogadores amadores, é a mesma coisa. Muitas oportunidades são ignoradas por causa do jogo mental falho.

O período de "transição" apresenta uma oportunidade. Inúmeros elementos diferentes estão presentes pela primeira e única vez, e podem se tornar uma vantagem ou uma desvantagem conforme você os aborda. Muito provavelmente, seu oponente não os reconhecerá. E, se os reconhecer, não saberá ao certo como tirar alguma vantagem.

Antes de entrar no calor da batalha, há esse período no qual é valioso saber como levar vantagem.

Como começar da melhor maneira possível

1. Nunca saque primeiro.
2. Comece a partida como Ivan Lendl.
3. Jogue os dois primeiros *games* corretamente.
4. Utilize o primeiro *pit stop*.

1. NUNCA SAQUE PRIMEIRO

Aqui vai uma aposta que você pode vencer 90% das vezes com seus amigos do tênis: "Quais escolhas o jogador que vence o giro da raquete (ou na moeda) tem?". Na maior parte das vezes, sacar/receber ou selecionar qual lado da quadra será a resposta. Errado! Há outra opção. É dar a escolha para o outro tenista. Saber tudo isso e como usar é importante. Você verá.

A maior parte dos tenistas que jogam em quadras de clubes ou públicas gosta de vencer no cara ou coroa porque pode escolher sacar primeiro. Eu acredito que você deve quase sempre escolher receber primeiro. Mas é importante, para a maioria dos jogadores, esse negócio de sacar primeiro. Quando seu oponente lançar a moeda e informar que escolheu o lado vencedor, se você pensar que ele está querendo lhe passar a perna para sacar primeiro, deixe pra lá, tudo bem. Não discuta com um cara que quer sacar primeiro. Na verdade, isso pode ajudá-lo a escolher *receber* quando vencer na moedinha.

Eles podem pensar que estão na vantagem sacando primeiro, mas, na maior parte dos casos, não estão. Na verdade, pelo contrário. No nível profissional masculino, geralmente é melhor sacar primeiro. Com algumas exceções, não costuma ser o caso no tênis recreativo. Entenda o porquê.

SEIS MOTIVOS PARA NÃO SACAR PRIMEIRO

1. O primeiro saque não é uma grande ameaça

Você deve conhecer a expressão "Quem saca primeiro ganha!". Às vezes, parece até verdade, em um nível amador. Quão poderoso é o saque do seu oponente? E o seu? A vantagem de quem saca primeiro pode se aplicar ao tênis masculino profissional, mas não costuma dar certo no restante. (Caso tenha um grande saque, aí, sim, parabéns, você é uma exceção.) Descubra por si próprio. Anote o quanto você segura o saque ao longo de algumas partidas. Veja as médias de alguns profissionais: Edberg, 85,2; Stich, 87,2; Courier, 84,5; Agassi, 80,2; Becker, 84,4; eu, 77,9. (Fonte: estatísticas da ATP, 1991.) E você?

2. O saque do começo é mais fraco

Tudo bem, muito provavelmente o saque do tenista amador típico não é uma bela arma nem nas melhores circunstâncias. E muito menos ameaçador com um jogador pouco aquecido, ainda não focado no jogado, tenso, desconfortável com o saque – o que descreve exatamente as condições para o seu adversário sacando primeiro na partida.

No nível profissional, há um cuidado muito grande com o saque. Você verá, no aquecimento, que o saque é o que ganha mais atenção. Na maior parte dos casos, você tem de estar funcionando muito bem para poder vencer; então, *garanta* que receberá a atenção necessária. Mesmo um profissional não terá o melhor saque no começo da partida, e, obviamente, nem você nem seu adversário. Um saque medíocre que não supera outras falhas se torna inútil, ou até um perigo.

3. Você ganha mais tempo de aquecimento

O saque é um movimento físico complexo. É um lance em que não se pode simplesmente posicionar a raquete adiante e bloquear a bola para o outro lado da rede.

Mas uma coisa é garantida. O saque será mais fácil se o corpo estiver aquecido. Deixar o oponente sacar primeiro (e não muito aquecido) dá a *você* mais tempo de soltar os músculos, relaxar na partida, acertar mais bolas e *se preparar para dar seu melhor saque*. Você está roubando um pouco de tempo da partida para se assentar. Isso será uma vantagem quando você for para a linha de saque no segundo *game*.

4. O efeito psicológico

Pense em qual seria sua reação se o seu adversário escolhesse deixar você sacar primeiro. O que passaria na sua cabeça? "Ei, você acha que eu não sei sacar? Vou mostrar!" Isso, ou algo do tipo, é uma reação normal. E idiota.

Tentar sacar mais forte é um grande erro. É a fórmula para cometer a falta. Por isso você deve atrapalhar o psicológico do seu oponente, deixando-o sacar primeiro.

5. Perder o primeiro *game* não é perder a partida

Um dos momentos mais fáceis para quebrar o serviço do outro tenista é no primeiro saque da partida. Especialmente no primeiro *game*. No entanto, se ele segurar o saque, você não terá *perdido* nada. Simplesmente o adversário fez o que tinha de fazer.

Tecnicamente, a partida está "em serviço", embora você não tenha sacado. Taticamente, se o seu oponente segurar o primeiro *game*, haverá menos danos.

6. O *break* no comecinho pode ser muito importante

Todo o meu discurso sobre vitória é baseado em agarrar pequenas oportunidades conforme o jogo se desenrola: pegá-las, segurá-las e procurar outras. Cada uma, separadamente, não parece muito significativa, mas juntas fornecem mais chance de vitória. Por isso o primeiro *game* da partida é tão importante.

A maioria dos jogadores começa a partida com a sensação de que perder o saque não é um problema sério. Era como eu fazia no tênis universitário. "Muito tempo para recuperar." Talvez sim, talvez não. O que se sabe é que conseguir um *break* rápido é uma vantagem real.

Um dos objetivos do foco pré-jogo, do alongamento, do aquecimento planejado e de escolher receber primeiro é chegar nessa vantagem. Se obtiver sucesso (e isso deve acontecer de 25% a 35% das vezes), terá uma chance maior de vitória *antes mesmo de sacar*.

Você se colocou numa posição importante para o que virá. Pode ter um *break* nas mãos. Forçou o outro tenista a ser agressivo cedo demais (tentando devolver o *break* imediatamente). Isso pode ajudá-lo a segurar o seu primeiro saque enquanto ele força jogadas e comete erros. Se tiver sorte, seu oponente poderá até pressionar um pouco mais no segundo *game* de serviço e fornecer oportunidades para você conseguir um *break de novo*. É o cenário ideal. E acontece.

Pense na enorme vantagem: três *games* a zero com dois *breaks*! Isso o colocaria numa posição onde qualquer um com 10 centavos no bolso apostaria em você. É *provável* que ganhe a partida. Pode ser que não, mas as chances estão a seu favor. Um jogador à frente por dois *breaks* no primeiro *set* deve ganhar o *set*. Um jogador que ganha o primeiro *set* é o favorito para ganhar o segundo *set*. E, a menos que esteja jogando uma melhor de cinco *sets*, isso é tudo que precisa para ganhar.

Esse é o seu objetivo. Você deve estar pensando: "Isso não é objetivo, é uma fantasia!". Na verdade, não. Não é um objetivo simples, claro, mas é o que se busca realizar. Você quer disparar logo. Quer detonar seu oponente, de maneira rápida e rasteira. Botar pra correr. Um bom jogador num bom dia pode escapar das suas mãos – mas a maioria não, se você explorar as oportunidades e evitar a tentação de ficar mentalmente preguiçoso sem prestar atenção no jogo fora de você. Em vez de começar a partida com a ideia de que vai se entrincheirar, comece trabalhando no objetivo de *expulsar* o adversário dela.

Eu uso a estratégia de deixar meu adversário sacar primeiro em cerca de 15% dos meus jogos. O motivo pelo qual não faço isso mais vezes é óbvio: os profissionais se preparam direito. E os profissionais costumam ter bons saques. No entanto, há exceções, mesmo nos níveis mais altos de competição. Nunca me preocupei em deixar Michael Chang ou Jimmy Connors sacar primeiro. (Você pode notar que Chang e Connors não costumam escolher sacar primeiro, pelos motivos destacados.) Também às vezes deixo McEnroe e Lendl sacarem primeiro, só para desestabilizar um pouco já de cara.

E que tal deixar alguém como Boris Becker (com um saque impressionante) sacar primeiro? A vantagem que ganho com isso é a mesma que a sua. Por melhor que seja o saque dele, ele não estará na sua melhor forma no início. E às vezes ele se atrapalha com os saques no comecinho da partida, então essa escolha pode ser efetiva com ele também.

Uma opção que uso (mas raramente) quando ganho na moeda é oferecer a escolha ao oponente. É um joguinho psicológico para quando as coisas ainda estão meio esquisitas no começo da partida. Dar ao oponente a decisão de escolher se quer receber ou sacar pode desequilibrá-lo um pouco. Estou dizendo basicamente isto: "Seu saque não é uma ameaça. Pode escolher.". Se eles escolherem sacar primeiro, é o que eu queria mesmo. Se derem o saque para mim, estão admitindo falta de confiança no próprio serviço. Pode dar errado se eu quiser receber primeiro. Mas em geral eles escolhem sacar.

EXCEÇÕES À REGRA

Quando não devo deixar o oponente sacar primeiro? Obviamente, se estiver confrontando alguém cujo serviço seja ótimo e funcione como uma arma desde o início, não deixe que use isso de imediato. Dependendo do nível do seu jogo e de determinado adversário, pode ser o caso. Mas não é algo que aconteça com frequência.

O SOL E O VENTO

A outra situação ocorre quando se está jogando em quadra aberta e o sol é um fator. Se a luz estiver nos olhos de quem irá sacar, as opções na hora do cara ou coroa devem ser avaliadas corretamente. Você poderá escolher se quer sacar ou receber, ou selecionar em qual lado da quadra começará. A escolha de qual lado começar é a mais importante quando o sol é um problema. Opte pelo lado que primeiro o colocará de costas para o sol. (Se o clima for um fator, nunca ofereça a escolha para o oponente.)

Seu adversário (se ele estiver prestando atenção) escolherá você para sacar primeiro, para não ter de enfrentar o sol de imediato. Tudo bem, porque então ele será forçado a jogar o primeiro *game* voltado para o sol. Jogue umas bolas altas nesse primeiro *game* e o obrigue a encarar o sol enquanto tenta acertar uma bola acima da cabeça logo no comecinho da partida.

Você também pode ter sorte. Depois de ter escolhido ficar com o sol às suas costas, o outro jogador pode ainda assim querer sacar primeiro, virado para o sol! Se isso acontecer, pode ter certeza, o cara está em estado vegetativo.

O vento também pode ser um fator ao ar livre. Joguei contra Mark Edmondson em Las Vegas com rajadas de vento de 80 quilômetros por hora. Em determinado momento, corri para acertar um *backhand* e o vento bateu na bola e mudou a direção dela para o meu *forehand*! Mais tarde, joguei uma bola alta que bateu na beira da raquete e voou pelo lado da rede. O vento a rebateu para dentro da quadra, e foi uma vencedora (*winner*). No final, perdi a partida, mas ganhei uma queimadura feia causada pelo vento.

Se o sol não for um fator (dia nublado, partida noturna), o vento é a primeira coisa a se considerar. Se estiver na direção de uma linha de fundo para a outra, escolho começar a partida com o vento no rosto. Há mais margem para erro, pois o vento irá derrubar a bola e impedi-la de ir longe. Em geral, o oponente não se preocupará tanto com o vento como se preocupará com o sol. As pessoas costumam querer sacar primeiro. Isso significa que, no primeiro *game*, vão sacar com o vento pelas costas. Nessa circunstância, é mais difícil colocar a bola na área de serviço. Vantagem pra você.

Então, como regra geral, gosto de começar com o sol nas costas e o vento no rosto, se eu puder escolher. Você deveria fazer o mesmo. Se isso significa sacar primeiro, tudo bem. Ainda terá vantagem.

2. COMECE A PARTIDA COMO IVAN LENDL

Ivan Lendl era um dos batedores mais poderosos do tênis. Quando ele cortava pra valer, quase dava para ouvir a bola gritando "ai!". Ele a pulverizava. Porém o que você não sabe é que Lendl nunca começava na potência máxima. Ele entendia a importância de ir trabalhando caminho acima até atingir velocidade e força máximas. Sabia que você não estava totalmente presente nos primeiros *games*. O nervosismo, o público, condições novas e outros fatores quase sempre tornam impossível começar com tudo. Lendl não começava assim. Ele mantinha o jogo sob controle no início.

Durante os primeiros três ou quatro *games* ele batia com cerca de 65% a 75% de sua força total. Resistia de forma consciente à vontade de bater com força. Ele queria seguir um ritmo bom. Entendia que o método correto é começar de baixo e trabalhar para cima. É muito difícil *baixar* o tom até o ritmo adequado se começar batendo muito forte de cara. Pode acabar passando o restante da partida em busca do seu ritmo. Lendl nunca cometia esse erro.

E isso vale para o saque também. Tentar arrebentar a bola antes que corpo e mente estejam aclimatados ao jogo pode acabar com o serviço pro restante da partida. O saque é complexo. Nem mesmo Lendl começava com tudo.

Quando o enfrentei pela primeira vez em Hartford, em 1982, não conseguia acreditar que o grande Lendl estava mandando bolas tão tranquilas. Eu pensava: "Caramba, as bolas desse cara pareciam bem mais pesadas quando eu assistia aos seus jogos!". Foi assim durante uns quatro *games*. No quinto *game*, ele acelerou. De repente, um saque passou por mim e eu nem vi. Eu chegava atrasado em todas as bolas. Ele começou a volear de um lado e de outro. Eu não acertava posição nenhuma. Ele fazia a festa. E comemorou o duplo 6–2 em cima de mim. Lendl foi aos poucos até atingir a velocidade e a força máximas, e, *quando chegou lá*, usou o que tinha. Não antes de alcançar esse ponto.

A abordagem de Lendl é a correta. Comece abaixo do seu ritmo máximo nos primeiros *games*. Não tente arrebentar as primeiras jogadas. Vá construindo um ritmo sólido, confortável, mas "poderoso". É o que vai acontecer se resistir à tentação de jogar duro e vencer rápido.

3. JOGUE OS PRIMEIROS DOIS *GAMES* CORRETAMENTE

Nos primeiros dois *games*, você irá medir a temperatura para o que vier a seguir. As atitudes mentais e físicas estabelecidas nesse momento são valiosas, pois podem colocá-lo numa rota de vitória mais fácil. Você e o oponente sacam e devolvem pela primeira vez. Estão se habituando e trabalhando a velocidade de ataque. Há inúmeras considerações nesses primeiros *games* incorporadas e acrescidas à abordagem de Lendl.

NADA DE ERROS NÃO FORÇADOS

Lembre-se, nesses dois primeiros *games*, nos quais você ainda não está tão solto: mesmo tendo se aquecido corretamente, você ainda não está relaxado por inteiro. Sendo assim, nada de erros não forçados. Não tema a bola, mas não tente impressionar o outro jogador. Apenas acerte a bola. O padrão que almeja é o da consistência, do sucesso em colocar a bola do outro lado da rede dentro da quadra oposta.

SAQUE RACIONALMENTE

Quando está sacando pela primeira vez, é muito fácil cometer faltas. Lembre-se de fugir da tentação do saque poderoso. É nesse momento que falhas bobas são cometidas. Não se coloque na posição de fazer com que o outro vença um *game* rapidinho ficando ali parado. Não dê bola de graça. Seus objetivos devem ser modestos: 1. Colocar a bola dentro. 2. Acertar o lado mais fraco do adversário.

Muitos jogadores são apáticos no saque do primeiro *game*. Parecem não se importar. Se você permitir que seu adversário quebre seu serviço logo de cara, ele logo vai ficar ligado. Você forneceu adrenalina. Deu uma oportunidade de receber pressão. E pressão geralmente prejudica o seu jogo. Então, fique esperto. Coloque a bola dentro. Mantenha a bola em jogo. Elimine os erros.

NÃO RELAXE

Jogadores que sacam primeiro e seguram (ou devolvem e quebram) quase sempre deixam a desejar no *game* seguinte. Há uma sensação de "Ufa, me dei bem. Agora posso relaxar um pouco.". *Pá!* O outro vence de zero! Não facilite tanto as coisas.

Lembre-se de que, se você sacar primeiro e segurar, uma quebra subsequente será mais "demorada". Com isso quero dizer que, se você quebrar um serviço no segundo *game* e depois segurar o seu saque, você estará a 3–0.

Psicologicamente é bem pior do que parece. É só um *break*. Mas são três *games* de diferença. *Parece* pior para o adversário. Então, é mesmo.

Se devolver primeiro e quebrar (o que de fato deve tentar fazer), não fique descuidado com o seu serviço no segundo *game*. A tendência é se sentir bem demais cedo demais. Não corra atrás de *aces*. E, dependendo do seu nível de jogo, não ambicione demais. Você vai se surpreender com o que acontecerá no seu primeiro *game* de serviço se apenas acertar o saque.

TESTE NO COMEÇO

Também gosto de trabalhar meu caminho até a rede logo no começo desses primeiros *games*. Não force, mas, se a oportunidade surgir, aproveite. Tento fazer isso quando estou em 40–0, com um ponto de sobra pra gastar. O outro jogador está um pouco mais apertado. O adversário não conseguiu nenhuma jogada e ainda pode estragar alguma que lhe dará uma bola de graça.

4. UTILIZE O PRIMEIRO *PIT STOP*

As pessoas costumam me perguntar por que os profissionais descansam depois do primeiro *game*. Por que simplesmente não trocam de lado sem precisar se sentar? Boa pergunta. Aposto que na sua vida inteira você nunca viu um tenista do circuito profissional perder a oportunidade de se sentar depois daquele primeiro *game*. Não pode ser cansaço, né? A resposta é simples: ele não se senta para descansar, mas para pensar.

As mudanças de lado da quadra são os momentos em que você se refaz mental e emocionalmente. A primeira mudança tem valor ainda maior porque permite que você confira suas opções antes que algo drástico aconteça. Eu uso como oportunidade de estabelecer na minha mente o que estou tentando fazer: revisar meu plano de jogo.

Tomo meu gole de água, enxugo o suor, me acalmo, mas, principalmente, penso. Revejo minha estratégia. O que estou tentando fazer acontecer? O que quero evitar que aconteça? Nas mudanças subsequentes, quero revisar o que pode ter me surpreendido. Meu oponente me prejudicou de alguma maneira? Converso comigo mesmo: "Seja fiel ao seu plano de jogo. Não tente algo exuberante. Seja paciente. Lembre-se de acertar o primeiro serviço na quadra, no *backhand*!".

O primeiro *pit stop* é muito importante porque o começo da partida é um momento bagunçado. Muitas coisas estão acontecendo, há muitos ajustes sendo feitos. É fácil perder o foco, o plano, a atitude. A primeira mudança é única, pois, afinal, você está olhando adiante. Não há padrão ainda. Não está pensando no que deu certo ou errado. Ainda está no processo de tentar forçar seu plano de jogo para subjugar o outro jogador.

Eu sei que tênis é um evento social e que nas mudanças de lado ocorre boa parte da socialização corriqueira nas quadras do esporte. É a chance de ficar a par das últimas notícias e fofocas, e conversar sobre a partida em si. Você provavelmente não está pronto para colocar uma toalha sobre a cabeça e começar a meditar. Mas um jogador dedicado à vitória está disposto a deixar o bate-papo para depois da partida.

Você ainda está tentando roubar aquela vantagem. Se quebrou o saque, quer segurar. Se segurou (ou perdeu) o seu saque, quer quebrar. A primeira mudança lhe dá a chance de analisar a tarefa com calma e o plano de jogo em mente. "Conseguir acertar o primeiro serviço. Não exagerar. Fazer o outro jogador suar."

Penso na mudança de lado como minha câmara de isolamento. Quero usar o que estou aprendendo na partida para minha vantagem. Um tenista esperto acumula informação ao longo do jogo. E usa essa informação para sair na frente. O momento da mudança é quando você tem tempo para revisar e planejar.

Observe os profissionais nas partidas pela televisão. Eles não ficam parados olhando a plateia ou conversando com os boleiros. Há uma concentração intensa. Por isso, às vezes, a toalha em cima da cabeça. Querem realmente parar e pensar. Não desperdice essa oportunidade em suas partidas.

JOGUE TÊNIS COMO SE FOSSE UM NEGÓCIO

Um homem de negócios inteligente tenta pensar em formas de melhorá-los. É impressionante como ao entrar na quadra as pessoas *param* de pensar. Nem um pensamento sequer na cabeça. Um tenista inteligente tenta aumentar suas chances de vencer. Está sempre pensando. Sempre analisando o que acontece.

Levar um caderno na mochila pode ser até uma boa ideia, para consultar no começo da (e durante a) partida. Você pode listar suas vantagens. As desvantagens do oponente. Seu objetivo principal contra aquele adversário. Talvez uma dica de uma aula de tênis. Coisas em que pensou antes da partida. São informações importantes que podem ser esquecidas durante o *match*. Durante a mudança de lado, pegue o caderninho e releia.

Alguns adultos em meus *workshops* me contaram que jogam tênis para relaxar. Ok, tudo bem! Eu digo a eles que, quando começarem a jogar para vencer, que se lembrem de algumas coisas que falei. Sempre achei vencer bem mais relaxante que perder.

Uma das ideias errôneas que jogadores amadores têm a respeito do esporte é que não há muito que se fazer mentalmente. Alguns dos maiores nomes do tênis também pensavam assim. Que bom pra mim.

A *seguir:* Jogue de forma inteligente levando vantagem em cima do que vê.

II
JOGANDO
DE FORMA INTELIGENTE:
ENCONTRANDO
UM JEITO DE VENCER

"O Brad é muito astuto ao entender o oponente; provavelmente melhor do que qualquer outro jogador no planeta."

– Allan Fox, editor de Ensino da revista *Tennis*

A CHAVE PARA A VITÓRIA

O *New York Times* diz que eu sou *ótimo* em fazer que meus adversários joguem mal. Arthur Ashe concordava: "Brad não tem nenhuma jogada digna de nota". Eles têm razão. Não quero controlar ninguém. Não domino nenhum golpe exuberante. Ganho porque tenho a habilidade de implementar minha estratégia básica de jogo com sucesso: maximizar minhas qualidades e minimizar meus defeitos. Isso significa que consistentemente me coloco numa posição em que tento uma jogada de que gosto.

Ao mesmo tempo, quero maximizar os defeitos dos meus oponentes e minimizar suas qualidades. Quero que eles precisem dar golpes de que não gostam em posições nas quais não gostariam de estar. Eu perco se bater qualidade contra qualidade. Sou bom em trabalhar minhas qualidades contra as fraquezas do adversário.

O objetivo do meu plano é virar o jogo do adversário contra ele. Fiz isso com McEnroe naquela noite do Masters de 1987 em Nova York (falarei mais disso adiante), contra Becker no Aberto dos Estados Unidos em 1987 e com muitos outros mais.

A seguir, apresento minhas chaves do sucesso para tirar um jogador do seu plano de jogo e obrigá-lo a partir para o plano B, e assim desconstruir jogadas e planos de jogo, e transformar a vantagem do adversário em vantagem sua.

QUEM ESTÁ FAZENDO O QUÊ COM QUEM?

Para seguir o plano com sucesso você precisa entender o que está acontecendo na partida, com o seu jogo, com o jogo do adversário e a interação entre os dois. Meu treinador em Pepperdine, Allen Fox, costumava me dizer: "Sempre se pergunte durante a partida quem está fazendo o quê com quem". Isso significa saber como e por que pontos estão sendo ganhos e perdidos. Significa saber o que está acontecendo na quadra.

Está perdendo pontos porque o adversário está atacando com sucesso na rede ou devorando seu segundo serviço? O outro jogador ganha de você na linha de fundo? Seu oponente corta bolas altas? Seus *forehands* estão falhando? Ele está passando quando você chega na rede (e de qual lado)? O outro jogador está correndo atrás do *backhand*? Ele é ótimo com bola baixa até você pressionar na rede? Qual é o estilo de jogo dele – velocista, voleador, que mais?

A reação correta no tênis para qualquer situação na partida só poderá ser determinada se você souber "quem está fazendo o quê para quem". Um jogador bem-sucedido sabe a resposta. Pode não ter acesso a números e porcentagens exatas (por exemplo, 62% dos primeiros saques são bons), mas tem uma noção. É uma habilidade que pode ser trabalhada e desenvolvida.

A maior parte dos tenistas amadores não sabe quem está fazendo o quê com quem durante a partida. Não prestam atenção. Não observam nem analisam o que está acontecendo. Acredite ou não, já conheci um jogador em um dos meus *workshops* que não percebeu que o oponente era canhoto até a metade do primeiro *set*. "Agora eu sei por que as tacadas desse lado vinham tão boas." Ah, tá! Ele jogava para o *forehand* do cara pensando que fosse o *backhand*. Ele estava por fora do que acontecia na quadra.

O SEGREDO DO CADEADO

O jogo de cada um é como um segredo de cadeado. Sem a combinação, é difícil abrir, mas com ela fica bem mais fácil. Saber quem está fazendo o quê com quem é o que fornece o segredo.

Para mim, foi relativamente fácil no momento em que comecei a aplicar de verdade nas partidas profissionais. Quando criança, morando perto de Oakland, eu era viciado em esportes. Era fanático pelos Raiders, Warriors, 49ers, Giants e os A's. Sempre tentava entender o que acontecia em cada jogo, quem faria o quê.

Um dos meus ídolos era Kenny Stabler, do Raiders – o Cobra. Eu o via jogando de *quarterback* e tentava adivinhar que jogada seria chamada. Ele lançaria para Casper ou Balitnikoff, e de que jeito? Ou, com os A's, o Catfish Hunter passaria um *knockdown* bem depois de alguém fazer um *home run*? (A resposta: sim.) Ou como as posições de campo externo e interno se ajeitariam para vários batedores em situações diferentes? Como os Warriors mandariam a bola para o Rick Barry nos últimos dez segundos de jogo? Era automático para mim. Eu adorava analisar o que estava acontecendo ali.

Tempos depois, quando eu iniciava nos torneios, era a mesma coisa. Eu estudava muito – não livros, mas tenistas. Sempre que via alguém novo, assistia a um jogo dele. Algum jogador dizia "Ei, o Boris Becker, da Alemanha, tá na quadra 3", e eu corria para vê-lo.

FAT FRITZ E O MEU CADERNINHO NEGRO

No começo, eu assistia mais de curiosidade, sem um grande propósito. Não trabalhava aquelas informações nas minhas partidas. Isso mudou certo dia, no meu terceiro mês em torneio. Disputei uma partida contra Fritz Buehning. Ele era um cara grande com saque potente. Na verdade, era grande demais para se movimentar direito, mas quando o saque funcionava ele não precisava se movimentar direito. Fritz tinha porte de *lineman* da UCLA, sua *alma mater*. Na verdade, o apelido dele era "Fratz" (combinação de *fat*, "gordo", com Fritz). Suspeitei que ele seria mole.

Como de costume nas minhas partidas da época, simplesmente apareci na quadra e pensei que, se jogasse bem, ganharia. Não pensei nada a respeito de Fratz, do jogo dele, em como explorá-lo. Perdi rapidamente por *sets* 6–2, 6–2. O que me incomodou mais do que perder foi saber que, se eu tivesse parado pra pensar (antes e durante a partida) no que eu deveria estar fazendo, teria ganhado. Um grandalhão lento que não gosta de dobrar os joelhos? Mamão com açúcar. Faça com que o sujeito corra atrás de bolas baixas e, quando ele se aproximar da rede, jogue uma bem baixa, e de vez em quando uma alta. Não pensei sobre a minha tática, e fui arremessado para fora da quadra.

Depois dessa, passei a levar a sério a coleta e o uso de informações *sobre* meus oponentes *contra* eles. Também passei a fazer anotações. Foi quando comecei meu caderninho negro.

Hoje em dia, vários jogadores têm seu próprio caderninho com nomes e números. Yannick Noah tem um tão grande que precisa de ajuda para carregar. Mas o meu caderninho negro é diferente.

Tem nomes, mas são de tenistas. Tem números, mas são de erros não forçados, *winners* e jogadas forçadas em determinados lances. Contava erros em voleadas de *backhand*, *overheads*, bolas baixas de *forehand* e *backhand*. Mantinha registros dos *winners* com esses lances e observava o que os adversários gostavam de fazer em situações específicas.

A maioria dos amadores assiste a uma partida como se estivesse olhando alguém jogar videogame. Apenas ficam olhando. Eu assistia como se estudasse para uma prova. Em 1984, quando vi Boris pela primeira vez (na Filadélfia), percebi que, quando era atacado no *backhand*, ele adorava ir para a paralela. E embora tivesse um incrível *forehand*, se começasse a perder umas bolas, o jogo todo sofria. Como você já sabe, depois usei essa informação *sobre* ele *contra* ele para vencê-lo inúmeras vezes, inclusive no US Open de 1987.

Números, padrões e tendências. Eu via que Paul Annacone sempre tentava chegar à rede num ponto importante e dar um show. Observava McEnroe sacar aberto na área da vantagem sempre que precisava de um ponto. Anotei que Connors às vezes tinha problemas com bolas baixas no *forehand*.

O DETECTOR DE MENTIRAS DO TÊNIS: PRESSÃO

Enquanto eu observava e estudava um tenista ao longo de vários *sets*, via-o cair em padrões previsíveis em determinadas situações. Principalmente sob pressão. Pressão é o melhor detector de mentiras. É quando as raquetadas contam a verdade. Um ponto importante – e o que o jogador faz? Evita (ou tenta evitar) o lance com o qual não se sente confortável. É quando as falhas são ampliadas. É quando você vê o jogo "real" deles.

Olha como a pressão funciona. Quando um jogador com um *backhand* questionável está à frente por 4–2 num *set*, pode acertar esse *backhand* de forma razoável. Sem pressão, certo? Está relaxado e à frente. Quando o placar está a 2–4, o *backhand* pode ficar um pouco pior por conta do nervosismo. E num *set point*? Esquece. A pressão chega ao xis da questão. Sob pressão, um jogador faz de tudo para evitar aquela raquetada em que não confia. Quero saber qual lance é esse para tentar forçá-lo na hora da pressão.

Por exemplo, se o *backhand* do oponente for suspeito, saiba que ele vai tentar evitá-lo num ponto importante. É aí que eu tento jogar meio aberto para o *forehand,* primeiro. Puxando-o para o lado do *forehand* e depois jogando um *backhand,* para ele ter de usá-lo. Caso contrário, ficará desequilibrado. É assim que se usa informação *sobre* seu adversário *contra* ele.

AGASSI À PRIMEIRA VISTA

Eu observei Andre Agassi em 1986 em Stratton Mountain. Ali estava um moleque magrelo com cabelo bagunçado dando o maior *slice* que eu já tinha visto. Inacreditável! E as pessoas me dizendo que ele não iria muito longe porque tinha se dado mal na categoria juvenil. Eu não caí nessa.

Na verdade, eu o vira pela primeira vez no torneio Alan King Classic, em Las Vegas, em 1981. Por acaso, eu o vi numa quadra secundária do Caesar's Palace. Mesmo nessa época, o poder e a habilidade com que enfrentava a bola chamaram minha atenção. Ele tinha 11 anos.

Demorei para me tocar que o garoto de cabelo oxigenado em Stratton Mountain era a mesma pessoa de cinco anos antes em Las Vegas. Agora o cabelo estava mais claro, e os golpes, mais fatais. Em 1986, anotei que os lances baixos dele eram brutais. Especialmente do meio da quadra, onde ele tinha uma habilidade enorme de pegar uma bola ascendente e "destruí-la". Ele irradiava confiança. Batia na bola com a força de uma tonelada, e eu apenas imaginei a pressão que ele colocava sobre o rival. Também anotei que os voleios não pareciam muito bons, mas o resto era tão bom que não importava.

Quando Andre perdeu as finais de três *slams* (dois Abertos da França e um dos Estados Unidos), pensei que talvez tivesse bons lances, mas pouca coragem. Então ele mostrou a que veio no torneio de Wimbledon, em 1992. E foi demais. Andre tem muita coragem.

É engraçado. Muitas das minhas primeiras anotações no caderninho ainda estão valendo. Outras não. Vi Mats Wilander pela primeira vez em Bancoque, em 1981. Estudei-o enquanto ele jogava uma partida e não vi nada de especial – saque comum, sem potência, nenhuma jogada exuberante. Pensei que se tratava de mais um bom jogador sueco. Eu estava certo sobre o potencial de Andre e errado sobre Mats. Sete meses depois, Wilander venceu o Aberto da França. Precisei acrescentar uns dados ao capítulo "Wilander" do meu caderno.

Eu via que Stefan Edberg geralmente preferia cruzar a quadra com o voleio de *forehand*. Anotei que seu *backhand* era um dos melhores no tênis (o de Lendl era o outro). Mas também notei que o *forehand* não era uma arma – fraco demais para um jogador de ponta. A pegada dele era ruim, e o lance todo não impressionava tanto quanto o restante do seu arsenal. Acredite em mim, anotei isso porque não tinha quase mais nada de negativo a escrever.

Continuei anotando detalhezinhos que via. Então, quando eu tinha uma partida para disputar, conferia o caderninho e via o que havia escrito sobre o oponente da vez. Era como as anotações do *scout* no beisebol: ajudando o arremessador a saber as tendências do rebatedor e vice-versa. Isso tudo me dava uma boa ideia do que esperar e me ajudava a pensar sobre o que eu precisava fazer para evitar que aquele tenista utilizasse o melhor de seu repertório.

FAÇA UM BOM *SCOUT*

Faça seu próprio *scout*, ou sua observação técnica. Quando estiver no seu clube ou em alguma quadra pública observando uma partida entre jogadores que você talvez enfrente no futuro, preste atenção. Onde eles cometem erros? De que lances mais gostam? Eles acertam acima da cabeça, mas erram no voleio? Acertam uma cruzada angulada com o *forehand*, mas perdem perto da linha? São rápidos para chegar até a rede, mas lentos ao mudar de direção?

Têm um belo primeiro saque, mas nada de segundo? São consistentes com o *backhand*, exceto sob ataque? Chegam à rede com bolas curtas? Podem lançar uma boa bola de abordagem, dando um giro ou um *slice*? Um *backhand*? O *backhand* é muito ruim? *O que acontece sob pressão?*

Procure os padrões no jogo deles. Como ganham pontos? Como perdem? Qual o estilo?

Assista a um *set* e acompanhe. Quando perderem ou ganharem um ponto, anote. Lembre-se do que fazem em um *game* ou *set point*. Você observará um padrão de fraquezas e forças. É parte do que irá usar em sua preparação e durante a partida para decidir como jogar.

CONHECE-TE A TI MESMO
(E A TEU JOGO DE TÊNIS)

Faça a você mesmo o que faz para os outros. Aprenda sobre o seu jogo. Você pode achar que conhece suas forças e falhas, mas provavelmente não é tão ruim (nem tão bom) quanto pensa. Tome nota depois de uma partida ou peça a um amigo que assista a um *set* seu e anote "quem está fazendo o quê para quem".

Aprenda com o instrutor do seu clube. Mas não numa aula. Chame-o para um café e peça-lhe que conte o que diria a outro jogador que deseja derrotar você. Onde é vulnerável? Quais são seus pontos fortes? Peça para ele analisar seu jogo (e o do adversário, já que estão no assunto). E pague pela lição, tão valiosa quanto trocar bolas na quadra.

Quando jogar, peça para um amigo registrar os dados. Descubra exatamente quantas duplas faltas, quantos erros não forçados e quantos *winners* você acerta. Acredite em mim, é vital para um jogador pensante. Você também pode adquirir um computador de bolso que faça justamente isso. Se estiver ocupado demais para anotar, ele vai registrar para você. É o reconhecimento da importância de saber quem está fazendo o quê com quem.

"UM IDIOTA É ALGUÉM QUE NÃO SABE
O QUE NÃO SABE." (ANÔNIMO)

Acredito que os atletas mais eficientes são aqueles que reconhecem suas próprias *fraquezas*. Claro que todos sabem o que *conseguem* fazer. Mas tão importante quanto isso é saber o que *não conseguem*.

O Cobra era um belo exemplo. Ele conhecia suas limitações e trabalhava em cima disso. Sabia que não jogava bolas longas, então trabalhava nos passes de 12 a 16 metros até chegar à perfeição. Ele sabia que não era rápido, então, quando se jogava para trás e não conseguia voltar, preferia receber a punição a cometer um erro idiota.

Ele procurava seus lugares preferidos e, se não estavam lá, aceitava a punição. Não arriscava tentar algo que sabia não conseguir. Stabler era um atleta muito inteligente. Ele maximizava suas forças.

Porém, tão importante quanto, Kenny Stabler minimizava suas fraquezas. (Soa familiar? Maximizar, minimizar.) E era durão pra caramba. Combinação adorável. Venceu um Super Bowl para os Raiders, certo? Ao longo dos anos 80, Joe Montana fez o mesmo.

Ele sabia o que podia e o que não podia fazer. Eu tentava levar essas mesmas qualidades para a quadra, e você deveria fazer isso também.

Um entendimento melhor do seu próprio jogo (com ajuda do seu instrutor) vai produzir resultados melhores. Você terá uma compreensão clara do que tem para trabalhar. Suas táticas na quadra se tornarão mais calculadas e menos arriscadas.

ANOTE DURANTE A AULA E DEPOIS

Também recomendo que pegue seu caderninho durante a troca de lado e escreva o que está acontecendo. Quanto mais fizer isso, mais se tornará uma máquina de informações, incluindo dados sobre quem está fazendo o quê com quem.

E, claro, o melhor momento para se registrar informações é logo após a partida. Sempre reserve um tempo para revisar o que aconteceu. Dê uma nota a si mesmo e tire algumas conclusões sobre o que fez certo ou errado. Acrescente informações sobre o parceiro. Por que ganhou ou perdeu? É incrível como você se torna perceptivo se apenas decide se manter focado.

Tendo coletado tudo antes, durante e depois da partida, você vai querer usar isso a seu favor. Vamos falar a respeito disso a seguir.

CHEGANDO A CONCLUSÕES ERRADAS

Mantive meu caderno de observações até 1986. Então comecei a notar que estava sendo influenciado demais pela minha crença nas minhas chances de vitória. Eu via alguém que parecia ruim e pensava: "Ei, de jeito nenhum vou perder para esse cara. Ele joga como um encanador!".

Minha reação a Wilander foi um exemplo disso. Eu não pensei que ele fosse um encanador, mas também não achei que fosse especial. Atitude errada para entrar numa partida. Ou fazia o oposto. Via Becker e me pegava pensando: "Caramba, não tenho chance contra esse cara. Ele é demais!". Não é bom ir para uma partida pensando que vai perder.

Não queria presumir nada além de que teria uma chance se desse tudo de mim, física e mentalmente, de que precisaria me matar a cada partida. Então parei de observar os jogadores por conta própria e pedi ao meu treinador, Tom Chivington, que assumisse a tarefa. Ele assumiu o papel do *scout* e passou a fazer uma análise de cada jogador antes das partidas.

Para os seus próprios relatórios, fique com o básico. Forças. Fraquezas. Padrões. Erros não forçados. Lances favoritos em determinadas situações. Faça isso enquanto assiste à partida. É possível fazer isso enquanto se joga. Após o jogo. Mas faça. Você poderá tirar um grande proveito ao saber "quem está fazendo o quê com quem". Veja um bom exemplo de como usei essa vantagem para derrotar um grande amigo.

A CHAVE DO CADEADO DE KRICKSTEIN

Há alguns anos, enfrentei Aaron Krickstein durante um torneio em Brisbane, na Austrália.[1] A gente se dá bem fora das quadras, às vezes malhamos juntos, mas durante a partida ele é apenas outro cara tentando tirar dinheiro da poupança dos meus filhos. Como qualquer outro tenista que encaro, ele está tentando me dar um chute na bunda e me mandar para a casa derrotado. Não é difícil me motivar contra ele, mas é complicado lidar com aquele *forehand* balístico que Aaron aperfeiçoou. Ele controla o jogo acertando *winners* de rotina a partir da linha de fundo e geralmente me colocando na defensiva a cada ponto.

Ao longo dos anos, não tive muita sorte contra ele, pois não conseguia descobrir um jeito de neutralizar seu poder. Ele me mandava de um lado para o outro até abrir a quadra e disparar uma *winner*. E estava repetindo o feito em Brisbane.

Então algo que aconteceu durante um ponto chamou minha atenção. Acertei um *slice* de *backhand* que sem querer caiu antes no lado do *forehand* de Aaron. Ele correu e acertou. Nada de especial, apenas um *forehand* comum, nada do monstro que ele geralmente libertava. Tentei de novo pouco depois. Dessa vez, intencionalmente, acertei um *slice* curto e suave no *forehand* dele. Ele correu. Devolveu sem graça. Uma luz acendeu na minha mente.

Eu tinha percebido algo? Krickstein adorava acampar na linha de fundo onde a bola sentava e ele podia arrebentá-la com um *spin* poderoso. Para ele, era como jogar beisebol infantil. Mas com uma bola baixa suave que caía mais cedo, bem dentro da linha de serviço, ele perdia sua jogada preferida. Ele não podia ir por baixo, pois a

---

[1] Foi em 1990, e Gilbert venceu por 2 a 0. (N.E.)

bola era baixa. Não podia dar um *topspin*. E era suave, sem ritmo. Ele estava tendo de jogar de uma posição esquisita e tentava se esquivar.

Ele não acertava uma bola forçada, muito menos um *winner*. Ele me devolvia uma bola manejável, que eu jogava fundo para seu *backhand*. Aaron ficava sem posição, acertando uma bola que não era sua preferida. Devolvia uma bola fraca, e lá estava eu esperando. A partir de então, foi moleza.

A RECOMPENSA

Eu tinha aplicado parte da fórmula, do mesmo modo que você deveria fazer nos seus jogos. Minimizei o grande *forehand* de Krickstein e maximizei um aspecto fraco do jogo dele. De repente, eu o forcei a tentar me vencer com um *backhand* que não era tão forte como seu *forehand* de primeira linha. Ele liderava o primeiro *set* por 3-2 quando fiz a descoberta. Então eu ganhei seis *games* seguidos, venci em *sets* diretos e ganhei 32.400 dólares. Por saber "quem estava fazendo o quê com quem" e ser capaz de tirar proveito da situação, encontrei um antídoto para a principal arma dele.

Você está pensando que eu sou meio burro por não ter percebido antes, não é? Eu estava tão preocupado com o *forehand* de Krickstein que não me ocorreu obrigá-lo a tomar uma posição diferente, ainda mais uma *mais perto* da rede. Descobri por acidente. Mas, assim que me toquei, aproveitei ao máximo.

Ok, foi assim que usei informação sobre um jogador contra ele mesmo. Reconhecer. Analisar. Capitalizar. A seguir, vou dar a combinação dos cadeados dos jogadores que se enfrentam em torneios, campeonatos em escada ou naquele joguinho básico de toda quinta-feira. Ao enfrentar determinado estilo ou problema, você saberá em cima de quais opções poderá capitalizar.

A seguir: O que fazer e quando fazer.

8

DESTRUA O PLANO DE JOGO DO ADVERSÁRIO

IDENTIFIQUE O PROBLEMA

Você sabe quais são os jogadores problemáticos, aqueles cujo estilo ou tipo de jogada o derrota com mais frequência. Pode ser um tenista de saque-voleio[1] ou um receptador. Pode ser o canhoto. Pode ser alguém rápido ou alguém com um incrível primeiro serviço. E, claro, há jogadores com combinações dessas características.

Todo jogador em qualquer nível tem ao menos um oponente cujo estilo é de tirar do sério. Você fala para si mesmo: "O jogo dele não combina com o meu". Para mim, é o de Ivan Lendl. Nunca o derrotei. Até onde eu saiba, vai continuar assim. Ele é como um Darth Vader do tênis para mim. Meu filho Zack até me deu um dinossauro para eu carregar na mochila nos jogos contra ele. "Talvez ele fique com medo, papai." Espero que sim. Quando Ivan me vê perto da quadra, deve ser difícil não lamber os beiços. Ele já me derrotou dezesseis vezes seguidas.

Em torneios, derrotar um "arqui-inimigo" é mais trabalhoso, pois os profissionais desenvolvem o jogo deles em um nível tão alto de proficiência que fica difícil encontrar um ponto fraco na armadura. E também porque quando, afinal, consegue afastá-los do melhor golpe, o segundo melhor também é bom pra caramba. Por isso era tão difícil vencer Lendl.

Quando eu o afastava de seu jogo A, ele me derrotava com o B. E Ivan tinha um jogo C. Felizmente, meu ganha-pão não dependia de derrotar

---

[1] O voleio é a ação de rebater a bola no ar antes de a bola quicar no chão. (N.E.)

Lendl. Nem o seu. No entanto, há oponentes que dão dor de cabeça. E, contra eles, tenho minhas dicas em mente.

O jogador amador típico é unidimensional. É bem fácil desconstruí-lo. Costuma ter uma jogada preferida, na qual é razoavelmente bom. Tem um estilo e o segue. Faça-o mudar de estilo ou tire sua jogada preferida, e você vai ganhar porque a alternativa desse jogador não é tão eficiente. Na verdade, deve ser bem ruim. Então, como proceder?

PRIMEIRO, AS MÁS NOTÍCIAS

A verdade é esta: em alguns dias, você não será capaz de fazer nada. Você não será *capaz* de virar o jogo. O adversário vai seguir o plano dele e você vai perder. Ele vai atacar sua fraqueza com sucesso, ditar o ritmo do jogo, e você vai perder. *Em alguns dias* você não vai ganhar, não importa o que fizer. Aprendi essa lição muito bem com Lendl.

AGORA, AS BOAS NOTÍCIAS

Vou lhe contar outra coisa que aprendi e aplico todas as vezes que estou na quadra para competir. Quase sempre, há um jeito de vencer. É preciso apenas descobrir qual. Amadores não acreditam nisso. Você provavelmente também não acredita. E, se não acredita, é porque caiu numa armadilha comum.

NÃO SUPERESTIME NEM SUBESTIME

O jogador médio tende a ir para a maioria das partidas com o pensamento equivocado. Acredita que belas jogadas valem alguma coisa. Acha que melhor condicionamento significa algo mais. Pensa que o jogador com mais habilidade natural ou mais experiência provavelmente ganhará. Pensa que resultados passados ditam os futuros. Esse tipo de pensamento vai derrotá-lo, pois o levará a conclusões erradas.

Foi por isso que deixei de ser meu próprio observador técnico e pedi para o meu treinador assumir a posição. Tinha começado a fazer suposições sobre quem iria ganhar ou perder. Comecei a superestimar ou subestimar jogadores. Como resultado, assumia derrota ou vitória. As duas coisas levam ao fracasso.

A única coisa que eu queria presumir era: eu poderia ganhar qualquer partida contra qualquer um se desse duro na quadra. No entanto, mais do que isso, poderia ganhar se desse duro mentalmente. Quando entro numa partida, levo minha marmita, meu capacete e espero receber meu quinhão. Passei a acreditar que vencer ou perder não dependia do meu oponente. Na maioria das vezes, *dependia de mim*. *E depende de você também.*

Então, se isso é verdade, por que não venci Lendl? Simples. Tive chances e as desperdicei. Na Parte III, sobre animação, explicarei como um cara como Lendl vai tentar derrotá-lo com a raquete, primeiro. Se não funcionar, vai derrotá-lo com táticas. Naqueles dias em que eu podia derrotá-lo fisicamente, ele me derrotou no aspecto emocional ou mental. Ele é mestre nisso. Mas o ponto é: eu *poderia* ter ganhado. Ele sabia retomar o controle do jogo. Um dia, terei minha chance.

Saber "quem faz o quê com quem" o coloca em uma posição em que você pode considerar suas opções e capitalizar em cima da melhor. A seguir, quero contar como levar vantagem em cima de cada tipo de jogador, lances e situações que podem estar te dando dor de cabeça na quadra. Isso engloba:

- o receptador
- o veloz
- o ataque ao seu *backhand*
- o saque
- a devolução do saque
- o tenista de saque-voleio
- o serviço fraco
- o saque canhoto
- o esquentado

O RECEPTADOR

Você conhece os receptadores com quem joga. Na verdade, você pode ser um deles. Não se sinta mal. Eu já fui acusado de ser um receptador algumas vezes. Descreveram uma partida contra Boris Becker nas semifinais do Campeonato da ATP Thriftway em 1989, em Cincinnati, desta forma: "Foi como assistir a um homem correndo atrás de uma galinha com um galho na mão". Eu era a galinha. Boris tinha o galho.

A descrição pode ter sido acurada, mas a galinha ganhou a partida em três *sets* devolvendo bola atrás de bola. Naquele dia, fui um grande receptador. Na verdade, ganhei o torneio com vitórias sobre Sampras, Chang e Edberg.

Apenas para entendermos, vamos definir o que é um receptador. A espécie mais comum de receptador (também conhecido como "forçador de barra", coelho ou labrador) fica na linha de fundo e devolve *tudo*. Não tem velocidade. Não tem profundidade. Não tem *spin*. Não usa ângulos. Não usa *touch*. Mas deixa todo mundo louco!

Tudo volta. Ele caça todas, sem preguiça. Está casado com a linha de fundo e não vai sair de lá tão cedo. Um receptador que aperfeiçoa o jogo pode começar a usar *spin*, profundidade e/ou velocidade. Mas o plano básico dele permanece este: *devolver todas*.

O *moonballer* (ou "astronauta") é uma variação do receptador, um refinamento. Harold Solomon aperfeiçoou o estilo e Andrea Jaeger ficou bom nisso – mandar bolas muito altas por cima da rede, no fundo da quadra, com *topspin* extremo. Thomas Muster e Jose Higueras usam muito esse estilo hoje em dia. Ficam ali parados apenas mandando esses *topspins* acima do ombro.

Esses lances do tipo Jornada nas Estrelas são frustrantes porque hipnotizam. Você fica ali parado, e antes que perceba parou de pensar. O astronauta manda a bola girando para você sem cometer erros. De novo e de novo. Testa sua paciência, como receptador que é. A distinção entre o astronauta e o receptador típico é que o primeiro manda sempre *a mesma* raquetada: a giradora.

O estilo do receptador pode ser muito bom contra um oponente que não saiba desmontá-lo ou fique frustrado. Boris ficava frustrado. Perto do fim da nossa partida em Cincinnati, tudo que ele queria era sair da quadra e tomar um remédio para dor de cabeça. Estava pronto para perder.

O receptador amador

No nível amador, o negócio é o seguinte. Eu estava assistindo a um jogo no San Francisco Tennis Club depois de ter malhado lá.

Um dos jogadores é um receptador clássico. O nome dele é Mason Grigsby, ele é mais conhecido como O Grande Grigsby, por ser tão constante na linha de fundo. Eu estava assistindo sem dar muita bola quando o seguinte ponto ocorreu. Durante a troca de bolas, o oponente mandou um bom *drop*[2] e o senhor receptador, O Grande Grigsby, correu para a rede. Não pensei que ele teria chance de pegar, mas ele conseguiu, e mandou a bola de volta para a linha de fundo do adversário.

O Grande Grigsby agora está na rede, em posição para fechar o ponto, pensei. Para minha surpresa (e antes mesmo que a bola dele caísse do outro lado), ele retornou para a segurança da linha de fundo. *Um receptador clássico.* Ele estava a menos de um metro da rede e voltou para a linha de fundo sem nem se dar o trabalho de ver qual seria a jogada do adversário. Não queria saber da rede. A base é a zona de conforto. Esse estilo de jogo é típico do receptador e pode ser um beco sem saída se você não souber o que fazer com ele.

Vencer receptadores é difícil porque os pontos se arrastam para sempre e eles testam sua paciência ao extremo. Björn Borg e Chris Evert foram os melhores de todos os tempos nisso. Atualmente, os melhores exemplos são Alberto Mancini, Todd Witsken e Michael Chang (antes de acrescentar um pouco de rede ao seu arsenal). Todos especializados no estilo "tudo volta".

Chang é particularmente difícil. Ele alcança absolutamente tudo. Os músculos da panturrilha e da coxa dele são tão desenvolvidos que parecem de um corpo duas vezes maior, e geram uma velocidade imensa, dando-lhe uma cobertura espacial enorme. Devem ser os melhores músculos do mundo. Dizem que, quando Michael era pequeno, ele ganhava corrida da própria sombra. O problema para mim é que ele ganha de quase todas as minhas bolas. No entanto, apenas velocidade não ganha partidas. Veja como jogo com Chang (e como o derrotei) e como você pode aplicar minha técnica ao seu receptador favorito.

---

[2] O *drop* é aquela "deixadinha", aquela bola que "mata" o adversário, porque, como o Gilbert descreve aqui, o oponente tem de sair correndo, desesperado, para alcançá-la. (N.E.)

1. A PACIÊNCIA É SUA MAIOR ALIADA

O sucesso do receptador mediano é baseado nos mesmos princípios da tortura chinesa com água. É entediante. Repetitivo. Lento. A mesma coisa acontece de novo e de novo. E vai deixar você maluco. Receptadores adoram ser uma parede humana. Jogue a bola do outro lado da quadra, que eles logo a mandam de volta. Vão ser mais rápidos. Vão aguentar mais. E durar mais. Sua mente vai pirar.

Prepare-se para sofrer

Antes de uma ida ao dentista, você se prepara mentalmente. Diz para si mesmo: "Vai doer, mas vai passar rápido". Adota uma atitude mental. Quando ouvir "abra bem a boca, não vai doer nada", você estará preparado mentalmente para sofrer. Faça o mesmo contra um receptador. Prepare-se para sofrer. A atitude mental correta é importante. Pode ou não ajudar no consultório do dentista, mas com certeza ajudará contra o receptador.

Preparar-se mentalmente para o que está por vir é necessário porque o estilo do receptador trabalha principalmente com a sua cabeça. É preciso entrar numa disputa contra esse tipo de jogador entendendo plenamente que a partida será longa. Precisará bater quatro, cinco, seis, sete ou mais vezes do que o normal. *E* quando mandar uma bola boa esperando um *winner* ou uma devolução fraca, o receptador vai acertar. Mentalmente, é preciso se preparar para muitas bolas de tênis voltando por cima da rede. Saiba. Acredite. Espere. Entenda por quê.

Receptadores podem ser chatos e repetitivos, mas também são consistentes e pacientes. Consistência é a principal qualidade do receptador. Em qualquer nível, é uma ferramenta valiosa. Entre amadores, jogadores comuns, pode ser a mais valiosa. É difícil vencer consistência. Em torneios, o jogador precisa acertar um *winner* para derrotar o adversário. No entanto, nos outros níveis, aquele que mantém a bola em jogo geralmente ganha – e o receptador realmente mantém a bola em jogo. Erros não forçados definem mais resultados do que bolas espetaculares. Essa é a chave para o jogo do receptador. Também é a chave para derrotá-lo.

O jogo do receptador pode ser consistente, mas também é limitado. Se for paciente e souber se aproveitar do jogo dele, você poderá derrubá-lo.

É o que aconteceu com Chang. Outros profissionais começaram a explorar seu jogo de base para vantagem própria. Passaram a neutralizar sua vantagem de velocidade (mais a respeito em breve) e a explorar seu jogo unidimensional. Até desenvolver sua rede e melhorar o saque, Chang estava sendo derrotado. Agora está ganhando outra vez.

Por que você perde para um receptador

O receptador ganha porque você escolheu o plano de jogo errado. Conforme mais e mais bolas retornam, logo vem a frustração. Você fica impaciente. Esforça-se mais. Tenta fazer lances melhores, mais profundos, mais fortes, mais angulosos. Acaba tentando lances que nunca conseguiu antes. Tenta dar lances como McEnroe tentaria. O Forçador de Barra continua devolvendo até que você erra.

Eles continuam rebatendo, sabendo que em algum momento você vai cometer um erro não forçado. Ou provavelmente vai desistir e começar a só devolver também. Vai perder. Eles devolvem melhor. Por isso é importante definir sua atitude previamente. Reconhecer que a paciência é uma grande aliada quando um receptador aguarda do outro lado da quadra.

Tendo se preparado mentalmente para um longo dia de trabalho, com pontos extensos, veja outras táticas que podem balançar o jogo do forçador de barra a seu favor.

2. VÁ PARA A REDE

Seu objetivo principal ao jogar contra um receptador é fazê-lo tentar lances reais. Em vez do "mandar de volta" ou do "manter a bola no jogo" de sempre, force-o a tentar algo específico. Você quer que ele *saia da zona de conforto*. O primeiro modo é se aproximando da rede. Mesmo que este não seja o seu jogo normal, *chegue* à *rede*. Isso significa que, quando receber uma bola curta (ou uma bola curta média), deverá ir para a rede. Vá para a ofensiva, mas do jeito certo. Não tente acertar *winners* da linha de fundo ou jogadas de baixa porcentagem de sucesso, mas se aproxime da rede quando a oportunidade se apresentar. E, às vezes, mesmo quando ela não se apresentar.

O que isso provoca na maioria dos receptadores é arrancá-los da zona de conforto. A tática os obriga a decidir qual lance específico deverão tentar. Mandar para o outro lado da quadra? Perto da linha? Direto para você? Um *lob*? De repente, eles se veem diante de um problema cuja solução exige uma decisão rápida.

Ei, receptadores não gostam de pensar nisso tudo! É mais fácil apenas mandar a bola de volta por cima da rede, para a ampla quadra que você lhes deu ao ficar na linha de fundo. Todo aquele espaço para o erro. Tire isso deles! Estreite as opções estreitando o alvo. Eu acredito, no duro, que você até poderia chegar sem raquete perto da rede e arrancar uns bons pontos de um receptador. Mas leve a raquete, para o caso de eles conseguirem acertar a bola por cima da rede.

Um aviso. Não estou sugerindo que você deva sair correndo pra rede assim que um ponto iniciar (a não ser que se sinta confortável fazendo isso). Seja seletivo. Em bolas mais curtas, comece a ir com mais frequência. Em bolas no meio da sua quadra, se tiver a chance de uma boa abordagem, considere se aproximar. Uma bola mais profunda? Às vezes, pelo efeito-surpresa. E que tal no segundo serviço do receptador? Boa ideia. No primeiro? Agora eles começam a se sentir desconfortáveis. Você vai gostar do resultado.

Obviamente, você está tentando desconcertá-los, fazer com que observem você em vez da bola. Vão começar a apressar as jogadas e a errar. De repente, passarão a proporcionar o que em nível amador é a chave da vitória: *erros não forçados*. O receptador que comete erros não forçados perde.

3. TRAGA O RECEPTADOR PARA A REDE

Você tem outra opção com o receptador, também voltada para tirá-lo da zona de conforto, forçando-o a fazer algo além de acampar na linha de fundo.

Essa opção envolve atraí-lo na direção da rede, como eu fiz com Krickstein. Fazê-lo se aproximar, mandar algumas bolas para a rede. Mostrar um bom lance de abordagem, um bom voleio de *backhand* (até parece), algumas por cima da cabeça (só quando estiver chovendo canivetes), alguns semivoleios (me ligue a cobrar pra contar essa) e qualquer coisa que pode oferecer-lhes. Ao fazer isso, você elimina o plano A do receptador, e ele tem de se contentar com o plano B.

Para conseguir, você precisará mandar umas bolas curtas. Se estiver inseguro, pratique. Lembre-se: você já fez isso sem querer muitas vezes. Agora tente o mesmo lance por querer. Ao fazer isso, sua armadilha estará armada. O receptador odeia a rede.

O Grande Grigsby tenta um voleio

Você se lembra do Grande Grigsby, o receptador a que eu assisti ser atraído para a rede? Aqui vai o restante da história. Depois que correu para pertinho da rede e mandou uma bola no fundo para o oponente, ele voltou correndo para a linha. O adversário então mandou *outra* deixadinha. O Grande Grigsby acelerou outra vez. E de novo mandou para a linha de fundo, e de novo voltou para a própria linha. Estava ficando interessante. Então, o outro tenista mandou uma *terceira deixadinha consecutiva*. Eu nunca tinha visto alguém devolver três deixadinhas seguidas e se dar bem! Pensa! Haveria uma quarta?

Não. O Grande Grigsby correu para a rede de novo. Por algum motivo, enfim, decidiu que era hora de levar vantagem dessa posição e finalizar o ponto. Voleou. Ou ao menos acho que foi o que ele tentou fazer. Pela raquetada é difícil ter certeza. Não só acertou a bola com quase um metro de abertura, mas na continuação a raquete bateu na rede. Comecei a entender por que ele sempre voltava para a segurança do fundão.

Ele foi levado para a rede três vezes consecutivas. Em duas ele voltou imediatamente para o conforto da linha de fundo. Agia como se fosse ilegal se aproximar da rede. Mais tarde, perguntei por que ele não ficou ali da primeira vez. Ele me contou (e esse é o segredo para desmontar o jogo do receptador): "Eu me sinto mais confortável na linha de fundo, só isso". Pelo que eu tinha visto, dava para entender o pensamento. Se tirá-los da zona de conforto, você vencerá.

4. SUAVE É MAIS DIFÍCIL

Na maior parte dos casos, um receptador se alimenta da velocidade de sua bola. Eles adoram aproveitar o que você forneceu (a energia de uma bola rebatida com força) e devolver direto. Quanto mais duro você bater, mais duro eles devolverão! Porque não são eles usando a força, é você. E quanto mais força, maior é a probabilidade de você cometer um erro. Eles erguem a raquete (e com essas de corpo mais largo, é *só* isso que precisam fazer mesmo) e, como mágica, a bola volta com mais força. Mas não é mágica. É física. Jogue uma bola frouxa contra a parede e ela volta frouxa. Jogue *com* força e ela volta com força. No caso do receptador, ele é a parede e você é a força. A parede geralmente ganha.

Um jogador mediano que enfrenta um receptador cai na armadilha de tentar bater cada vez mais forte para conseguir o ponto. O Forçador de Barra se senta no fundão e bloqueia todas as bolas fortes. Eles curtem fazer isso porque sabem que uma hora ou outra você vai exagerar e errar. Em algum momento você acertará uma fora da quadra ou na rede. E o receptador nem vai agradecer por fazer todo o trabalho para ele.

5. DÊ O SEGUNDO SAQUE PRIMEIRO

Profissionais que também são professores gostam de dizer que os jogadores de fim de semana têm dois tipos de saque: o lento e o ainda mais lento. Há muita verdade nisso. Enquanto um cara como Goran Ivanisevic podia mandar a bola a quase 210 quilômetros por hora, os amadores sacam com menos da metade dessa velocidade. Então não se preocupe muito em tentar *aces* e *winners*. Ainda mais contra um receptador. Na verdade, pense no "segundo saque" contra esses caras.

Mais uma vez, isso tira a velocidade da bola e faz com que *eles* tenham de tentar gerar velocidade. Isso os obriga a dar uma raquetada de verdade. E eles não gostam disso. Quando começarem a tentar gerar velocidade, observe os erros não forçados surgirem. E se eles apenas bloqueiam o seu saque suave, vão cair antes da hora. Quando acontecer, você ganhará uma passagem para a rede. Use-a.

Sem ofensas

Quero deixar claro que não quis ofender ao chamar Borg, Evert, Chang Krickstein e alguns outros de receptadores. Obviamente, tenistas desse calibre não ficam apenas bloqueando e devolvendo bolas. Não quis desrespeitar. Eles jogam nesse estilo no nível mais alto possível. Alguém ir para a rede não os incomoda como incomodará um receptador contra o qual você jogar.

Quando chego à rede contra Michael Chang, pode ter certeza de que ele tem umas dez cartas na manga para me derrotar. O problema é que, se eu não for para a rede, ele vai rebater até a minha morte. Joguei contra ele recentemente nas semifinais de um torneio e perdi o primeiro *set* por 6–0. Comecei a ir pra rede no segundo e quase venci! Por que não fui pra rede antes? É isso que eu me pergunto. Em todo caso, a não ser que você seja melhor no jogo deles do que eles mesmos, é preciso encontrar outra maneira de derrotá-los.

Na próxima vez em que jogar contra um receptador, tente levar algo do que sugeri para a partida. Dê tempo a si mesmo para se acostumar com as novas táticas. Desenvolva um senso de quando fazer o quê, e o que funciona para você. Vai gostar dos resultados. E, conforme se acostumar com isso, você verá o *match point* a seu favor com mais frequência do que nunca.

O VELOZ

Às vezes, você encara um tenista extremamente rápido. Eles alcançam as deixadinhas. Cobrem *lobs*. Jogadas para fora da quadra não são problema. São como pernilongos. Voam pra lá e pra cá com você no encalço, tentando bater cada vez mais forte até um local em que eles não alcancem. Esqueça. Eles alcançam *tudo*. Quando você conseguir acertar aquele *winner* (talvez o único), já terá cometido muitos erros não forçados.

Michael Chang tinha esse tipo de velocidade. Eu forçava um *forehand* bem amplo e ia logo atrás. Ele corria e devolvia. Eu mandava um amplo voleio para o *backhand* e começava a lamber os beiços. *Ele não vai chegar a tempo...* Mas chegava sim. *Alcançava.* E me *detonava* com uma devolução. Velocidade e cobertura tremendas. Muito veloz.

Quem é o seu Michael Chang, aquele jogador com velocidade incomum? Aqui vai uma abordagem bem direta para minimizar a vantagem do seu oponente.

NÃO DEIXE O VELOCISTA CORRER

Jogadores velozes adoram correr e adoram bater na bola enquanto correm. Mande para o outro lado da quadra, e eles acertam um bom *forehand*. A mesma coisa do outro lado. São realmente bons nisso. Com essa velocidade, eles acertam muitas bolas e praticam muito.

Não deixe que usem a velocidade. Tire esse ativo deles. Como? Mande uma profunda bem no meio. Faça com que joguem mais na "cozinha". De repente, em vez de correr atrás da bola (algo que adoram), são forçados a *fugir* da bola, para sair do caminho dela. Está estreitando a movimentação deles, não permitindo que explorem a velocidade. Mire no local onde eles estão parados, e pense neles como o alvo em si.

Pare de tentar acertar fora do alcance deles. Parte do sucesso do velocista vem dos erros que cometemos ao tentar acertar uma bola inalcançável. Não tente dificultar. Facilite! Acerte *neles* e veja o que acontece. Eles vão exagerar na saída. Vão se desequilibrar. Cada vez mais retornos fracos.

Mas lembre-se de que essas táticas devem ser usadas com inteligência e prudência. Se achar que funcionam, não fique só nisso. Misture-as com o restante do seu estilo. Mantenha o oponente desequilibrado, sem saber o que virá. Seus resultados melhorarão.

O ATAQUE AO SEU *BACKHAND*

Uma das primeiras táticas que um tenista usa ou recebe é o "ataque ao *backhand*". Para a maior parte dos amadores, o *backhand* é mais fraco. Se por acaso você teve de jogar uma partida contra um desconhecido, sem aquecer com ele (e espionar), a primeira coisa a ser testada é o seu *backhand*. É automático. A maioria dos jogadores tem um *forehand* melhor que o *backhand*, incluindo você mesmo e seus adversários.

Então, o que fazer se seu *backhand* é questionável e o seu oponente explora bem sua vulnerabilidade, que chega junto no seu lado mais fraco, sem dó nem piedade? Até aprender com seu professor a trabalhar isso, há algum jeito de minimizar o dano? Sim.

1. SEJA CONSERVADOR COM SEU *BACKHAND*

Quando seu *backhand* está sendo atacado, o primeiro instinto é tentar acertar um lance melhor que aquele em que você confia. Você tenta demais. E erra demais. Quando o oponente se aproxima da rede, sua mente entra em parafuso: "Crise. Perigo na rede. Faça *algo*!". O problema é que seus recursos para "fazer algo" são limitados no *backhand*. O cérebro exige demais do corpo. Você entra em pânico e manda uma bola que vai longe demais, aberta demais ou direto na rede.

Em vez disso, faça o oposto. Pense "menos", não "mais". Apenas lance a maldita bola por cima da rede, de volta para a quadra. Não se preocupe em fazer aquela grande devolução de *backhand*. Seja conservador. Seja paciente com seu *backhand*. Sua primeira obrigação é evitar o erro não forçado. Para começar, force o oponente a tentar um lance e, ao menos, atingir a bola.

Se, com frequência, o outro tenista volear seu *backhand* conservador com um *winner*, busque alternativas. Mas, primeiro, *faça-o bater naquela bola*. E tente isso sem forçar o *backhand*. Garanta que seu *backhand* medíocre não cometa erros grosseiros.

2. DESVIE DO *BACKHAND* QUANDO APROPRIADO

Você está pensando: "Óbvio". Você adoraria desviar do *backhand* para o restante da vida. Mas o importante é entender quando se deve fazer isso de forma *mais eficiente*.

Se o seu oponente está mandando constantemente para o seu *backhand*, mas sem muita *velocidade* ou *profundidade*, pense como um convite para o *forehand*. Desvie e devolva uma tacada forte. Arrebente. Quando começar a levar vantagem nessa oportunidade, o adversário passará a se esforçar mais, com mais profundidade e velocidade. Se ele conseguir, será um problema, mas se ele conseguisse com facilidade, não estaria mandando bolas curtas ou sem velocidade. Aumente a dificuldade do lance que ele precisa dar para acertar seu *backhand*.

Novamente, é importante selecionar os lances. O jogador que tenta se livrar de tudo do lado do *backhand* vai se ver preso, sem equilíbrio, e perderá ainda mais pontos – além de ficar exausto. Busque oportunidade de evitar o *backhand* quando as raquetadas do oponente forem sem profundidade ou velocidade.

Além de tudo, tenha isto em mente: desviar a bola perto do corredor na área da vantagem para um destro pode tirar você da quadra. Nessa situação, tente um *winner* ou dê uma forçada. Caso contrário, o oponente o colocará em uma enrascada: você tem a quadra inteira para acertar. Desviar a bola na área de *deuce* (ou perto da linha central) faz com que você fique no meio da quadra e não precise ser tão ambicioso com a jogada.

3. CHEGUE NA REDE

O oponente não pode forçá-lo a bater com o *backhand* da linha de fundo se você estiver na rede. Mesmo se o seu voleio de *backhand* for fraco, pode ser um avanço em relação aos lances baixos de *backhand*. Um voleio fraco ou mal colocado, com frequência, pode se tornar um *winner*.

Se estiver perdendo muitos pontos com as bolas baixas de *backhand*, fique numa posição na quadra em que não precise rebater esse tipo de bola. Busque oportunidades de *chegar na rede*.

4. ATAQUE O SEGUNDO SERVIÇO

Há outra maneira de tomar a ofensiva antes de o oponente pressionar seu *backhand*. Ela permite uma oportunidade (com frequência, subestimada) de chegar na rede. A maioria dos jogadores não pensa em "atacar" o saque do outro. No entanto, se o segundo saque do oponente for típico (ou seja, uma variante de bola *nerf*), não deverá ser difícil acertar uma bola que permita se aproximar da rede. Fique um ou dois passos mais perto dela do que na sua posição típica de recepção. Quando devolver, imediatamente se aproxime da rede.

Agora você tirou seu *backhand* vulnerável da jogada, bem como forçou o adversário a tentar um lance mais difícil.

Seja sensato. Não arrisque um *winner* quando estiver tentando uma abordagem a partir do segundo serviço do oponente. Busque colocação. Coloque a bola dentro; pode até ir atrás do *backhand dele*. Virar a mesa é jogo limpo. Veja o que acha do resultado.

Lembre-se: isso é tênis inteligente. Testar e sondar. Estreitar a fresta por onde um jogador pode atacar suas fraquezas e encontrar um meio de ir atrás do ponto fraco dele.

5. NÃO SE ESQUEÇA DO LOB

Muitos tenistas cometem o erro de repetir o mesmo lance, ainda que não funcione. Às vezes, durante a partida inteira. Pode ser a abordagem na linha, o saque fatiado, o voleio ou a bola baixa de *forehand*, ou acima da cabeça. Ou uma baixa de *backhand*. Não desistem de tentar fazer funcionar. Se você estiver na pior, é melhor tentar mudar, ou vai perder.

É importante, em algum momento, parar de tentar corrigir o erro e começar a fazer uns pontos. E com um *backhand* que não está funcionando (pelo motivo que for), há uma opção quando isso está lhe custando *games*: o *lob*.

Se o oponente se aproximar da rede no seu lado de *backhand* e você não tiver feito uma passada desde aquela sem querer no aquecimento, lembre-se do *lob*. Descubra se ele sabe acertar acima da cabeça. Faça uma vez. Duas. Três ou quatro. Talvez ele fique tonto de olhar para cima e tenha de se sentar. Obrigue-o a provar que sabe acertar acima da cabeça. Não apenas uma vez, mas várias. E de preferência de *backhand*.

Quando um oponente inteligente perceber que você está tendo um problema, impeça-o de se aproveitar disso. Você precisa estancar a sangria, e pode fazê-lo conhecendo e usando as alternativas.

O SAQUE

Pergunte aos *experts* qual é o lance mais importante no tênis, e eles dirão que é o saque. É mesmo? Talvez num torneio profissional. Para os amadores, a resposta é duvidosa. Com que frequência você ou seus adversários acertam *aces* ou *winners* de serviço? Quantas vezes seu saque força uma devolução que o coloca numa posição favorável? E, mais importante, você segura o saque muitas vezes? Provavelmente, não tanto quanto deveria.

Espera-se dos profissionais que segurem por volta de quatro em cada cinco *games* de serviço. Meu percentual é de 77,9%, e meu saque não é tão formidável. Pete Sampras e Michael Stich chegavam próximos de 90%. Para amadores, segurar o saque costuma estar na casa de 50%. O saque *pode* ser o lance mais importante, mas, para a maior parte dos amadores, não é. Mesmo entre as tenistas profissionais, o saque não é uma arma muito boa. Para Martina Navratilova (no auge) e Steffi Graf, talvez fosse. Mas em geral não é o ativo que se esperaria da "jogada mais importante do tênis".

Ei, não estou sendo chato. Geralmente não controlo o jogo com meu saque. No entanto, sou bom em gerenciá-lo para não ser mal usado. Faço isso com boa colocação e acertando de primeira.

A maioria dos amadores só usa o saque para iniciar o ponto. É um dos motivos de haver tantas quebras de serviço. O saque é o lance mais difícil de aprender e de acertar, *ainda mais sob pressão*. Na maior parte das vezes, o seu saque não faz mais do que fornecer ao adversário uma chance de tomar a ofensiva de imediato. Por quê? Para muitos amadores, a devolução do saque é mais fácil do que o saque em si, ainda mais com as raquetes mais poderosas. *Ainda mais sob pressão*.

Isso porque, em geral, é mais fácil *reagir* do que *agir*, e a devolução do serviço é uma reação. Um *swing* curto (algo entre o *swing* normal e o bloqueio) pode, com frequência, colocar o receptador no comando do ponto imediatamente. Acrescente as duplas faltas ocasionais em momentos-chave (doação de pontos e *games* para o oponente do sacador) e entenderá por que sacar não é a mesma vantagem para um amador que é para caras como Pete Sampras, Michael Stich, Richard Krajicek ou Goran Ivanisevic.

Se há um lance na sua coleção que você pode trabalhar e que irá ajudar a sua causa é o saque. Digo isso porque já vi vários jogadores amadores ao redor do mundo nesses vinte anos. Se puder desenvolver um saque penetrante, variável e confiável, em breve, precisará procurar novos oponentes. Seus companheiros vão cansar de perder para você. Mas boa sorte com isso. Jimmy Connors não conseguiu desenvolver um saque ameaçador ao longo de toda a carreira. No entanto, desenvolveu a melhor *devolução* do mundo (até a chegada de Agassi), e com ela ganhou centenas de campeonatos. Então, enquanto espera por essa grande arma, o saque (que vai se tornar a "jogada mais importante no seu tênis"), há algo mais em que se pensar.

A DEVOLUÇÃO DO SAQUE

Quero contar o que *pode* se tornar a arma mais importante com o mínimo de trabalho: *a devolução do saque*. É bem mais fácil melhorá-la do que tentar aprender um grande saque. Com um retorno forte, estará sempre pressionando o oponente, capitalizando os serviços ruins e neutralizando os bons.

A devolução do saque é uma oportunidade de atacar o oponente na ferida, tirando-lhe a ofensiva e constantemente ameaçando quebrar seu serviço. Um jogador sempre lutando para segurar o saque é como um boxeador nas cordas. Apenas quer sobreviver. Prejudica a mente e o corpo saber que o seu saque será neutralizado ou aproveitado repetidamente, que está constantemente evitando ser quebrado.

Quão importante pode ser? Pergunte a Connors. Ele era capaz de neutralizar o serviço do oponente e depois trabalhar o ponto para sua vantagem. No nível profissional, ele fez da devolução do saque sua jogada mais importante. Num ano, em Wimbledon, Jimmy jogou com Roscoe Tanner e levou 25 *aces*. E ainda assim ganhou a partida. Fez grandes jogadas com os saques e segurou os pontos até capitalizá-los.

Um exemplo bem surpreendente foi a final de Wimbledon em 1992, entre Andre Agassi e Goran Ivanisevic. Andre levou *37 aces*. São *nove games* em *aces*. Acrescente a isso os *winners* de serviço de Goran, e é de se pensar como Andre permaneceu na disputa – e como, ainda por cima, venceu a partida. Ele a venceu porque sua devolução de saque é monstruosa, a melhor, ainda melhor que a de Connors – pelo menos de acordo com John McEnroe, um jogador com um grande saque que enfrentou os dois.

Ali aconteceu uma grande comparação entre um cara com um grande saque, que tinha mais de duzentos *aces* no torneio, e outro com uma grande devolução. Quem ganhou? O cara da grande devolução. Saber quais são suas opções em uma devolução de serviço pode produzir resultados mais rapidamente com pouco esforço.

O que quero mostrar é como capitalizar o saque do oponente sabendo o que fazer taticamente com a devolução do serviço. Seja um grande saque e voleio, um primeiro ou segundo saque fraco, ou qualquer outra coisa. Você será capaz de minimizar o serviço do adversário e maximizar sua devolução. E vai adorar os resultados.

O TENISTA DE SAQUE-VOLEIO

Os grandes tenistas de saque-voleio são incrivelmente fortes quando estão em seu jogo. Caras como Edberg e Ivanisevic (e McEnroe, no auge) colocavam tanta pressão no oponente para que ele tentasse lances cada vez melhores que as chances ficavam a favor deles. Uma coisa é fazer uma passada difícil de *backhand* com a rede coberta e no começo da partida. Outra coisa é tentar uma passada num *set* ou *match point*! Nos pontos importantes, prefiro tentar um voleio perto do que uma passada de linha de fundo com alguém lá na rede.

É muito difícil jogar com Stefan. Ele saca e voleia a cada ponto. Ele obriga o oponente a tentar um lance difícil, de novo e de novo. Embora seu saque não seja tão rápido quanto o de Becker, ele consegue tanto impulso com o movimento de saque que quase sempre manda o primeiro voleio da linha de serviço. Como seu serviço tem muito torque, ele tem mais tempo de ir atrás. E nunca perde um voleio. Esses voleios são como um enxame de abelhas. Atacam e doem pra valer.

A dura realidade é que, quando um jogador de saque-voleio está de fato jogando bem, você pode dizer adeus. Mas não desista sem lutar, porque há táticas para tirá-lo do jogo dele. Agassi as usou com sucesso nas finais de Wimbledon, e você pode usá-las nos seus jogos. Você não vai encarar ataques como os de Ivanisevic, mas vai se deparar com jogadores capazes, que se apoiam no saque e podem causar problemas. Aqui vão as táticas que você precisa aplicar. Sei que funcionam, pois eu as usei contra Edberg para derrotá-lo nas semifinais do Aberto de Los Angeles, em 1991, quando ele era o número 1 do mundo.

1. Observe o objeto correto em movimento, com calma

Quando alguém começa a atacá-lo na rede, é da natureza humana observar a pessoa, não a bola de tênis. Em *todos* os níveis de tênis, há um desejo automático de observar o jogador atacando. Mas não é o jogador quem realmente ataca, é *a bola*. O jogador não chega na rede, a bola chega. Observe a bola. Concentre-se totalmente nela.

Eu digo aos jogadores nos meus *workshops* que comecem a observar a bola o quanto antes. Observe-a ainda na embalagem! Infelizmente, a maioria dos jogadores de quase todos os níveis se distrai com o corpo em movimento ao mesmo tempo que a bola viaja acima da rede. O foco muda da bola para o corpo.

Um bom contato é quase impossível quando você está observando o adversário com um olho e a bola com o outro. É por isso que muitas das suas devoluções são amplas, longas ou curtas demais. Você *doa* pontos ao oponente. Sei, porque já fiz isso muitas vezes, principalmente com McEnroe. Às vezes, ele vem para a frente; às vezes, fica para trás. Então você é pego de surpresa, e Mac sai correndo depois de um saque. É aí que eu faço tudo que não devia. Tiro o olho da bola um pouquinho. Apresso meu retorno um pouquinho. E mesmo que eu consiga mandar a bola para o outro lado, ele estará lá, esperando. Com Edberg (que desde os 7 anos de idade corre atrás do saque), é de esperar, e fica mais fácil focar na bola e dar uma raquetada normal.

Você precisa bloquear o sacador como o grande batedor do Texas Rangers, Jose Canseco, bloqueia o arremessador. Ele enxerga apenas a bola de beisebol. Se não fosse assim, erraria todas as vezes. Ted Williams, o último batedor a acertar .400 numa temporada (em 1941), dizia que ele olhava a bola com tanta força que podia ver as costuras dela girando. É *assim* que se observa um objeto em movimento.

Você vai perceber algo acontecer quando observar a bola se tornar algo automático. Você *vê* o sacador, mas na periferia da visão. O foco principal ainda é a bola. Aos poucos, você enxergará o tenista se aproximando com seu nível de visão "secundário". Para muitos jogadores, é o contrário. Enxergam o oponente no foco primário e a bola no secundário.

Quando enxergar a bola com mais clareza, lembre-se de ficar calmo; evite o ataque de pânico. Com um jogador vindo na sua direção, a tendência é acelerar o lance, queimar a largada. Você perde equilíbrio. Fique calmo. Seu objetivo principal, aquele que atingirá mais resultados, é dar uma raquetada rítmica, controlada, balanceada e firme. A que você daria se o sacador *não corresse para a rede.*

Com foco aprimorado na bola e um lance menos apressado, você fará contato melhor com a bola. *Observe a bola, não a pessoa. Não se apresse.* Agora você estará em posição de fazer algumas escolhas na devolução do seu serviço que poderão causar certos problemas para o cara na rede.

2. Devolva com suavidade

Quando você está sendo atacado na rede, uma reação natural é bater na bola com mais força. Você quer mandar a bola antes que o oponente chegue lá. Uma reação natural, o velho impulso de "lutar ou fugir". Não dá pra fugir quando se está sendo atacado na rede, então você luta – e a reação normal numa luta é bater com força. Resista a isso. Tire um pouco da velocidade da bola de devolução. Resista à vontade de bater com força e rápido.

Primeiro, bater rápido e com força provoca erros. No pânico de fazer tudo imediatamente, você cede um ponto. Porém, mais do que isso, um bom tenista de saque-voleio pode lidar com sua velocidade (se você acertar na quadra) e simplesmente usá-la contra você. Vão acertar um voleio com um golpe rápido e rasteiro.

Um mau voleador também leva um pouco de vantagem com uma devolução muito rápida. Como? O erro mais comum do mau voleador é tentar um *swing* muito amplo. Quando você manda a bola de volta com força, ele não tem tempo de erguer a raquete. Apenas faz contato e desvia o voleio. Você faz dele um voleador melhor.

Devolver com menos velocidade pode ajudá-lo a conquistar algo ainda mais importante. Quando o adversário chegar na bola, ela vai cair bem ao lado da rede (ou ao menos vai cair). O apressado na rede vai ter de acertar. Acertar uma bola que caiu ao lado da rede é bem mais difícil do que acertar uma em cima da rede. Talvez John McEnroe conseguisse devolvê-la como um *winner*, mas deixe seu oponente tentar. Posso garantir que o jogador do outro lado da rede não vai gostar de uma bola fraca e baixa. O voleio deles (se conseguirem um) não será tão penetrante, nem baixo, tampouco um problema.

Obviamente, você também pode fazer a bola mergulhar perto da rede com um *topspin*. A "mergulhadora" é mais difícil de executar, mas igualmente eficiente. De qualquer modo, funciona. Melhor ainda: diversifique. Bata com menos velocidade ocasionalmente. Ao variar os lances, o adversário é pego de surpresa.

3. Mande uma devolução bem em cima do oponente

Quando eu me aproximava da rede contra Ivan Lendl, precisava estar com meu convênio de saúde em dia. Eu o chamo de Exterminador. Uma de suas táticas era "procurar e destruir". Ele preferia atingi-lo a passar a bola. Obviamente, a maioria dos tenistas em torneio aguenta uma bola em sua direção a partir da linha de fundo, mas Lendl poderia acertá-lo até de perto. Uma vez fui atingido com tanta força que fiquei com "Wilson" marcado de ponta-cabeça e ao contrário no peito por uma semana.

Mas tudo bem, sem problema. Afinal, um jogador que cobre a rede está basicamente tentando limitar suas opções de fuga. Está roubando a quadra de você (com o corpo) e o forçando a acertar um alvo menor. Um modo de escapar é ir direto para cima. Um *running back* no futebol americano geralmente tenta dar a volta nos *tacklers*. Quando necessário, Eric Dickerson baixa a cabeça e tenta atravessar o *tackler*.

A seu modo, Ivan não tem medo de atravessar um cara correndo para a rede. Quer que você tenha em mente que ele pode ir para o outro lado da quadra. Pode ir para a linha. Pode tentar um *lob*. Ou pode acertar sua barriga com uma bolinha viajando a 160 quilômetros por hora. Alguém na rede pode fazer papel de bobo de inúmeras formas se ele quiser. E, acertando o jogador de vez em quando, ele acrescenta outra coisa com que o oponente deve se preocupar. Você pode fazer o mesmo. Não seja educado.

Um jogador que sai correndo após o saque deve achar que você não teme mandar a bola *em cima* dele. É preciso considerar uma opção.

E quando ocorre isso? Quando suas opções são limitadas, quando o cara na rede impede lances mais fáceis e o força a tentar um difícil. Aí vale tudo.

E para que você não se machuque dando uma raquetada muito forte, lembre-se: quando eu digo para "arrebentar", não é para bater de qualquer jeito. Dê uma fatiada completa – um *swing* de alta velocidade, mas controlado. A maioria apenas estapeia a bola quando quer mais força. É tudo braço e mão. Arrebente a bola sem se quebrar.

Faça isso o suficiente para manter o cara na rede em dúvida. Uma das recompensas é que ele tentará acertar bolas que sairão. Porque elas chegam mais rápido, por causa do elemento-surpresa, pois é mais difícil julgar a distância da bola quando ela está vindo em sua direção. Os jogadores tendem a bater logo na bola nesses casos, embora ela dê toda a pinta de que vá sair.

Lembre-se de uma coisa sobre respeito no jogo. Não é apropriado mandar a bola em cima de um cara que fica parado depois do saque. Em outras palavras, se estiver mandando uma bola alta ou uma opção fácil para um *winner*, é inapropriado mandar a bola em cima de alguém só para chamar atenção. Mas se ele estiver o fechando e suas opções forem difíceis, o adversário será um alvo legítimo. Coloque a mira no umbigo dele e mande ver.

4. Devolva para o outro lado da quadra

Eis uma regra que se aplica em geral *sempre* que você devolve um saque, mas principalmente quando o sacador ataca na rede. *Devolva para o outro lado da quadra* sempre que possível.

É uma boa ideia devolver o serviço assim por conta da logística envolvida. Ao tentar devolver o serviço para a linha, você coloca as laterais em jogo. Está flertando com uma bola aberta. Um pouco para fora, e você perde o ponto sem nem o oponente precisar bater na bola. E, como você sabe, a rede é mais alta dos lados do que no centro. Por fim, há mais quadra disponível se a batida for na diagonal ou para o outro lado. Razões bem sólidas para tentar o outro lado sempre que possível, certo? Mais quadra, menos rede, menos laterais.

Mas há outra vantagem. Devolver em diagonal força o oponente na rede a fazer um voleio mais difícil. Se quiser atingir a quadra aberta (*para longe* de você), ele tem de mandar para a linha. De repente, ele precisa tentar um lance que dá menos quadra, mais rede e chama a lateral para o jogo (isso vale tanto para a área de *deuce* como de vantagem). Ou pode fazer outra escolha e mandar a bola de volta para você. Tudo bem, você vai poupar muita corrida.

Então, como regra (e especialmente em pontos importantes), mande a bola para o outro lado da quadra nas devoluções de serviço. Vai valer a pena com mais bolas dentro e mais voleios perdidos para o oponente que está se aproximando da rede.

5. Aprenda a amar o *lob*

O *lob* geralmente é subestimado pelos amadores em devolução de serviço, pois parece difícil nessa situação. Dê uma chance. Lembre-se, nem precisa mexer a raquete. Basta bloquear a bola usando a velocidade do saque. Sempre tente o *lob* com o lado do *backhand*. Você verá bons resultados.

O elemento-surpresa é o que importa nessa resposta. O tenista de saque-voleio que sabe que você vai apenas dar um passe de retorno[3] vai tentar se aproximar cada vez mais da rede. Se de vez em quando você mandar um *lob*, isso forçará o jogador a se proteger sem se aproximar demais da rede. Se o outro estiver acampando na rede, levante um *lob* para o lado do *backhand* dele. Isso vai dar um jeito nele.

É uma reação pouco vista em torneios profissionais por causa da dificuldade de conseguir um *lob* a partir de um saque profissional, e porque *lobs* costumam ser comidos vivos nesse nível de jogo. Entre os não profissionais, pode ser uma opção de devolução do saque muito útil.

6. Misture e combine

As táticas que sugiro aqui funcionam. O tenista de saque-voleio tende a colocar você na defensiva e na correria. Você não encontra seu ritmo, tudo é reação. Acrescentar o que eu sugeri naquilo que está fazendo vai deixá-lo menos previsível, menos defensivo e mais diversificado. Vai forçar o tenista de saque-voleio a fazer mais e mais para ganhar um ponto. No final, os erros dele vão se acumulando. E é aí que você ganha.

Além disso, tenha em mente que pontos costumam terminar mais cedo num jogo de saque-voleio. Pode ser aterrorizante quando o oponente faz pontos tão rapidamente. Mantenha a perspectiva. Um ponto é só um ponto, seja num *ace* ou num *rally* de vinte lances. Se o adversário está fazendo o saque-voleio e ganhando pontos, fique calmo e resista à vontade de rebater com raiva.

Andre Agassi não desanimou enquanto Ivanisevic mandava *aces* para ele durante o torneio de Wimbledon, em 1992. Andre continuou em busca de lances na devolução de serviço e não se afetou com os *winners* de serviço de Goran. Você deve fazer o mesmo. Mantenha-se contro-

---
3 No original "*passing shot*", conhecido aqui como "passada". (N.E.)

lado quando o seu oponente começar a finalizar pontos rapidamente. Obrigue-o a tentar lances diferentes. Não dê bola de graça. Se ele puder rebater o que você estiver oferecendo durante a partida, é sinal de que merece ganhar. No entanto, o mais provável é que isso não aconteça.

O SERVIÇO FRACO

O jogador que pega o serviço fraco do oponente e usa para a sua própria vantagem tem um ativo grandioso. No meu próprio jogo, meu serviço funciona *contra* mim dessa forma. Meu primeiro saque é bom o suficiente. Num dia em que estou bem, pode ser efetivo. Joguei contra Agassi na semifinal da Volvo em 1991 e encaixei um *ace* quinze vezes, além de várias *winners* de serviço, derrotando-o, assim, em *sets* diretos (6–1, 6–2). Mas esse é meu primeiro saque. O segundo é outra história.

O segundo me deixa nervoso. Em toda a minha carreira, sempre tive um segundo saque fraco. Algo que nunca fui capaz de superar. Há um pouco mais de pressão nesse segundo saque, especialmente em pontos importantes ou quando eu sei que o oponente é bom em capitalizar em cima da minha fraqueza. Meu segundo saque é uma droga, e já me custou caro diante de tenistas que souberam tirar vantagem.

Lendl é o melhor (ou pior para mim) nisso. Parece o Freddy Krueger esperando meu segundo saque. Ele o devora. Becker é outro que se alimenta do meu segundo serviço. McEnroe também – não pela força, como Lendl ou Becker, mas chegando na bola antes, chicoteando e atacando a rede. De qualquer jeito, tenho de correr atrás do prejuízo.

O que acontece? Para me proteger contra um jogador que pode levar vantagem sobre meu segundo saque fraco, sou forçado a garantir que o primeiro entre. Para fazer isso, preciso tirar algo dele. Isso reduz a efetividade. Dá para ver a progressão. Sabendo como capitalizar sobre o segundo saque fraco (o meu), o receptador (Lendl) me forçou a mudar o primeiro ou sofrer as consequências. Felizmente, sou bom em trabalhar o primeiro saque a meu favor; não necessariamente com força, mas com boa direção, consistência e movimento. Maximizo o primeiro saque porque o segundo em geral me deixa vulnerável.

É isto que você deve fazer com o jogador cujo saque não é de nada: forçá-lo a ser mais cauteloso no primeiro.

O saque tipo *nerf* é provavelmente o que você mais recebe no nível amador. Seja um segundo saque fraco ou um primeiro serviço ruim, você verá o *nerf* com regularidade. Principalmente em momentos-chave da partida. É quando o jogador fica nervoso e o "cotovelo" aparece. A bola passa por cima da rede com nada: nada de velocidade, nada de profundidade, nada de giro. É como olhar areia descer pela ampulheta. Demora. E é chatinho levar vantagem. Mas é uma oportunidade à espera de que se tire proveito dela.

O problema é que uma bola parada esperando para ser detonada atiça a sua fera interior. Você sabe que é uma oportunidade batendo à porta. Mas em vez de simplesmente abrir a porta e convidá-la a entrar... BANG! Com toda a força! BANG! Com todo o poder! BANG! Com toda a profundidade! BANG! E então vai pras cucuias. Erro não forçado. Erro bobo. No golfe, chamam isso de "taco demais". Mais alguns erros assim e você vai virar gato escaldado e mudar a tática.

Logo você verá uma bola *nerf* chegando, e devolverá uma bola *nerf*. Vai ficar tímido. Estava frente a frente com uma oportunidade e a devolveu para o oponente. Toma e leva. De vez em quando, toma coragem e dá um corte feroz numa bola fraca. Na grade. E volta para o jogo de peteca. Mas há uma solução. Veja as táticas para tirar proveito de um saque fraco.

1. Mova-se dentro da linha de fundo

Esperar o saque fraco no seu lugar de sempre ou atrás da linha de fundo significa ter de correr para pegar um saque fraco. É sinal de que você dificultou o lance ao se colocar longe da bola – entre 60 a 90 centímetros para dentro, dependendo de quão ruim tiver sido o saque. Então você deverá ficar em um posição em que precisará apenas se mover levemente para a frente, a fim de alcançar o serviço fraco.

2. Mantenha os pés em movimento

Quanto mais fácil o lance, mais preguiçoso fica o jogador. Não é porque receptores não tentem detonar a bola, é porque deixam de fazer o necessário para atingi-la com força. Batem na bola como se estivessem caçando borboletas com uma rede – tudo punho e braço. É como se o cérebro dissesse: "Ei, tá tranquilo. Bola fácil. Calma!". Com um saque fraco se aproximando, a tendência é ficar relaxado. Má ideia.

A preguiça aparece, primeiro, no jogo de pés. Vejo passos largos e pesados ou sequer um movimento. O tenista fica ali, parado, esperando a bola chegar ou aguardando até o último momento para dar um grande passo até ela. Em vez disso, deve deixar os pés em movimento com passinhos curtos e rápidos. Veja os pés de Connors ou de Lendl quando ele está se preparando para um saque fraco. Leves, ligeiros, ele fica na ponta dos pés. Chega na bola com mais consistência, mais equilíbrio e mais *timing*. Comece a se movimentar antes do saque. Quando sentir o cheiro de um serviço fraco, fique leve e solto nas pontas dos pés.

3. Diminua a empunhadura e o *backswing*[4]

O ímpeto de bater com muita força em uma bola que parece fácil ("sentada" ou "pato") será reduzido se a sua empunhadura descer um pouco na raquete. Isso vai diminuir o *swing* e ajudar a controlar a raquete. Já vi jogadores descerem 15 centímetros. Isso é demais; no mínimo, desnecessário. Mova sua mão de 5 a 7 centímetros na direção da raquete. Assim, você será capaz de controlar melhor. E, psicologicamente, uma empunhadura menor tende a reduzir sua vontade de exagerar no *swing*.

4. Bata com a raquete, não com seu ego

Tendo feito tudo isso, você ainda cometerá erros não forçados se não controlar a vontade de detonar a bola. Chamo isso de "olhos grandes"; o jogador vê o serviço fraco esperando para ser destruído, os olhos se arregalam de antecipação e a mente entra em curto-circuito. Resultado? Erro não forçado. Mantenha seus olhos na cabeça. Quer apenas fazer uma devolução? Então bata com a raquete, não com seu ego. Isso vale para qualquer bola – voleios, acima da cabeça, rasteiras. Administre seus lances. Força costuma ser menos importante que colocação. Quando começar a ver um serviço molenga, torne prioridade

---

[4] Amplitude de movimento que vai desde a abertura do braço para execução de um golpe de base até o momento do impacto da raquete com a bola. (N.E.)

"acertar" a devolução do lado fraco do adversário. Quando o cara do outro lado da rede perceber que você está se aproveitando da situação, com sucesso, e ainda mais sobre o segundo saque dele, vai começar a tirar algo do primeiro. Você o obrigou a mudar o jogo. Vantagem sua!

O SAQUE CANHOTO

O jogador canhoto tem duas vantagens sobre um oponente destro. Uma é na sua mente; a outra, na quadra. Vamos ver a vantagem na quadra primeiro.

O lado forte do saque canhoto é a área de vantagem. É a quadra em que saca mais facilmente para o seu *backhand*. Pode realmente tirá-lo da quadra se conseguir sacar de forma ampla. O lado forte de um sacador destro para um canhoto é a área de *deuce*. Novamente porque é mais fácil sacar para o *backhand* do canhoto ali, com *spin*.

Então tudo se iguala, certo? De um lado, você tem vantagem no saque (*deuce*); de outro, o canhoto tem vantagem (a área de vantagem). O problema para o destro é este: conseguem-se mais pontos de vantagem na área de vantagem do que na área de *deuce*. Por que você acha que ela ganhou esse nome? Isso significa que, em todas as partidas, há mais oportunidades de *game point* na quadra que favorecem o saque do canhoto. Ele pode mandar um destro para fora da quadra nos pontos que contam mais.

Um jogador destro tem bem mais dificuldade de tentar explorar o canhoto na área de vantagem. Se você *tentar* movimentar o canhoto para fora, será obrigado a sacar uma bola mais difícil (menos quadra, rede mais alta, ângulo mais complicado). E, mesmo que você seja bem-sucedido, a bola ainda vai chegar no *forehand* do canhoto (provavelmente, seu lado mais forte). Se mandar para o *backhand*, vai deixar o canhoto no centro da quadra. Não é a melhor opção se você quiser começar o ponto bem.

Novamente, você precisará tirar a vantagem do canhoto minimizando a força dele. Veja como fazer.

1. Fique esperto nas laterais

Ao encarar um canhoto que constantemente consiga mandá-lo para fora da área de vantagem com um saque aberto para o seu *backhand*, você precisará trapacear. Com isso, quero dizer que é necessário acabar com essa abertura se aproximando da lateral da área de vantagem. Isso reduz o alvo drasticamente ao começar a trapacear para o seu *backside*. Aproxime-se da lateral (alguns passos para a frente ou mais perto da rede) quando estiver recebendo o saque.

O gráfico de pizza do tênis

Isso pode ser mais fácil de entender e se aplica em outros casos. Dependendo de onde estiver posicionado durante um ponto, você "entrega" partes da quadra. Penso nisso como um gráfico de jornal. Se estiver bem no meio da sua linha de fundo, o oponente tem dois lados iguais da pizza para atingir: a área de *deuce* e a área de vantagem. Ao se movimentar para a direita, o que acontece? O lado esquerdo da pizza fica maior. Ao se movimentar para a esquerda, o lado direito da pizza fica maior. Obviamente, o lado maior é um alvo mais fácil para o adversário.

Então, quando encarar um saque de canhoto na área de vantagem, mova-se para a sua esquerda e lhe forneça uma fatiazinha de pizza no seu lado de *backhand* e outro pedação do seu lado de *forehand*. Assim evita que ele saque no seu *backhand*, tirando você da quadra. Provoque-o com mais quadra do seu lado de *forehand* – mas, para tirar vantagem disso, ele precisa sacar direto para o centro.

De qualquer modo, você provavelmente já faz esse ajuste. O que estou sugerindo é um "superajuste". Não tente fazer segredo. Não tente ir só um pouquinho para o lado. Faça isso abertamente. Deixe que o adversário saiba que você está tirando a vantagem dele. *Force-o a sacar no seu* backhand. *Force-o a sacar no centro da quadra na área de vantagem.* E force-o a fazer isso em pontos importantes, quando você estiver dois ou três pontos à frente. Com 0–40 no placar, permaneça na lateral (ou mesmo do lado *de fora* da lateral de duplas). Veja o que ele faz. Você vai adorar. Ajuste um pouco se seu oponente for capaz de prejudicá-lo no centro. Encontre uma posição de recepção na qual ele tenha dificuldade para mandar no seu *backhand* e não consiga passar do seu *forehand*.

Você está atrapalhando a rotina preferida dele. Tirou de seu leque de opções o que ele queria fazer e o forçou a optar pela segunda opção. Negou-lhe a chance de atacar sucessivamente sua fraqueza. Forçou-o a sacar com mais dificuldade para o seu lado bom. É exatamente tudo o que você queria fazer.

Agora as consequências. O canhoto pode acertar um *ace* bem no centro? Claro. Mas desafie-o a tentar isso. Ele verá aquela abertura enorme, aquele pedação de pizza que você concedeu, e começará a mudar seu planejamento. No começo, vai ficar ambicioso e tentar um grande *ace*, bem no meio, pra lhe dar uma lição. "Não dá pra esconder o *backhand* de mim, colega." Lembre-se: você o está desafiando. Atrapalhando. Sondando. Se ele não conseguir o *ace*, vai cair pra fora ou na sua zona de conforto. Se ele fizer isso, então deu certo. O canhoto pode tentar agora ir pro seu *backhand*, apesar da fatiazinha de pizza pra isso. Porém, após algumas faltas, ele vai tentar voltar para o meio de novo.

Se ele estiver afiado, você vai precisar entregar um pouco da lateral que conquistou. Vai ser preciso ceder um pouco do lado do *forehand*. Entretanto é mais provável que o oponente comece a cometer erros. Vai começar a mandar o saque para aquela pequena abertura do lado do *backhand* (gerando faltas) ou acertar a bola com toda a força bem no centro, em busca de um *ace*. Ele se viu obrigado a mudar o jogo: de algo que funciona contra você para algo que não é tão eficiente assim.

Funciona todas as vezes? Não, mas funciona o suficiente para ser um fator de desequilíbrio que pode alterar o jogo do adversário, ainda mais se você continuar ajustando. Continue mudando sua posição para que o outro precise reagir ao que *você* está fazendo, não o contrário. Altere o gráfico de pizza. Dê um bom pedaço de *forehand*, e depois um menor. Em algum momento, mude de posição, de modo que ele perceba. Depois, mova-se logo após ele jogar a bola para o alto no serviço, quando não puder olhar para você (pois está de olho na bola, preparando-se para acertá-la no saque). Tire a concentração dele da bola e faça-o se concentrar em você. Especialmente a 40–0 ou 0–40. Agora pode realmente jogar na cara dele.

2. Não dê crédito a um canhoto

Agora o canhoto tem uma vantagem na quadra com a qual você precisa lidar. E a vantagem psicológica? Essa é mais sutil, mas igualmente comum. Tanto profissionais quanto amadores ficam perturbados com a possibilidade de jogar contra um canhoto. A gente espera a derrota. Eu costumava me preocupar muito com isso. Para mim, McEnroe e Connors saíam muito na frente com essa vantagem, e eu achava injusto.

Embora Connors não maximizasse o potencial de seu serviço, McEnroe o fazia. O saque de gancho dele era feroz. Suingava abertamente (o abridor de latas), batia baixo e fazia você correr para fora da quadra até a plateia. Tente um *winner* com ele na rede e você na primeira fileira. Difícil. Eu me colocava num estado mental de derrota só de pensar.

O que eu precisava fazer era dizer a mim mesmo que a vantagem na quadra poderia ser minimizada de algum modo. Que eu poderia reduzir a efetividade do melhor saque dele com um posicionamento adequado. Daquele ponto em diante, pensava que o canhoto e eu estávamos em pé de igualdade. Parei de dizer a mim mesmo que ele tinha tanta vantagem. Parei de me preocupar porque sabia que o canhoto estaria em desvantagem quando eu sacasse para a área de *deuce*.

A melhor coisa a fazer para neutralizar essa vantagem psicológica é enfrentar mais canhotos. Saiba que quando mandar um *forehand* na área de *deuce* para um canhoto, a bola vai cair no *backhand* dele, provavelmente do lado desfavorecido. É a tática habitual, só que ao contrário. Quando incluir canhotos na sua lista de parceiros de jogo, a suposta vantagem vai desaparecer.

Colocando em prática contra McEnroe

Lembra a partida do Masters de 1986 em que venci McEnroe no Madison Square Garden? (Depois dessa, ele ficou parado uns seis meses.) O motivo pelo qual ganhei é que usei a estratégia que acabei de descrever. Eu tinha perdido para ele uns meses antes, mas por pouco. Perdi por 6–4 no terceiro, mas pela primeira vez senti que poderia ter ganhado. E pensei muito nisso enquanto ia para o Garden.

Ao preparar meu plano de jogo, decidi fazer exatamente o que descrevi. Fiquei na lateral da área de vantagem quando ele sacou. Além disso, me aproximei um pouquinho da rede quando tinha a chance de encarar um segundo serviço. Sabia que, ao me aproximar um pouco, ficaria mais agressivo. Isso era bom. Se McEnroe percebe que você está titubeando, ele sente o cheiro do medo e tira vantagem da sua indecisão.

Na partida, eu tinha dois objetivos: tirar dele o saque abridor de latas na área de vantagem e ser mais agressivo. O que aconteceu? Ao fim do segundo *set*, o saque dele começou a enfraquecer. Mac tentava forçar no meio da área de vantagem (eu fornecia aquele pedaço maior de pizza) e começou a errar. Só um pouco, mas errava. Eu o desafiava tanto que no primeiro saque dele eu ficava no meio da lateral. Provocava-o para que fosse ao gargalo. Naquele dia, ele não foi capaz de fazer o suficiente para me prejudicar. Errou tanto que procurou descontar um pouco no próprio saque e mandar para o meu *forehand*. Então eu misturei tudo nas devoluções, ora rebatendo com força, ora massageando a bola. Ele ficou desequilibrado.

Minimizei a maior arma dele de saque e o obriguei a tentar me vencer de outro modo. Quase sempre, Mac se ajustava à situação. Mas não naquela noite do Masters em Nova York. Se funcionou contra ele, acredite: funcionará contra o canhoto que joga com você.

O ESQUENTADO

O esquentado. A bomba. O saque com muita raquete. No âmbito profissional, os serviços são cada vez mais rápidos e potentes. As novas raquetes transformam bolinhas felpudas em mísseis balísticos. Na verdade, as bolas em si são diferentes. Acho que são mais duras. Combinadas às mais recentes raquetes, os saques têm mais poder de fogo. Stich, Krajicek, Wheaton e muitos outros jovens atletas mudaram o tênis com a potência. Acredite em mim, não é apenas resultado do movimento de saque.

Na grama, pode virar piada. Nas finais do masculino de Wimbledon em 1991, entre Stich e Becker, os pontos em média duravam três segundos! Nas semifinais do mesmo ano, Stich derrotou Stefan Edberg – e Edberg *nunca perdeu um saque*. É o poder do saque.

Quando me deparo com um cara que está num dia particularmente bom no saque, mandando ver nos *aces* como se não fosse grande coisa, não há muito que fazer. Digo, para devolver um saque, primeiro é preciso vê-lo. Quando a bola está vindo a mais de 200 quilômetros por hora, ela chega antes que eu possa piscar. É como a história do caubói que dizia ser o gatilho mais rápido do Oeste. Alguém no bar falou: "Prove, parceiro. Mostre que é o gatilho mais rápido do Oeste!". Então o caubói ficou em pé, colocou a mão sobre a arma e ficou ali parado. Cinco segundos depois, perguntou: "Quer ver de novo?". Assim que é jogar contra um saque invocado de Pete Sampras. "Quer ver de novo?" E minha resposta é: "Não!".

É improvável que algum dia você tenha de receber um saque que quebre a barreira do som. Mas vai enfrentar alguns saques bons o suficiente para lhe colocar na defensiva, forçando-o a cometer erros ou devoluções fracas. Nessa situação, há algumas táticas importantes que podem ser usadas quando necessário.

1. Dê três passos para trás

Quando seu oponente está vencendo com uma jogada em especial ou certo estilo de jogo, é importante você mudar o que está fazendo. Olhe de maneira diferente o jogador que está à sua frente. Faça com que ele reaja ao que você faz. Isso vale para quase qualquer situação no tênis, e aqui também. Quando alguém aparece com um saque que você não dá conta, mude sua posição na quadra para a recepção.

Primeiro, vá para trás. Não banque o machão: "Não arredo o pé, não me importa o quanto ele saca bem!". Não seja orgulhoso. Vá para trás. Talvez um metro e meio. A distância extra vai lhe proporcionar tempo para reagir à bola.

2. Dê três passos para a frente

Então, aproxime-se. Vá para dentro da linha de serviço, mais perto do que normalmente se posicionaria. Tente bloquear a bola. Segure firme na raquete e faça contato na frente do seu corpo. A ideia, claro, é começar a atrapalhar o passeio do opositor. Você o fará pensar. Tentará mudar o que ele está fazendo. E, acredite em mim, se você se mover para a frente ou para trás, é o que vai acontecer.

Quando um sacador vê você mais perto, desafiando-o, o resultado é previsível: ele bate com mais força. E quando você vai para trás, atrás da linha de fundo, os adversários começam a tentar levar vantagem dos ângulos mais amplos, de ambos os lados. Nas duas situações, você entende o que acontece? Eles mudam o jogo por sua causa.

Parece simples demais, não é? Funciona. Björn Borg costumava ficar mais de três metros atrás da linha de fundo em Wimbledon, e ganhou cinco vezes seguidas. Michael Chang ficou *quase na linha de serviço* por conta de câimbras na perna e forçou Ivan Lendl a cometer dupla falta no *match point* no Aberto da França. Michael mexeu com a mente de Ivan desse jeito. Sim, funciona.

3. Encurte a raquete
O grande saque chega rápido demais. Você não tem tempo para reagir. É ainda mais difícil se você estiver girando com as mãos no fim da empunhadura. Deixe a raquete mais manejável diminuindo a empunhadura; segure 5 a 6 centímetros mais perto da cabeça. Você terá mais controle e conseguirá entrar em posição com mais rapidez.

4. Corte seu *swing* pela metade
Quando você estiver sendo massacrado por um grande saque, encurte o *swing*. Pense num meio *swing*. Se não funcionar, apenas bloqueie. Agassi conseguia *winners* com bloqueios, muitas vezes, quando ganhou seu primeiro título de Wimbledon. Use a velocidade que seu oponente imprime à bola e consiga um bom contato. Isso é muito efetivo em todas as categorias de tênis, geralmente algo ignorado por amadores. Eles adoram bater na bola com força. Por isso tantos erros, atrasos e pontos doados.

MEXA COM A MENTE DELES
Se for capaz de diminuir a efetividade do melhor saque do seu oponente, está dando a si mesmo um empurrão rumo à vitória. Se ele for um canhoto com um bom saque do tipo abridor de latas, vá para a lateral e tente forçá-lo a vencer você no centro. Se estiver contra um destro que manda uma bomba no meio da quadra de *deuce*, mova-se para a sua esquerda e ofereça apenas uma fatiazinha da pizza no seu *backhand*. E misture tudo.

Se o seu oponente sempre vence com o saque, é hora de trabalhar a mente dele. Mova-se para sua nova posição enquanto ele ainda pode vê-lo (mas antes que entre no movimento pré-saque). Então se mexa de novo, depois que a bola já estiver no ar e ele não puder ver você. Exagere a movimentação para que ele se afaste da jogada preferida. É feio ficar pulando pra lá e pra cá apenas para distrair o oponente. No entanto, é legítimo se mudar para tomar uma nova posição.

Isso quebra o ritmo do oponente, inclusive mental. Em vez de arrebentar você com determinado saque, obrigue-o a vencê-lo com outra coisa.

A seguir: Reconheça oportunidades em uma partida (o cheiro do sangue).

9

OS SETE PONTOS DE VANTAGEM SECRETOS

DINÂMICA MORTAL

Tenistas amadores tendem a considerar a maior parte dos pontos e *games* na partida majoritariamente equivalentes. O segundo ponto de um *game* é mais ou menos a mesma coisa que o quarto; 15–15 não é muito diferente de 30–30. O terceiro *game* do *set* de abertura não é diferente de um jogado a 4–4 no segundo *set*. Com exceção dos pontos de vantagem, é tudo mais ou menos a mesma coisa na balança da importância. (Nota: para facilitar, tanto ponto de vantagem como *break point* serão chamados de pontos de vantagem. Qualquer ponto que possa dar um *game* para um jogador é chamado de ponto de vantagem.)

Mas a diferença de impacto que pontos e *games* específicos podem ter no impulso da partida e também no resultado é significante. Há certos momentos na partida que são dinâmicos e voláteis. Têm peso tanto psicológico como estratégico, e podem ajudar ou prejudicar sua causa.

PONTOS DE VANTAGEM RECEBEM ATENÇÃO

Sabemos que um ponto de vantagem apresenta uma oportunidade. O jogador que tem uma e a converte (ganha) garante um *game*. É o tipo de oportunidade que todo jogador, desde o maior impostor até o número 1 do mundo, entende. Num ponto de vantagem (especialmente para um *set* ou *match*), você sua, seu coração bate mais forte e sua pressão arterial aumenta. Ou ao menos deveria. A maioria dos jogadores acorda para um ponto de vantagem (mesmo para o primeiro) porque um *game* está na linha de tiro, para ele e para o adversário.

Já que praticamente todo mundo reconhece o impacto de um ponto de vantagem, o jogador fica mais animado na hora. Não é muito comum o oponente estar distraído nesse momento. Quando foi a última vez que você ganhou um ponto de vantagem sem querer? ("Estava valendo o *game*?") É raro. E se fosse para o *set*? Nunca. O mesmo vale para o seu oponente. Pontos de vantagem são notados. São óbvios e tratados com respeito.

APRENDENDO SOBRE O MOMENTO: "BELO ADORMECIDO"

Na minha abordagem para alcançar a vitória, procuro dinâmicas ou situações de "impacto" *subestimadas* pelo outro cara. Pontos de vantagem não estão incluídos, pois os atletas ficam atentos a eles. No entanto, há momentos importantes durante uma partida que podem afetar significativamente sua dinâmica e que não são apreciados. Chamo-os de pontos de vantagem secretos. São situações que permitem ao jogador *chegar* a uma oportunidade como um ponto de vantagem, gerar ou negar impulso, restabelecer presença ou continuar o domínio de uma partida em momentos críticos.

Costumam ser momentos aos quais seu oponente não costuma dar trela. Então, quando surgem, o adversário está "adormecido". A torre do castelo não está vigiada, principalmente no meio amador. É quando você se beneficia apenas por *estar alerta* ao potencial da situação. Chamo isso de *aprendendo sobre o momento*, reconhecendo a importância dinâmica de conjunturas cruciais na partida.

Esses pontos e *games* subestimados podem ter um impacto imenso no resultado da partida se você prestar atenção neles. Se ao menos *reconhecê-los* assim que ocorrerem (e eles ocorrem com frequência), você estará se proporcionando vantagem. E, se disputá-los com inteligência, sua porcentagem de vitórias aumentará.

SEU SISTEMA DE SEGURANÇA DO TÊNIS

Quando esses momentos chegam, um alarme apita dentro de mim. Da mesma forma que começar de forma dominante pode ter um ótimo efeito no que vem a seguir, sei que essas oportunidades escondidas e subestimadas também podem influenciar muito o resultado. Quero reconhecê-las assim que chegarem, estar alerta e capitalizá-las da melhor maneira possível. Aqui vão as que selecionei ao longo dos anos como especialmente importantes para mim; oportunidades nas quais não quero "viajar na maionese", em que eu quero estar totalmente concentrado e jogar um tênis inteligente.

Os sete pontos de vantagem secretos
1. o ponto de preparação
2. o *game* de preparação
3. os *games* de decreto
4. alongando uma liderança
5. impedindo a partida de ir pro brejo
6. táticas de *tie-break*
7. fechando a partida

São situações específicas que surgem, que devem ser reconhecidas e precisam de atenção total. Vamos a elas!

1. O PONTO DE PREPARAÇÃO

Para alguns profissionais (aqueles que não estão ganhando dinheiro nenhum) e a maioria dos amadores, há dois tipos de ponto: o ponto de vantagem e todo o resto. Errado. Eu trato o ponto que pode me *levar*, ou o meu oponente, a um ponto de vantagem como um momento importante, porque oferece uma grande recompensa. A recompensa é a *oportunidade* de ganhar (ou converter) um *game*. Chamo qualquer ponto que *preceda* um ponto de vantagem de "ponto de preparação". O ponto jogado a 0–30, 30–0, 15–30, 30–15, 30–30 e *deuce* são todos pontos de preparação para um ou ambos os tenistas.

Quando encaro um desses, sinos de pontuação soam dentro de mim, especialmente a 30–30 (ou *deuce*), quando *ambos* têm a chance de chegar a um ponto de vantagem. Esses são os pontos que apimentam a partida. Cada um é uma grande jogada, pois decide quem tem a chance de colocar o *game* no bolso. E se o *set* ou o *match* vem com a vitória desse *game*, o valor do ponto de preparação é multiplicado (nesses casos, chamo-os de superpontos de preparação).

Se eu ganho um ponto de preparação a 30–30 ou *deuce,* estou a apenas um ponto de vencer o *game*. Meu oponente fica a três pontos. Diferença grande. Se eu ganho um ponto a 30–15 (para ir a 40–15), o banquete é ainda maior. Psicologicamente, é tudo positivo. Vencer me permite ter uma posição mental mais forte, esteja eu sacando ou recebendo. Na verdade, com frequência, entre os amadores, se o oponente está sacando e você ganha um ponto de preparação (indo para vantagem contra), talvez seja tudo que precise fazer. Uma dupla falta pode lhe conferir o *game*.

Se eu conseguir oportunidades de pontos de vantagem suficientes (limitando as do adversário), provavelmente ganharei a partida. E o ponto de preparação faz essas oportunidades serem criadas. No beisebol, não dá pra rebater sem ir até a base com um taco em mãos. No tênis, não dá para ganhar um *game* sem uma oportunidade de converter. O ponto de preparação pode lhe dar essa chance de chegar até a base (ou impedir o oponente de fazê-lo). É muito importante, e tem meu respeito.

E o melhor do ponto de preparação em nível amador é que o oponente não costuma ter noção do peso que ele carrega. Tende a jogá-lo como um ponto comum, sem dar muita bola, sem pensar a respeito ou sem ter foco: 30–15 não chama atenção, 30–30 não o alerta. O alarme do adversário só soa no *ponto de vantagem*, não no ponto precedente, o ponto de preparação.

Agora é quando você foca *sua* mente, e seu corpo está preparado e o plano em andamento. É quando os pega de guarda baixa.

REGRA 1: A BOLA ENTRA OU VOLTA!

Quando um ponto de preparação é marcado (para mim ou para o outro tenista), eu presto atenção. O objetivo principal em mente é este: *a bola entra ou volta!* Ou seja, se estou sacando, quero que a bola entre. Se estou recebendo, quero *mandar a bola de volta*, e de preferência em um local que force o oponente a devolver mais fraco. E é ainda mais importante a 30–30 ou *deuce*. Esses pontos necessitam de mais cuidado. Ou, de outro modo, precisam ser tratados com menos despreocupação ou displicência.

Sacando a 40–0, você pode experimentar mandar uma bola forte, testar aquele seu *ace* anual. Se estiver recebendo, tentará uma devolução espetacular. Não a 30–30 ou *deuce*. Deixei o adversário buscar a glória. Sacar a 30–0 tende a ser um descuido, pois a pontuação parece maior do que é. Preste atenção! Ganhe o ponto, e você receberá três oportunidades de conversão. Acerte o primeiro saque. Não cometa dupla falta.

O mais surpreendente é a frequência com que amadores *cometem* dupla falta ou devolvem um serviço sem cuidado, longo demais ou na rede, durante um ponto de preparação. Acabam de dar ao adversário a oportunidade de conversão (ou a negaram para si), sem mais nem menos, pois não entendem o significado do ponto e o que pode influir na dinâmica da partida. Isso é um tênis nada inteligente.

REGRA 2: SEJA SENSATO APÓS O SAQUE

Quando o ponto já estiver em andamento, seja sensato. Não extrapole. Não tente nada de mais. Não cometa erros estúpidos. É incrível o quanto amadores tentam o "lance milagroso" no meio da partida quando ninguém está na vantagem. Pode dar certo numa vantagem grande, embora mesmo assim eu não goste de ver e deteste fazer. Em momentos cruciais, uma jogada arriscada é sinal de que o jogador não entende o esporte. Deixe que o oponente jogue em estado vegetativo na hora que importa.

Isso não significa que você deva ser molenga. Significa administrar seus lances, evitar os de baixa porcentagem, que trazem riscos desnecessários em momentos inapropriados. E essa estratégia deve ser aplicada a todos os pontos de vantagem escondidos.

Pressão paralisa

Vencer o ponto de preparação pode gerar pressão. Todos os jogadores ficam mais tensos quando algo está em risco. Perder o ponto de preparação pode colocar seu *game*, *set* ou *match* em perigo. A pressão vai ser colocada sobre seus lances e sua confiança, e em determinado momento a pressão paralisa a maior parte dos amadores. Reconhecer a importância de vencer o ponto de preparação e abordá-lo da maneira correta são estratégias que irão manter a pressão longe, mandá-la para o oponente.

2. O *GAME* DE PREPARAÇÃO

Qualquer *game* que possa mover um jogador no *set* é um *game* de preparação. É parecido com o ponto de preparação no sentido de que não costuma ser encarado como algo especial, é apenas mais um *game*. Mas é especial. Não é um *game* qualquer, conforme vou demonstrar com a narrativa da final de Wimbledon em 1992.

E o *game* de preparação a 4-4 ou 5-5, quando ambos os tenistas têm chance de ir para um *set game*, tem um valor de dinâmica imenso. Se quebrar o saque, então, vai servir para o *set*. Se segurar o saque (a 4-4 ou 5-5), seu adversário perceberá que, se ele não segurar o serviço, vai perder o *set* ou o *match*. Ter a consciência de que irá perder se não segurar o saque é pressão suficiente para um amador.

E também pode ser pressão suficiente para um profissional. Tudo que Goran Ivanisevic precisava fazer era permanecer vivo no quinto *set* contra Andre Agassi na final de Wimbledon em 1992. Mas Goran sabe que, se não segurar o saque a 4-5, ele perde. Pressão? Embora ele tenha feito mais de 200 *aces* no torneio e 37 naquela partida, começou aquele *game* de serviço com quatro faltas consecutivas! No *match point*, o primeiro saque dele caiu a 45 centímetros da rede. Essa é a pressão de saber que precisa segurar o saque ou vai perder. E é o tipo de pressão que se pode colocar no adversário ganhando um *game* de preparação.

Goran contou depois para a imprensa: "Pela primeira vez, eu fiquei pensando no ar durante toda a partida. Em vez de pensar no meu plano antes de jogar a bola para o ar, eu começava a pensar quando ela já estava no ar." A pressão provocou isso, e foi gerada quando Agassi ganhou o *game* de preparação. Andre entendia completamente a dinâmica de vencer o *game* de preparação quando estava sacando a 4-4 no quinto *set*.

Agassi mais tarde contou que ele "queria permanecer ali tempo suficiente para fazer Goran pensar a respeito, *sacar para salvar a partida*". Ele sabia a pressão enorme que cairia sobre os ombros (e o cotovelo) de Ivanisevic. Andre jogou um *game* de preparação muito efetivo e sólido a 4-4, segurando em 15. Disputou uma partida em estado de alerta e se manteve estável, e foi *sensato*. Nada de riscos desnecessários. Um exemplo clássico de compreensão da dinâmica da situação. Por baixo daquele longo cabelo descolorido, havia um cérebro pensando como um velho e sábio professor de tênis. Você pode fazer o mesmo nas suas partidas se prestar atenção.

Quando um *game* de preparação surgir (principalmente a 4–4 ou 5–5), uma luz vermelha deverá acender na sua mente piscando e sinalizar: "Preste atenção. Subiram as apostas. Não seja descuidado. Fique alerta. É uma oportunidade.". Seu nível de concentração deve aumentar consideravelmente. Todo ponto aqui é importante. Todo ponto aqui ajuda ou prejudica.

O "IMPORTANTE" SÉTIMO GAME NÃO É TÃO IMPORTANTE

Veja uma das razões pelas quais não concordo com o senso comum de que o sétimo *game* seja tão importante num *set*. É importante levar o jogador aos quatro pontos (um *game*) do *set*. Pode acontecer a 4–2 ou 2–4. Mas, no nível amador, a 3–3, não é tão importante assim. O *game* mais importante de um *set* para mim é o *game* de preparação, que leva um jogador a uma distância mínima de ganhar o *set*.

JOGUE COMO UMA ANACONDA

Nesses momentos importantes numa partida, gosto de jogar como uma anaconda. Você sabe como a anaconda mata? Ela não esmaga a vítima, ela sufoca. Cada vez que a presa expira, a anaconda aperta um pouco mais. Na próxima inspiração, a vítima não consegue inspirar tanto. E cada vez que respira, respira menos. Em pouco tempo, não consegue mais fazê-lo. Sufocamento. Nada exibicionista. Apenas pressão constante. E essa é a minha abordagem nos *games* de preparação, quando ganhar leva o jogador para os quatro pontos do *set*.

Não force jogadas. Não seja impaciente. Não tente fazer milagres. Apenas continue apertando. Quando estou jogando um *game* de preparação, tento levar o outro a cometer erros, a ficar impaciente, a tentar a jogada brilhante. E no momento crucial, quando o tenista pode chegar a quatro pontos do *set* vencendo o *game*, eu me dedico à perseverança. Quero que meu oponente mereça tudo o que ganhar. Agassi jogou como uma anaconda quando sacou a 4–4 no quinto.

Na maior parte do tempo, no tênis amador, pontos e *games* de preparação são marcados displicentemente, sem consideração ao peso que têm. Um jogador que reconhece o potencial dessas situações em geral não precisa fazer mais do que mandar a bola por cima da rede. O oponente pode ceder os pontos por conta de jogo e pensamento descuidados.

3. OS *GAMES* DE DECRETO

Os primeiros dois *games* do segundo *set* (numa partida de melhor de três) são meus *games* de decreto. É quando um jogador tem a oportunidade de continuar o domínio sobre o outro depois de vencer o primeiro *set* ou após restabelecer sua presença na partida, caso tenha perdido o primeiro *set*. Entenda o que quero dizer.

Ganhe o primeiro *set* e a estatística diz que provavelmente você vai vencer a partida. (Lembre-se: isso acontece em quase 90% das vezes com os melhores profissionais.) Perca o primeiro *set* e terá problemas. No entanto, há um motivo para a contenda continuar depois do primeiro *set*. Vencê-lo não garante vitória. Perdê-lo não necessariamente significa derrota. Mas, ganhando ou perdendo, esses primeiros *games* do segundo *set* podem afetar significativamente a dinâmica do jogo.

REGRA 1: CUIDADO COM O URSO FERIDO

Vamos supor que você tenha ganhado o *set* de abertura. O adversário entende que é um longo caminho de volta para a vitória. Dependendo da atitude ou da personalidade dele, de duas, uma. Pode ficar desanimado, pensar que aquele não é seu dia e desistir. Se for assim, maravilha! Os mansos herdarão a terra, mas não ganharão muitas partidas de tênis. Mas provavelmente você terá um urso ferido em mãos. E o urso ferido é perigoso. Você o machucou ao vencer o primeiro *set*. Agora o foco dele está aguçado, e a motivação é alta. Ele *precisa* colocar algo em andamento, e sabe disso. Está preparado para lutar no começo do segundo *set*.

De sua parte, é fundamental que continue no impulso que gerou ao vencer o primeiro *set*. Começando *imediatamente* no segundo *set* se quiser empalhar o urso. Você deve fechar a porta da esperança dele. Ele está motivado e energizado. Quer sangue. Quer ferir você rapidamente e virar a mesa. E ele *acha que pode!* É claro que pode. Um bom competidor acredita que pode virar o jogo. Você deve acabar com essa esperança.

E nada prejudica (ou ajuda) tanto a atitude e o jogo dele quanto perder (ou ganhar) rapidinho o novo *set*.

O jogador preguiçoso

Espírito competitivo é uma qualidade interessante num jogador. Todos têm, alguns mais. Seu trabalho é arrasar esse espírito no outro tenista, destruir a ideia que ele tem de vencê-lo nesse dia. Mas mesmo desistentes têm um pouquinho de garra. Pensam que podem ganhar. A diferença é que não é preciso muito para convencê-los do contrário. Um dia nublado pode ser o suficiente para desmotivá-los. Com desistentes, o primeiro *set* perdido pode ser o necessário. Com a maioria, é preciso um pouco mais para fazê-los pensar: "Hoje eu vou perder!". *Quanto mais, não se sabe.*

Contra Jimmy Connors é *muito* mais. Sei por experiência. Depois que venci Jimmy em *sets* diretos no Masters de 1987, quase brigamos no vestiário. Ele começou a gritar comigo dizendo que eu nunca mais o derrotaria (até aí, ele tinha quase razão). Disse que minha vitória foi acidental. Que eu não *merecia* vencê-lo. Já ouviu essa? Ele está lá, de suporte atlético, me falando que eu não conseguiria vencer, embora eu o tivesse massacrado.

Connors é uma ave rara, no entanto. Ele acreditava que nunca deveria perder e queria que eu soubesse que ele não aceitava o fato de eu tê-lo derrotado.

Mas vou lhe contar uma coisa. Ninguém com quem você joga pensa como Jimmy. Depois de perder o primeiro *set*, vários dos seus adversários olham para o começo do segundo *set* como barômetro do que está por vir. Se perdem no começo, acham melhor desistir logo. Se ganham cedo, pensam que estão dentro. Muitos jogadores vão ficar preguiçosos se você conseguir apertá-los no começo do segundo *set*.

Isso se vê mesmo entre os maiores tenistas. Ivan Lendl foi acusado de não se dedicar em algumas partidas do começo de carreira. Ele simplesmente decidia, em algum momento (como no começo do segundo *set*, por exemplo), que aquele simplesmente "não era seu dia", e jogava a toalha. Goran Ivanisevic faz isso de vez em quando até hoje. Mentalmente, ele não é tão durão quanto deveria ser. Ele deixa algo incomodá-lo; uma chamada de linha ruim ou algo assim, e ele decide pedir a conta.

Jogue-os para baixo e mantenha-os lá
Já percebi, ao longo de centenas de partidas em torneios, que é no começo do segundo *set* que geralmente ocorre uma grande mudança psicológica. É um novo começo para o oponente que acabou de perder o primeiro *set*. Você pode detonar esse recomeço com uma entrada forte. Até um desistente pode ficar esperançoso se se der bem no começo do segundo *set*.

Mas, principalmente, você deve tomar cuidado com o urso ferido. Quando você ganhar o primeiro *set*, diga a si mesmo que criou um problemão: feriu seu rival e o motivou a atacá-lo. Preste atenção, ou irá se ferir.

REGRA 2: CUIDADO COM O TENISTA FELIZARDO OU NÃO COMEMORE ANTES DA VITÓRIA

Tenistas de todos os níveis são suscetíveis a relaxar um pouco após conquistar algo durante a partida. Você sabe que uma das leis do tênis é esta: o momento mais propício para perder um saque é logo após ter quebrado o serviço do adversário. Não tem nada a ver com mecânica, mas com atitude. Um jogador que quebra o serviço tende a relaxar, se descuidar. O que teve o serviço quebrado joga com mais afinco.

O fim do primeiro *set* é quando esse ajuste de atitude acontece mais drasticamente. Vencer esse *set* gera uma sensação natural de realização a partir de um falso senso de segurança. Depois de ganhar o *set* de abertura, um jogador vira o "tenista felizardo", aliviado, contente e satisfeito. Com essa nova atitude, começa um declínio no estado de alerta mental, e uma diminuição temporária e sutil da competitividade.

Quando você é o tenista felizardo, fica vulnerável. É quando disputa *games* importantes de forma relaxada. É quando entrega sua valiosa vantagem. Um grande jogador é aquele que fica *mais esfomeado* com a liderança, que não se torna complacente e relaxado. Há três deles por aí, sobre os quais daqui a pouco eu falo.

O urso ferido e o tenista felizardo combinam
É claro, o urso ferido e o tenista felizardo geralmente aparecem ao mesmo tempo. Quando você está se sentindo bem e fica mais confortável porque ganhou o primeiro *set*, pode apostar que o adversário

está se sentindo prejudicado e ameaçado. Ele vai revidar. E, por outro lado, quando você for ferido, e seu sistema entrar em "emergência" (porque *você* perdeu o primeiro *set*), o adversário estará do outro lado da rede um pouco orgulhoso e aliviado por ter saído na frente.

A janela de oportunidade: feche ou pule!

Se o adversário (que perdeu o *set* inicial) consegue de cara quebrá-lo, o primeiro *set* é apagado da mente dele. Passou. Ele pensa que a partida está essencialmente empatada. Se a atitude estava negativa, agora é positiva. Simples assim; o impulso muda de lado. E, se o impulso muda de lado, é difícil recuperá-lo. Não o deixe atravessar essa janela de oportunidade no começo do segundo *set* porque você tirou umas férias mentais. Feche a janela com sua atenção e seu jogo sólido.

E, claro, o contrário está valendo. Se você perdeu o primeiro *set*, o começo do segundo é quando você deseja revidar, de imediato, para restabelecer sua presença na partida. Você quer levar vantagem da atitude mais casual do adversário e "mostrar pra ele". Sua maior janela de oportunidade se abre no começo do segundo *set*: os *games* de decreto. Pule a janela. Volte para o jogo.

McEnroe entende a dinâmica

De vez em quando, nesse ponto, McEnroe pode ficar desequilibrado. Ele ganhou o primeiro *set* e está tudo a seu favor. Então o adversário começa um segundo *set* forte. McEnroe entende que você não deve dar ao outro qualquer esperança de vencer. Por isso, ele realmente quer cravar o prego no caixão. Em vez disso, o outro tenista começa a escapar.

A plateia está pensando por que McEnroe fica maluco consigo mesmo se acabou de ganhar um *set* e perdeu o saque no começo do segundo. Ele não tem uma boa liderança? Não há tempo suficiente para conseguir o *break* de volta? McEnroe entende a dinâmica da situação. Ele não quer deixar que o outro saia do seu alcance e sabe que a vantagem psicológica conquistada ao vencer o primeiro *set* pode evaporar com um começo ruim do segundo.

Seja um bom parceiro de duplas para si

O doutor Jim Loehr, psicólogo do esporte, descobriu que uma equipe de duplas profissional conversa entre si por volta de 83 vezes durante a partida. Oitenta e três! É muita conversa, e a discussão não é sobre onde almoçar. Uma das coisas mais importantes que conversamos é sobre aqueles momentos na partida em que temos de estar afiados e jogar um tênis atento. É fácil se esquecer disso no calor da batalha.

Na partida solo, ninguém está lá para lembrar você. Você precisa ser seu próprio parceiro. Converse consigo mesmo. Diga a si o que está acontecendo e o que precisa fazer.

Menciono isso porque o começo do segundo *set* é um momento dinâmico na partida; um desses momentos em que é preciso se lembrar de ter atenção. Pode-se se alcançar muito ou se prejudicar psicologicamente. Se você souber disso e lembrar-se de jogar de acordo, vai capitalizar sobre o momento na maioria das vezes. E isso se aplica não somente a esse ponto de vantagem secreto, mas a todos os pontos. Converse consigo mesmo. Seja seu próprio treinador.

Eu faço exatamente isso. Se saio na frente, me obrigo a me concentrar na luta. Não quero sentir nenhum alívio por ter ganhado o primeiro *set*. Não quero ficar confortável. Não quero pensar que não há problema algum em relaxar um pouco. Não quero curtir o momento. Quero ter medo do que o outro vai fazer. Na verdade, fico nervoso quando percebo que estou ficando confortável demais. Quero lutar. Sei que o adversário vai fazer isso também.

Nessas situações (e nos outros pontos de vantagem secretos), quero jogar um tênis *blue chip*[1] – sem especular com jogadas espetaculares ou táticas de alto risco. É quando me lembro da tática da anaconda: apertar um pouquinho. Depois um pouquinho mais.

Esses primeiros *games* do segundo *set* podem trazer a vitória com mais facilidade se você já tinha ganhado o *set* anterior. Podem atrapalhar mais adiante, se você tiver perdido. Essas dinâmicas reaparecem no começo do terceiro? Geralmente, não. Começar um *set* no qual ambos sabem que podem ganhar a partida geralmente alerta e motiva *ambos*. Se um é quebrado no começo, entende que apenas precisa recobrar esse *break*, não um *break* e um *set*. Psicologicamente, há uma grande diferença.

---

1 O termo *blue chip* se refere a uma empresa bem-sucedida e lucrativa. (N.E.)

(Admito que às vezes o começo do terceiro *set* pode criar os mesmos problemas e oportunidades do começo do segundo. Em 1993, enfrentei Andre Agassi nas finais do Torneio Volvo/San Francisco. Andre ganhou o primeiro *set* e deveria ter ganhado o segundo. Eu dei um jeito de lutar e venci no *tie-break*, embora ele tivesse feito alguns *match points*. Ele *imediatamente* me quebrou no primeiro *game* do terceiro *set*, em parte porque relaxei um pouco. Eu estava muito feliz por ainda estar vivo na partida. Daquele ponto em diante, ele se manteve na liderança e venceu com facilidade. Eu me permiti ficar vulnerável no começo do terceiro *set*, e Andre levou vantagem. Mas isso geralmente ocorre no começo do segundo.)

4. AUMENTANDO A LIDERANÇA

Segurar uma liderança depois de ter quebrado um serviço geralmente é mais difícil do que conseguir a liderança em primeiro lugar. Na verdade, *aumentar* a liderança é realmente difícil. Novamente, está relacionado com a psicologia envolvida. É o hábito que a maioria de nós tem de ficar confortável depois de alcançar algo, seja vencer um *set*, seja quebrar um serviço. Mas esse é o momento em que o jogador alerta vai colocar a cabeça de volta no jogo.

Cada vez que você quebra um serviço, um alarme dentro da sua cabeça deve tocar outra vez. Concentre-se naquele primeiro *game* depois do *break*, como se fosse o *game* mais importante da partida. Coloque a bola em jogo e a mantenha ali. Quero jogar tênis mais consistente – sem erros, sem erros não forçados, sem lances estúpidos. Quero pressionar meu oponente cada vez mais. Quero elevar o grau de dificuldade das jogadas que o outro cara tem de executar para me vencer. É agora que me foco mais e fico mais agressivo. Garanto que o outro jogador faz isso. Ele quer recuperar o *break* agora mesmo.

AGRESSIVIDADE NÃO SIGNIFICA BATER COM MAIS FORÇA

O que você quer dizer com agressivo? Quando eu falo para jogar de forma mais agressiva, você pode pensar que eu quero dizer ir mais rápido, bater com mais força, chegar na rede. Atacar.

Mas jogar de forma agressiva não quer dizer necessariamente bater com força. *Pode* ser isso. Mas pode ser também bater com suavidade. Pode ser a colocação da bola (bem no centro ou aberta). Pode ser o tipo de bola (*topspin* ou *underspin*).[2] O que eu quero dizer com ser mais agressivo em quadra é ficar mais alerta mentalmente, sabendo o significado da situação e disposto a não perder sua vantagem por conta de desleixo.

Eu aperto o nó lentamente. Michael Chang e Emilio Sanchez eram *experts* nessa abordagem. Quando ficavam à frente no placar, apenas esperavam. Muito fortes mentalmente em vantagem. Era muito difícil recuperar a dianteira porque eles não cediam pontos facilmente.

É preciso conhecer seu próprio jogo. Se você joga melhor com a vantagem, com menos tensão e pressão, vá em frente e pressione. Se cometer erros com essa abordagem, fique com o que o levou para a liderança em primeiro lugar. Apenas se concentre melhor. Como diz o ditado, "dance com quem o levou para o baile".

Em qualquer caso, um fator central é o estado de alerta mental e o entendimento da dinâmica da situação. Você *conseguiu* liderar. Evite o desleixo. Não cometa erros idiotas. Não deixe escapar a vantagem por causa da preguiça mental.

MEU LEMA: NMA

Como já mencionei, meu lema é NMA: "Não me apresse!". Tenistas tendem a acelerar quando saem na frente (ou ficam para trás). Isso prejudica o jogo. Você se sente bem quando sai na frente. Fica animadão. É natural acelerar o ritmo. Mas tome cuidado. É aí que os erros acontecem. Uma dupla falta. Uma tentativa incorreta de tentar um *winner* com um *forehand*. Um lance de abordagem na hora errada. *Bing. Bing. Bing.* Perde a vantagem. Então, tome cuidado. Não corra e pule para o próximo ponto. Pense um pouco sobre o que vai fazer a seguir. Não rasteje. Não acelere.

Aqui vai meu conselho contra a pressa. Eu escolho um ponto na parede dos fundos (diante dos assentos da plateia) ou uma marca na

---

2 O *underspin* é um efeito dado por baixo da bola que a faz quicar mais baixo ao tocar o chão. (N.E.)

quadra, um a três metros atrás da linha de fundo. Entre cada ponto, eu vou até a marca e a toco com a raquete ou com a mão, ou pelo menos olho. Vou até lá, toco e volto para a linha de fundo. Isso evita que eu corra entre os pontos. Quando tenho a liderança, quero evitar qualquer descuido.

O MELHOR EM AUMENTAR A LIDERANÇA

Jimmy Connors, John McEnroe e Ivan Lendl eram os mestres absolutos em segurar e estender a liderança. Ninguém mais no tênis chega perto, embora Jim Courier esteja mostrando sinais de querer se juntar ao clube.[3] Eu estava um *break* abaixo a 2–4 contra Lendl; a próxima vez que eu olhei para o placar, estava 6–2, 3–0 a favor dele. Antes que você entenda o que aconteceu, ele transformou a partida numa goleada. Connors e Mac fazem o mesmo.

A maioria dos jogadores não se aproveita de uma liderança assim. Há algo dentro deles que fica com sede de sangue nesse ponto. É um dos motivos que os tornam grandes campeões. Eles jogam você no chão e colocam o pé no seu pescoço, mas não ficam satisfeitos. Precisam subir em cima das suas costas e pular. São únicos. E muito perigosos.

Connors e McEnroe batiam ainda mais forte quando estavam à frente. Acredito que evitavam ficar relaxados com uma liderança porque adoravam a sensação de detonar o oponente, mais do que o relaxamento. Eles iam para a jugular quando tinham a chance. Quando, enfim, surgia uma oportunidade, não pensavam em segurar o saque para ganhar o *set*. Queriam outra chance. E outra. Não queriam permitir que você conseguisse outro ponto. Lendl também. Eles ficavam loucos com uma liderança. É quase assustador como ficavam focados e intensos.

SEJA UM BOM MENTIROSO

Poucos jogadores são como esses caras. E, como a maioria, eu tendo a ficar confortável na liderança. O motivo é simples e direto: a pressão nos deixa desconfortáveis. Não gostamos. Então nossa mente aproveita

---

[3] É preciso lembrar que o autor se refere aos jogadores da época em que o livro foi escrito e publicado. (N.E.)

qualquer desenrolar positivo como motivo para se preocupar menos, sentir menos pressão e consequentemente pensar e jogar com menos intensidade. Quando consigo uma chance, tento providenciar uma atitude mental que me mantenha no modo "faminto". Sabe como eu faço isso? *Minto para mim mesmo.*

Eu penso: "Brad, aumente o ritmo. Você está com um *break* a menos (embora não esteja). Não fique para trás. Dê duro. Você precisa quebrá-lo de volta. Não será fácil!". Funciona. Eu sinto como se lutasse para alcançar o outro em vez de relaxar na liderança.

Na verdade, quanto maior a liderança, mais quero me preocupar. Fico dizendo a mim mesmo que, a não ser que dê mais duro, vou perder. Quanto maior a liderança, mais conscientemente eu trabalho com concentração mental. Quando estou para trás, isso é automático, o alarme de emergência soa sozinho. Quando estou à frente, preciso trabalhar para me manter na luta. Acredito que com a maioria dos amadores é igual.

O que Connors, McEnroe e Lendl faziam é difícil, e não recomendável. Eles aumentavam o risco das jogadas. Entravam em modo de ataque com incrível confiança. Você já ouviu a frase "protegendo a liderança"? Esses caras não. Eles estavam lá para estender a liderança. E faziam isso porque de alguma forma, quando estavam à frente, não temiam arriscar. E conseguiam, sem cometer muitos erros. Minha abordagem é diferente, e eu acredito que seja melhor para amadores. A maioria dos jogadores comete erros quando eles começam a ficar mais agressivos e a bater mais forte. Meu objetivo é continuar fazendo exatamente o que fiz para sair na frente, só que melhor. Não trabalho aumentando a potência. Trabalho em aumentar minha consciência e minha concentração. Não quero mudar meu jogo (afinal, foi o que me levou até ali). Quero trabalhar na minha mente para me manter nos trilhos. Você devia fazer o mesmo.

Jogadores de todos os níveis começam a sentir uma vontade tremenda de experimentar novas táticas e jogadas quando estão à frente. É um pensamento estranho. Eles obtêm a vantagem com um determinado lance e depois querem manter ou aumentar a liderança fazendo algo diferente, em geral algo em que não são tão bons ou que não fariam em outra situação! Quando você estiver à frente, continue fazendo exatamente o que funcionou para colocá-lo ali.

Vou além. Não mudo *nada* quando estou na liderança. Costumo ficar com a mesma camiseta (mesmo se estiver ensopada), a mesma raquete, a mesma toalha para secar o suor, e quero manter a mesma bola em jogo depois de ganhar um ponto. *Não mude nada.*

5. IMPEÇA QUE A PARTIDA ESCAPE POR ENTRE OS DEDOS

Quando sinto que a partida está escapando das minhas mãos (ou que estou correndo esse risco), quero fazer mudanças – estratégicas, mentais e físicas. Para isso, preciso observar. Preciso me perguntar: "Quem está fazendo o quê para quem?". Se eu puder responder corretamente, saberei onde fazer os ajustes.

Primeiro, me pergunto:

1. Estou seguindo meu plano de jogo?

Se *sim*, pergunto:

2. O que o adversário está fazendo para quebrar minha estratégia?

Obviamente, se por algum motivo a resposta da primeira questão for "não", precisarei voltar para o que eu planejei no pré-jogo. Quero ao menos tentar e dar uma chance ao meu plano de jogo. A maioria dos amadores desiste da própria estratégia antes da hora. Eles perdem alguns pontos ou *games* e abandonam o barco. Dê-se uma chance! Tente o tempo suficiente para testar o adversário.

No entanto, se continuar a ter dificuldade, procure entender o problema. Quando um jogador o quebra e consolida o *break* (segura o saque), você precisa garantir que a situação não irá piorar. Sempre penso que consigo me recuperar de uma quebra; duas já é mais complicado.

É nesse ponto da partida que o NMA (Não me apresse!) se torna importante outra vez. Sei que erros não costumam aparecer sozinhos. De repente, não estou apenas um pouco para trás – estou muito para trás. É como escorregar na casca de banana. Simples assim. E você cai de bunda. E é nesse momento que é preciso controlar o ritmo da partida. É preciso tomar cuidado. Evitar a correria. Não quero que meus adversários surfem no impulso que conseguiram alcançar.

É nesse momento que me obrigo a tocar na marca na quadra ou na cerca entre pontos. Durante esse breve período, converso comigo mesmo para me animar: "Qual é, Brad, vamos lá! Trabalhe um pouco mais!".

Ou me seco com a toalha. (Você verá com frequência um tenista pegar uma toalha de um boleiro e depois de usá-la andar até o outro lado da quadra e entregar para o outro boleiro. É apenas um artifício para desacelerar as coisas e impedir que o tropeço vire um baita tombo.)

Amarrar o tênis, conversar com os oficiais de linha, ajeitar as cordas, bater a bola antes do saque – são apenas truques para esfriar os ânimos. Tudo dentro do tempo-limite legal (quase sempre), apenas diminuindo o ritmo da partida. Na Parte III, você verá como McEnroe, Connors e Lendl faziam isso e obtinham ótimos resultados.

Quando um jogador começa a detonar em uma partida (como Lendl fazia com eficiência), pode virar um massacre. Você pode perder o controle da situação rapidamente, como um carro num trecho congelado de pista que derrapa.

Quando isso acontece comigo, deixo a partida mais devagar. A maioria dos oponentes vai perder o ritmo. Vai sair da sua zona, se você interferir no impulso deles. Acontece constantemente entre os profissionais.

Preste atenção no ritmo entre os pontos durante uma partida televisionada. Observe o que um jogador faz quando está à frente e quando está para trás. Quando está à frente, quer manter o mesmo ritmo que lhe deu a liderança. Quando um bom jogador começa a ficar para trás, observe-o desacelerar tudo.

TROQUE DE CAMISETA

Quando estou para trás e quero mudar alguma coisa, dou uma chacoalhada na minha atitude. E faço isso olhando no meu equipamento, nas minhas "ferramentas do ofício". Posso colocar uma camiseta limpa. Ou trocar de meia, chupar uma bala ou colocar uma nova faixa no punho. Alguma pequena mudança que dê a sensação de recomeço. Quando estou tentando me recuperar de uma quebra, costumo amarrar o tênis. Estou dizendo a mim mesmo que é hora de arregaçar as mangas e trabalhar duro.

Lembra o tênis velho que me ajudou a ganhar 114 mil dólares contra Jim Pugh na Stratton Mountain? Eu o carreguei comigo por alguns anos. Pensava nele como meus sapatos de combate e os calçava quando precisava de um pouco de ânimo. Quero me sentir positivo e confiante a respeito das chances que tenho. Quero evitar a sensação de fuga. Um pouco de equipamento ajuda.

MUDANÇA DE PLANOS

Em que momento você precisa ir além e de fato mudar de estratégia? Isso varia de partida para partida e de jogador para jogador. Se quiser um ponto específico da partida para empreender a mudança, é este: quando você estiver perdendo por um *set* e um *break*. Não é sempre o momento de mudar, mas é um bom parâmetro. Talvez tenha perdido o primeiro *set* em um *tie-break* e então perca o saque por conta das excelentes jogadas do adversário. Ainda assim, a partida está acirrada. Mas se o seu oponente tiver ganhado o primeiro *set* com facilidade e estiver fazendo o mesmo no segundo, é melhor mudar. Espere demais e seu caso pode ser terminal.

Por vezes, você vai querer fazer uma mudança no primeiro *set*. Se estiver atrás por 0–5, levando uma coça, faça alguns ajustes para testar. Comece antes do segundo *set*.

Se quiser um ponto específico para fazer a mudança, é este: perdendo por um *set* e um *break*. A essa altura, algo terá de mudar ou você perderá. A partida já começou há tempo suficiente para estabelecer um padrão. E a tendência é que ao fim você parabenize o outro tenista. Mude de estratégia. Analise suas opções.

Se estou perdendo parado na linha de fundo, vou tentar atrapalhar o adversário indo para a rede. Se meu segundo saque está sendo dominado, sei que é porque meu primeiro saque não está dando certo e estou deixando o oponente ver meus segundos saques. (Você se lembra do Aberto de 1987 contra Becker? Eu deliberadamente o impedi de ver muitos segundos saques.) Se estou sendo ultrapassado quando chego na rede, vou melhorar meu lance de abordagem ou ficar na linha de fundo. Se meu oponente atacar meu *backhand* com sucesso, vou tomar uma atitude para reduzir minha vulnerabilidade ali (veja "O ataque ao seu *backhand*" no capítulo 7).

Meu técnico, Tom Chivington, acredita que eu jogo melhor quando estou atrás do que na liderança. Talvez ele tenha razão, e, se tiver, é porque sou melhor lidando com essas coisas. Sei o que fazer quando estou para trás. Nunca fico em pânico. Reconheço o que precisa ser feito e faço. Talvez a coisa mais importante seja fazer antes de ser tarde demais. É assim que se volta para o topo de uma partida.

6. TÁTICAS DE *TIE-BREAK*

Durante o Torneio da ATP em San Francisco, em 1993, eu tive de jogar um total de três *tie-breaks*. Venci todos, incluindo o da final contra Andre Agassi. Meu sucesso vem do meu plano. Veja só.

Penso no *tie-break* como um *mini-set*. Tudo é comprimido, mas os componentes de um *set* estão todos lá. Durante um *tie-break*, você saca pela primeira vez e recebe pela primeira vez. Precisa quebrar o saque (um *minibreak*) para ganhar. O *tie-break* tem um *game* de decreto (ou pontos de decreto) bem no começo, tem um "ponto de preparação", e com frequência exige que você segure a liderança ou impeça o *tie-break* de escapar. A dinâmica é muito similar à de um *set* comum, mas condensada e mais potente.

Por conta de os resultados do *tie-break* decidirem quem ganha o *set* e pelo fato de ser tão condensado, fico bem cuidadoso em relação ao ritmo da partida durante esse período: NMA é meu lema. Jogar rápido e sem compromisso pode colocá-lo de imediato em uma desvantagem da qual não vai se recuperar. Três duplas faltas no terceiro *game* do primeiro *set* podem custar apenas o *game*. Faça a mesma coisa durante o *tie-break*, e as consequências serão quase sempre bem mais severas.

Eu abordo um *tie-break* da mesma forma que o restante do *set*. Você deveria fazer o mesmo.

Aborde o começo do *tie-break* com o pensamento de que vai jogar seu tênis *blue chip*. Deixe o oponente ser espetacular. Os primeiros dois pontos do *tie-break* são pontos de decreto. Você pode dominar e colocar o adversário em desvantagem imediata, numa posição em que podem se pressionar a cometer erros, pois estão para trás. Esses primeiros dois pontos aumentam a tensão da partida, por isso quero ser extremamente cauteloso, sem tentar um lance de alto risco apenas porque estou nervoso e pretendo terminar o ponto logo.

Separe esses dois primeiros pontos do *tie-break* do *set* que acabou de jogar. Não passe por cima. Pense e foque (volte naquela marca na quadra onde pensa a respeito do seu plano de jogo). Não é uma simples extensão do último *game* do *set* anterior. Isole os dois primeiros pontos e jogue-os com atenção renovada; a bola entra ou volta.

Você não quer jogar "com medo", mas não deseja mandar bolas soltas ou tentar táticas novas, a não ser que esteja confortável com isso. Continue a usar o que foi bem-sucedido para chegar até aí.

O *tie-break* é uma entidade separada e precisa de atenção. Não se apresse. Tome cuidado e saiba o que está fazendo, principalmente no começo.

O saque inicial de cada jogador no *tie-break* é executado sob alta pressão. Então, novamente, meu objetivo é fazer a bola *entrar*. Não gosto de exagerar. Penso nesses primeiros pontos como semelhantes ao começo do primeiro *set*. Quero me certificar logo no começo do *tie-break* que estou jogando dentro do meu jogo. Não quero ser ambicioso demais. Com frequência, com a pressão aumentada pelo *tie-break*, o nervosismo do tenista vai acabar levando a um lance inapropriado. Nessa hora, quero jogar um *tênis consistente, não exibicionista*.

Jogadores costumam abordar o *tie-break* com menos pensamento vitorioso e mais na linha que espera que o oponente perca. Não é jogo conservador, é jogo repressivo e vai prejudicar você. Vá atrás das jogadas que pintarem, mas não tente enfiar um *winner* só porque está impaciente.

A tendência a torcer para o oponente "perder" é ainda mais comum quando se sai na liderança do *tie-break*. Você está a 4–1 e de repente fica nervoso, torcendo para que o outro entregue a partida. É aí que eu minto para mim mesmo, digo que estou para trás, para não ficar complacente e perder a intensidade. É o momento em que você precisa conversar consigo mesmo sobre o que quer fazer.

E, claro, o ponto no *tie-break* que precede um *set point* é aquele que eu trato como mais especial. Um ponto de preparação no *tie-break* (por exemplo, 5–3) é quase sempre desvalorizado pelos amadores; às vezes, até pelos profissionais. Pode me levar (ou meu oponente) a uma oportunidade de vencer o *set* ou a partida. Não quero cometer erros idiotas, nem correr riscos desnecessários. Pressione o adversário, como faz a anaconda com sua presa. Nesse momento crucial da partida, que pode ir para um *set point*, tenha certeza de ter seu jogo sob controle e um pensamento correto.

7. FECHANDO A PARTIDA

Pode parecer sem sentido incluir táticas para o fim da partida no capítulo intitulado "Os sete pontos de vantagem secretos". Afinal, o que há de tão secreto na oportunidade apresentada quando se está sacando no fim da partida? A recompensa é óbvia: vencê-la. Embora a recompensa seja óbvia, os perigos não são. Fechar a partida é um momento delicado para o jogador que tem essa chance.

Uma das duas atitudes prevalece no jogador amador em tais momentos: a presunção de que o trabalho está quase terminado e a vitória em suas mãos, ou o medo sutil de não ser capaz de cumprir a tarefa.

Mais perigoso do que esses dois tipos de pensamento é o que está acontecendo do outro lado da rede com o jogador perigando ser *liquidado*. Um dos erros mais comuns dos tenistas é subestimar o oponente prestes a perder. É uma extensão da síndrome do urso ferido. Esse jogador é uma arma letal. Com frequência, dá o seu melhor. Nunca se esqueça: *o peixe luta mais quando está perto do barco!* E o tenista (de qualquer nível) é igual.

Independentemente do que ele pode ter feito previamente na partida, espere o pior. Isso significa esperar o melhor dele. Pense que ele será mais rápido e mais duro, vai mandar lances mais profundos com menos erros. Vai dar o seu melhor enquanto você tenta arrastá-lo.

O modo como me preparo é mentir um pouco (de novo) para mim mesmo. Digo que estou enrascado. Que preciso trabalhar para salvar a partida. Que tenho de ser o mais alerta. Quero me sentir como se estivesse no ponto mais perigoso. Quero me lembrar de esperar o melhor tênis do rival. Não desejo ser pego de surpresa.

Quero ter certeza de ter o nervosismo sob controle, monitorando minha respiração e o trabalho de pés (os detonadores de nervos do Gilbert #1 e #2). NMA é meu ritmo. Não quero enrolar demais, mas quero ter certeza de que estou controlado mental e emocionalmente antes de o ponto começar.

E, quando o ponto começa, volto ao meu conceito básico para vencer no tênis: sem erros, sem pontos grátis, sem lances idiotas. *Quero que meu oponente mereça os pontos que conseguir, sem facilitar para ele.*

DOE PARA CARIDADE, NÃO PARA O ADVERSÁRIO!

Um elemento básico da minha abordagem em uma partida de tênis (e especialmente nos pontos de vantagem escondidos) é ser muito muquirana no quesito doação de pontos. Trabalho duro para administrar minha concentração e me certificar de que estou entendendo a dinâmica da partida. Os Sete Pontos de Vantagem Secretos são lances recorrentes na partida, nos quais quero estar especialmente conectado com o que está acontecendo.

Quero obrigar meu oponente a fazer algo *especial* para ganhar o ponto ou o *game*. Eu realmente me preparo e tento pensar da forma mais focada e inteligente possível. O primeiro ponto é importante? Sim. Um *game* a 3–2 é importante? Claro. Todos os *games* são importantes. Mas, para mim, os Sete Pontos de Vantagem Secretos são os pontos com mais potencial, embora sejam os mais subestimados e desvalorizados, *especialmente* entre amadores.

Se reconhecê-los conforme ocorrem nas partidas e reagir como sugeri, você vai ganhar mais vezes. Levará vantagem da dinâmica desses momentos. Melhore seus resultados ali, e melhorará suas vitórias.

A seguir: O que fazer quando seus lances descarrilam.

10

O *PIT STOP* DO TENISTA: CONSERTO DE GOLPES

Um tenista que está no Top 20 ou 25 joga algumas partidas a cada ano em que está focado. Totalmente focado. Quando ninguém no planeta pode derrotá-lo. Quando não sente pressão alguma e sabe que vai ganhar. Quando as tacadas saem da raquete com uma doçura e uma potência que quase o fazem rir (ou chorar, porque é uma coisa rara).

Quando *acontece*, torce para que seja durante a final de um Grand Slam. Foi o que ocorreu com Sampras contra Agassi no Aberto dos Estados Unidos, em 1990. Ninguém venceria Pete naquele dia. E mais tarde, à noite, tomando um café, ele conta isso. Michael Stich contra Becker em Wimbledon, 1991. Boris poderia ter ficado em casa de tão focado que Stich estava.

Às vezes, o foco dura mais do que uma partida. Foi o que aconteceu comigo durante o verão de 1989. Começou na antiga Alemanha Ocidental, onde venci minhas duas partidas de simples da Copa Davis. Eu tinha acabado de ganhar o torneio em Memphis, na primavera. Aí fiquei seriamente focado. Ganhei torneios em Stratton Mountain, Vermont; Livingston, Nova Jersey; e Cincinnati. Nessa jornada, derrotei Jim Pugh, David Wheaton, Jim Courier, Boris Becker, Michael Chang, Pete Sampras e Stefan Edberg. Em certo momento, meu recorde de partidas foi 17 a 0. Tornei-me o primeiro jogador, desde Becker em 1986, a vencer três torneios consecutivos. Eu estava arrasando o circuito.

Depois fui para o Aberto dos Estados Unidos e saí na primeira rodada. Nervosismo? Não. Intoxicação alimentar. Frutos do mar estragados na noite anterior ao jogo com Todd Witsken. Foi azar, mas eu ainda estava com tudo depois do us Open. Duas semanas depois, entrei para as finais de Los Angeles, e mais tarde ganhei o torneio em San Francisco. Foi um verão fenomenal, e um ano inesquecível – ganhei cinco torneios e mais as vitórias na Copa Davis. Por isso digo que estava focado. Não acontece sempre, e geralmente não dura muito tempo.

SEM FOCO: O QUE FAZER EM PERÍODOS NÃO TÃO BONS

Quando uma partida está em andamento, a qualidade do seu jogo costuma seguir uma maré. Acontece com todo mundo, em todos os níveis. A dinâmica muda constantemente. É raro um jogador atuar na sua melhor performance (focado) durante toda a disputa. Seu jogo varia em termos de eficiência e confiabilidade. Às vezes, você vê e acerta a bola, sem dificuldade. De repente, perde a confiança em alguns momentos e não fica mais na crista da onda.

Este livro não é voltado para a melhoria de seus golpes. Para isso, procure um bom professor. Um profissional conseguirá enxergar exatamente qual é sua dificuldade. Ele poderá avaliar seu *swing* e dar ideias específicas de como melhorá-lo. Quero oferecer algumas dicas do que você pode fazer *durante* a partida, quando um lance específico azeda. Talvez faltas no primeiro saque. Ou lances baixos com o *forehand* que estão caindo mais cedo ou na rede.

Qualquer que seja o problema, é bom ter uma ideia ou uma imagem mental do que pode ser feito para reanimar o lance antes que lhe custe a partida. São dicas que funcionaram para mim ao longo dos anos e para os tenistas que frequentaram meus *workshops*. Porém, como tantas dicas por aí, algumas podem funcionar, outras não. Na próxima vez em que as coisas saírem dos eixos, teste-as para ver se ajudam.

O FOREHAND QUE DEIXA VOCÊ NA MÃO

Se há um lance com o qual a maioria dos amadores se sente à vontade é o lance baixo com o *forehand*. Pode não ser maravilhoso, mas é melhor do que os outros. Você contorna o *backhand* para acertar. Fica longe da rede. Tomaria café da manhã com ele se pudesse. Se estiver esquisito, a coisa vai mal.

ANTES TARDE DO QUE NUNCA? ERRADO!

Há muitas coisas que podem dar errado em qualquer lance; com o *forehand* não é exceção. Sem dúvida, o que você pode fazer para restabelecê-lo é checar a preparação da raquete. Está trazendo a raquete de volta no tempo certo? Provavelmente não. Muito provavelmente está atrasando. E o motivo costuma ser compreensível. Tendemos a ficar descuidados com movimentos físicos confortáveis. Pois é, a gente sabe que consegue acertar esse lance. Fica frio.

Quando você atrasa a raquete (e a bola está quase em cima), tudo mais fica confuso: trabalho de pés, equilíbrio, *timing* e opções. Pode acontecer por descuido, acaso, fadiga ou lances forçados do adversário. Se de repente você estiver errando o *forehand*, foque *imediatamente* em adiantar a raquete.

"TÁ NA REDE. TÔ PRONTO?"

A raquete deve estar a postos quando a bola de tênis, vindo na sua direção, chegar à rede. Quando a bola cruza a rede, você precisa estar pronto. É possível adiantar demais a raquete? Talvez. Contudo, é melhor mais cedo do que tarde demais. Para cada jogador que adianta a raquete, vejo cem que se atrasam. Quando a partida estiver em andamento e você se pegar xingando o *forehand*, diga a si mesmo: "Tá na rede. Tô pronto?".

BACKHAND DA DEPRESSÃO

A maior parte dos amadores tem baixas expectativas com seu *backhand* em bolas baixas. Esperam certo nível (modesto) de produção e estão dispostos a tolerar erros até determinado ponto. Esse ponto varia de jogador para jogador, mas em geral termina assim: "Sei que meu *backhand* não é lá essas coisas, *mas isso já é ridículo!*". É o *backhand* da depressão. Alguns amadores têm um *backhand* tão ruim que nem percebem quando piora. Mas isso costuma ser exceção.

Quando o *backhand* está tão ruim que você o contorna até para recolher a toalha, é hora de consertar. A verificação mais útil que tenho está relacionada ao tanto que você deseja alcançar com a bola baixa do *backhand*.

NÃO PEÇA PARA UM CÃO MAGRELO VOAR

Todos temos a tendência de exigir mais do que um lance pode nos dar. Com a bola baixa do *backhand*, pedir um pouco mais costuma ser um erro. Amadores com um *backhand* duvidoso (se o seu for sólido, parabéns) tendem a tentar demais, *principalmente sob pressão*.

Como mencionei no capítulo 8, chegar na rede contra um *backhand* fraco é muito eficiente porque a reação do outro tenista costuma ser de pânico, e tentar usar aquele maldito *backhand* da melhor maneira possível. O resultado? O atacante nem precisa chegar com a raquete na rede. O *backhand* do adversário se autodestrói.

Se o *backhand* estiver pior do que o normal, baixe as expectativas. Pare de tentar fazer mais com ele do que o razoável. Mande a bola por cima da rede. Mantenha a bola em jogo. Busque colocação, não potência. Mantenha a cabeça firme quando seu *backhand* estiver sob ataque. Faça seu lance e force o oponente a pelo menos continuar a jogada.

Se eu colocá-lo na frente de uma máquina de bolas e mandar jogar apenas com o *backhand*, você se sairá bem. Por quê? Porque apenas estará tentando passar a bola por cima da rede, para dentro da quadra. Quando o *backhand* traí-lo no meio da partida, lembre-se desse objetivo. Bola por cima da rede e dentro da quadra. Faça disso seu objetivo. Você vai conseguir, e o *backhand* vai melhorar.

O SAQUE VAI PARA AS CUCUIAS

Quando o saque desaparece, é a mais frustrante de todas as panes, pois não dá pra culpar mais nada a não ser você mesmo. Quando *backhand*, *forehand*, voleio ou *overhead* se desintegram, ao menos dá para olhar do outro lado da rede e culpar o adversário. Ele precisou bater na bola antes que você estragasse tudo, certo? Com o saque, não. Tudo que ele fez foi ficar ali parado. Difícil culpar alguém parado pela sua dupla falta.

(Nota: não subestimo o efeito de "só ficar ali parado". Não se esqueça de Chang derrotando Lendl nas quartas do Aberto da França "só ficando ali parado". No *match point*, Michael estava com tanta câimbra que mal podia se mover. Para cortar os ângulos do saque de Lendl, Chang acampou na linha de serviço. O poderoso Lendl teve um colapso. Ele saiu do Aberto da França com suas duplas faltas. Foi uma tática inacreditável que teve um efeito inacreditável. Então, há exceções, mas você costuma mesmo ser o único culpado pela falta de saque.)

OLHE NO ESPELHO: VOCÊ VÊ PETE SAMPRAS?

Comece corrigindo o problema durante a partida lembrando-se disto: seu melhor saque pode não ser tão bom quanto você pensa. Não é um canhão. Não é uma máquina de *aces*. E não vale a pena cometer dupla falta por ele. E é isso que se arrisca a fazer. A maior parte dos amadores (principalmente os homens) acredita que pode acertar tudo no arremesso da bola, na extensão, no giro do pulso, no acompanhamento – eles têm um supersaque. Então caçam esse monstro esquivo se sacrificando.

Veja um indício de como isso funciona. No nível amador, um momento comum de dupla falta é depois de um *ace* de serviço. O motivo? O cara que fez o *ace* adorou a sensação e pensa que a charada foi resolvida. "Ei, entendi como fazer!" Bola. Falta. Bola. Falta. Dupla falta depois do *ace*. O que foi acidente: a dupla falta ou o *ace*?

Minha sugestão é ter uma visão realista do próprio saque. O meu, por exemplo. Costumo acertar o primeiro e mando alguns *aces*. Mas muitas vezes preciso administrá-lo. Não vai dominar meu oponente, e odeio doar pontos. Então mantenho uma visão realista do que posso obter com meu primeiro saque. E eu já contei como é meu segundo saque: o pior. Então não dou uma de machão para mostrar ao outro cara o "tamanho" do meu saque. Você também não deveria.

DIMINUA A MARCHA DA QUARTA PARA A TERCEIRA

Quando você começa a falhar no primeiro saque, deve diminuir a marcha. Vamos chamar seu "máximo" de quarta marcha. É quando você está com tudo e cortando a bola com força. O que costuma acontecer é que o jogador que está errando o saque *vai continuar* errando porque não quer desistir do desafio. Continua a bater a cabeça contra a parede, esperando o saque voltar. Esqueça. Mude de marcha. Não da quarta para a primeira, de supetão, mas da quarta para a terceira. Aos poucos. Não exagere. Não se preocupe com o *ace*. Não se preocupe com os *winners* de serviço. Preocupe-se com começar o ponto com falta ou dupla falta.

Isso significa que basta acertar a bola do outro lado, de qualquer jeito? Não. Assim é primeira marcha. Lembra quando Mecir cometeu todas aquelas duplas faltas e começou a sacar de baixo para cima? Ele foi da quarta para a primeira. Mentalmente, mude para a terceira. Acerte algumas bolas e retome o ritmo. *Depois* volte para a quarta. Os resultados serão bons.

O VOLEIO SUMIDO

Quanto mais fácil o voleio, mais preguiçoso o jogador fica. Observe os jogadores na quadra em que você joga. Quando alguém acerta um "pato", aquela bola que mal consegue passar da rede, fica preguiçoso, passivo. Espera a bola chegar. Não vai para a frente. Presume que será fácil. E, claro, estraga tudo. Geralmente com um movimento enorme, no último segundo, que manda uma bola longa e aberta, ou direto na rede.

MOVA-SE PARA A BOLA

Quanto mais próximo estiver da rede, maiores serão as chances de conseguir um bom voleio – a questão não é a rede, mas os ângulos melhores à disposição, e mais a quadra adversária para acertar. Nunca espere a bola. Você não está na fila do correio. Não espere a encomenda. No tênis, é preciso correr atrás. Ainda mais com um voleio. Quanto mais rápido for atrás, melhor. O passo extra (ou os dois passos) na direção da rede vai ampliar drasticamente sua porcentagem de sucesso com o voleio.

Então, quando for acertar um voleio, aproxime-se da rede. Cada passo que você der aumentará sua chance de sucesso. Observe John McEnroe ou Stefan Edberg. Ambos fecham pontos chegando tão perto da rede que podem tocá-la. E fazem isso com muita rapidez, como uma águia capturando sua presa.

O *OVERHEAD*[1] FRACO

Então você seguiu meu conselho e está em cima da rede para os voleios. Só que não está tendo chance de fazer voleio nenhum porque o oponente percebeu que você está tão próximo que até bolas que batem na borda da raquete podem virar *winners*. Aí ele começa a mandar *lobs*, e é seu *overhead* que não dá conta. Você manda todas para a rede. Manda para o fundo. Manda tão abertas que cairiam fora mesmo se fosse uma partida de duplas.

ALMEJE A COLOCAÇÃO DA BOLA

Quando isso acontece é porque você está buscando "potência" em vez de "colocação". Na maioria das vezes em que um *overhead* vem na sua direção, o objetivo passa a ser conseguir um *winner*. Novamente, é a armadilha de pedir mais do que o razoável para um lance. Se seu *overhead* se desequilibrar durante a partida, será preciso tomar as rédeas. Não exagere. Evite pensar "Preciso pontuar agora". Busque *colocação* em vez de *potência*. Conseguirá resultados imediatos porque terá tirado a pressão sobre o seu *swing*. Conseguirá ter mais ritmo, ficar mais solto e ser mais eficiente.

JOGANDO NO VENTO

O vento pode afetar seus lances porque afeta sua mente. Se estiver desconfortável com o vento, veja algumas ideias para neutralizar seus efeitos negativos.

1. COMECE COM O VENTO NA SUA CARA

O sol é o fator mais importante a se considerar quando se escolhe o lado da quadra. Como mencionei no capítulo 6, se for um problema, começo a partida de costas para o sol, para o oponente ter de lidar com

---

[1] O *overhead* é a mesma coisa que o *smash*, com a única diferença de que a bola toca o chão antes de o golpe ser executado. O *smash* é um golpe executado em bolas altas, de cima para baixo, sobre a cabeça. (N.E.)

ele primeiro. No entanto, se o sol não for um problema (jogo noturno, ou se o sol não estiver na linha de visão), o vento deverá ser levado em consideração. Se estiver ventando do norte para o sul (de linha de base para linha de base), vou escolher começar a partida com ele contra meu rosto. O primeiro *game* é conturbado o suficiente sem o vento alongando meus lances. Jogar contra o vento me permite bater com força e ter a certeza de que o vento vai desacelerar a bola um pouco.

2. ABAIXE O ARREMESSO
Uma bola de tênis não pesa muito. Um dia de ventania pode fazê-la parecer uma folha, principalmente no arremesso. Se o vento começar a afetar o saque, abaixe o arremesso. Reduza a altura por alguns centímetros (ou mais), e diminuirá o efeito do vento.

3. ENCURTE OS GOLPES
O mesmo vale para tacadas baixas, quando está jogando sob o vento. Tente lances mais compactos e concentre-se num bom contato. Assim, reduzirá o número de erros e aumentará o número de lances que passam para o outro lado da rede.

4. A MELHOR ARMA CONTRA O VENTO
Por fim, lembre-se de que, se o vento estiver acabando com sua vida, o principal truque será este: construa sua quadra fechada. E me convide para jogar. Eu também não gosto de jogar contra o vento.

UM ÚLTIMO FATOR SOBRE O TRABALHO DE PÉS
Dicas são dicas. Você vai encontrar alguma nas revistas especializadas que vai funcionar e contar para um amigo. E para ele não vai adiantar. Jogadores diferem muito em habilidades físicas, experiência, prática e motivação. Por isso, uma dica não funciona para todos. Mas há uma dica que eu vou dar (de novo) e que funciona para todos: um bom trabalho de pés melhora o seu jogo de tênis.

Todos os problemas que você enfrenta com golpes têm muitas soluções. Mas a primeira e mais importante é checar o trabalho de pés. Se estiver ruim, pode atrapalhar tudo. *Ou* pode melhorar tudo. Sempre que tiver problema com algum lance, confira o trabalho de pés. Já sabe como: fique na ponta dos pés. Se ficar leve sobre a ponta, vai melhorar sua execução.

A PRÁTICA NÃO LEVA À PERFEIÇÃO, MAS AJUDA

A chave para melhorar qualquer golpe é trabalhar o fundamento fora da partida. A maioria pensa que vai se aprimorar jogando. Jogam e jogam e não entendem por que não melhoram. A prática não leva à perfeição, mas ajuda.

No golfe, se tudo que fizer for jogar e nunca jogar na areia, a não ser na rodada, o jogador não vai melhorar em lances na areia. Na verdade, deve piorar, porque ficará inseguro conforme for errando.

TREINE COMO JACK NICKLAUS

O maior golfista da história também pode ter sido o que melhor treinava. Ele treinava com propósito. Sabia no que queria trabalhar e se isolava no campo de treino. Era muito metódico na correção de problemas que ocorreram durante a partida.

Você pode melhorar muito seu tênis fazendo a mesma coisa. Trabalhar num problema específico, mesmo que por 30 minutos, *uma vez por mês*, vai gerar resultados ótimos. Se puder duas vezes por mês, não vai acreditar no que pode acontecer.

Como melhorar?

1. Faça uma aula para conferir a mecânica de alguns lances. O professor vai acertar seu *swing*.
2. Pratique o que aprendeu durante a aula. Use uma máquina de bola ou a parede. Mas tenha um plano. Comece devagar e almeje consistência. Jogue um pouco consigo mesmo. Tente acertar o mesmo lance duas vezes seguidas. Depois três. Isole o lance em dificuldade e concentre-se nele. Quando eu era criança, passava horas e horas jogando contra paredes em Piedmont, na Califórnia. Jogava partidas inteiras do Aberto dos Estados Unidos contra

um Ilie Nastase imaginário. A parede era Nastase – uma boa prática, porque a parede nunca falha.
3. Jogue contra alguém fácil de vencer. Procure oportunidades durante a partida para trabalhar no lance treinado contra a parede. Pode ser que perca. Não se preocupe.

    Se seu *backhand* for fraco, não fuja dele nessa partida de treino. Se o problema for o voleio de *backhand*, *procure* chances de tentar o lance. Amadores não gostam de fazer isso porque temem que os amigos descubram os resultados das partidas. Não deixe o ego atrapalhar seu progresso. Você vai melhorar sua imagem quando consertar os problemas.
4. Leve o lance para as partidas. Você verá que, em vez de esperar dificuldades com o lance ruim, vai encará-lo com cada vez mais confiança. Tanto o lance como a sua atitude vão melhorar.
5. Jogue contra alguém melhor que você, alguém que irá vencê-lo. Jogar com os mesmos de sempre vai colocar sua mente e seu jogo no piloto automático. Enfrentar um tenista melhor significa ter de se esforçar. Você precisará dar mais duro, pensar mais, correr mais, e, *ainda assim, vai perder*. Ótimo. Por isso você está lá. Vai valer a pena quando voltar para os oponentes de sempre.

Um pouco de atenção ao formato do treino renderá grandes resultados no seu jogo. Ganhar é bem mais divertido que perder, e melhorar suas questões problemáticas facilitará a vitória.

A *seguir:* Roubando das estrelas.

11
APRENDENDO COM AS LENDAS

As superestrelas do tênis exibem habilidades físicas quase inacreditáveis. No auge, a coordenação olho-mão de John McEnroe não era comparável à de qualquer outro atleta no planeta. Você já viu um gato brincar com uma bola de lã (ou com um rato)? A mão de John na raquete tinha a mesma delicadeza e o mesmo objetivo mortal. O físico poderoso de Boris Becker poderia torná-lo uma superestrela em qualquer esporte. No começo da carreira, quando pulava atrás de lances, ele quase fez do tênis um esporte de contato. Boris como craque *quarterback*, rei do *home run* ou herói do basquete? Sem problema. E Andre Agassi? Como um jogador pode acertar na bola tão cedo e com tanta força? O *timing* dele é melhor do que o de um Rolex. Todos os grandes têm habilidades físicas incríveis: Sampras, Edberg, Connors e outros.

Então, é possível aprender algo com eles? Afinal, eles contam com as habilidades físicas dos sonhos. Não é possível "aprender" um dom natural, certo? É possível, sim, mas não da maneira que você imagina. Obviamente, certas questões mecânicas se aplicam em todos os níveis de tênis – vire os ombros, use as pernas, mantenha os olhos na bola. Tudo que você já conhece.

Quero que você pense em uma área diferente na questão de aprender com essas superestrelas. É esta: atitude e táticas durante a partida, e como aplicá-las no seu tênis.

Tenha em mente que poucas regras se aplicam a todos. O que funciona para você pode não funcionar para outro. Quando pensar no que essas superestrelas levam para o jogo. Lembre-se de que muitas vezes ganharam com abordagens totalmente diferentes. Estude o que eles fazem e busque algo que possa ajudar na sua abordagem, dado seu estilo de jogo e seu temperamento.

ANDRE AGASSI

Era hora do show quando o "Duplo A" chegava. Roupas e cabelo fosforescentes. Parecia uma estrela do rock. A aparência não importava porque o tênis falava mais alto.

Nunca vi um cara do tamanho dele bater na bola com tanta força. Era realmente inacreditável. O cara tinha poder. Por conta disso, o adversário ficava com medo na hora, porque sabia que o cara detonava a bola e controlava a jogada. Quando estava focado, fazia você de joguete. Não era legal jogar contra Agassi num dia desses.

Ele também era um jogador emocional. Se estivesse se sentindo mental, emocional e fisicamente bem, e tudo estivesse dando certo, era sem sombra de dúvida o melhor jogador do mundo. (Exceto por Jim Courier, que quando estava num bom dia também era o melhor do mundo. Dois melhores do mundo? Então tá.)

Uma das melhores características de Andre era sua habilidade de pegar a bola extremamente cedo, na subida. Connors também fez isso ao longo da carreira, mas Andre se adiantava ainda mais e batia com mais força. O jeito dele é quase impossível de copiar, senão, mais profissionais o fariam. Muitas vezes, os lances baixos dele eram praticamente semivoleios, de tão perto que ele levava do quique. No entanto, a ideia básica é algo que se deve ter em mente durante o seu próprio jogo.

Pegar a bola mais cedo significa devolvê-la antes e com mais força. É devastador mandar uma bola para o Andre e ele devolver um canhão antes de você terminar o *swing*. Parece rápido assim. Seus adversários também não vão gostar de ver a bola chegar tão cedo de volta.

Para o seu jogo, não pense em se adiantar. Pense em chegar um pouco mais cedo que o normal. Você costuma esperar a bola chegar do seu lado da quadra, quicar, subir e começar a descer de novo antes de bater nela, antes do topo do arco. Isso porque é mais fácil acertar assim: ela se move mais devagar e você tem mais tempo. Mas essa estratégia também dá ao oponente mais tempo de se preparar e atacar ou se recuperar. Também significa que você precisa bater com mais força para imprimir velocidade ou conseguir profundidade, pois a bola está perdendo velocidade no momento de ser atingida.

Então pense "mais cedo do que o seu normal". Veja como começar.

Ao receber uma bola profunda, a tendência natural é se segurar e esperar a bola cair antes de acertar. Em vez disso, force o movimento na direção da bola e pegue-a só um pouco mais cedo – 10% mais cedo. Quando treinar, tenha esse objetivo em mente. Procure bolas nas quais talvez você ficasse meio preguiçoso. Avance e acerte 10% mais cedo do que o normal *depois* que ela começar a descer.

Acostume-se a isso e então passe a procurar a bola bem no topo do arco. Agora você verá resultados (bons e ruins). Terá sua cota de bolas erradas, mas com o tempo vai devolver com mais força, profundidade e velocidade.

Outra coisa a reparar no jogo de Andre é o modo como pés e raquete se movem de forma sincronizada. Não se movem separadamente, e os seus também não deveriam. Não mexa os pés e depois, de repente, coloque a raquete em posição. É garantia de *timing* ruim. Essa é uma ideia bem básica, mas Andre é realmente o melhor exemplo dessa execução bem-sucedida. Quando assistir a algum jogo dele, observe a bela preparação adiantada da raquete.

Quando Andre abre para um lado, a raquete volta quase de imediato. Quando ele recepciona um serviço, a raquete volta assim que o adversário faz contato com a bola. Por isso ele consegue pegar a bola tão cedo e com tanta precisão – a preparação de raquete dele é excelente. Nenhuma se compara.

As lições de Agassi

1. Pratique pegando a bola 10% mais cedo para lances baixos e mais perigosos.
2. Mova a raquete e os pés simultaneamente.

Os resultados vão aparecer na sua pontuação. Quem sabe você pode até começar a descolorir o cabelo. Acredite em mim; se isso me proporcionasse os lances baixos do Agassi, eu o faria.

IVAN LENDL

Ivan Lendl batia na bola com mais força e *mais acurácia* do que qualquer outro jogador no planeta. Ele arrancava a capa da bola. A maior diferença entre ele e Agassi era que Ivan costuma estar a um ou dois metros *atrás* da linha de fundo ao fazer contato. Andre estava geralmente *dentro* da linha de fundo, então o lance chega até você mais cedo e mais rápido. Mas há três outros elementos no jogo do Exterminador que você pode querer incorporar à sua abordagem.

Primeiro de tudo, Ivan era conhecido pela consistência. É algo que ele tomava cuidado em estabelecer desde o início da partida. Como mencionei, quando ele começava os primeiros *games*, não perdia uma bola. Isso porque estava batendo a apenas 65%–70% da potência total. Você deve começar as suas partidas do mesmo modo. Defina seu *timing*, seu ritmo e sua confiança antes de colocar mais potência.

Em segundo lugar, Ivan tinha um cantinho preferido na quadra, feito uma base de lançador própria. Já notou como ele gostava de se mover mais ou menos um metro para a esquerda do centro da linha de fundo? Ele estava desviando levemente do *backhand* (às vezes, um pouco mais do que levemente). Ele adorava estacionar ali e mandar ver no *forehand*. Desse lugar, ele se movia para a frente e para trás conforme abria a quadra.

Das vezes em que joguei com ele, Ivan parou ali e começou a me movimentar para a direita e para a esquerda, cada vez mais aberto. Por fim, eu mandava uma curta e ele devolvia uma *winner*. Ele se sentia muito confiante e poderoso nessa posição.

No seu jogo, procure o cantinho na quadra que lhe forneça sua melhor jogada e trabalhe para chegar lá. Se curte um *forehand*, monte sua base de lançador e dispare. Se for o voleio do *forehand*, comece *realmente* buscando oportunidades de chegar na rede. Não espere um convite (uma raquetada muito fraca). Force a questão um pouco mais.

Minha base de lançador é logo atrás da linha de serviço, centralizado. Ali, uso minha melhor arma: o *approach* com *forehand* para a quadra de vantagem. Sempre estou atrás dessa jogada. É minha jogada de capital privado, porque, se eu conseguir um número suficiente de jogadas desse tipo, ganharei a partida. E, quando consigo, tenho muita confiança em acertar. A maioria dos jogadores é assim. Saiba o que funciona para você e então tente ativamente entrar numa posição para usá-la.

Outro elemento que Ivan dominava é aumentar a dianteira. Ele devia ser o melhor em permanecer à frente quando estava à frente. E um dos motivos para ser tão bom nisso é que corria riscos inteligentes quando tinha vantagem. Nada de lances selvagens, mas alguns mais forçados, angulosos, poderosos. Ele gostava de se aproveitar do fato de estar à frente para aumentar o nível e a variedade de seu jogo. Ele fazia isso de uma forma medida e calculada. Quando saía na frente, a pressão que exercia era notável, mas sempre operando nos limites do próprio jogo.

Quando liderava no placar, ia atrás de *aces* com mais regularidade e mais confiança, porque confiava no segundo saque. Se estava recebendo, realmente tentava punir a bola, especialmente no segundo saque do oponente. Lendl esperando um segundo saque é como convidar o Alien para jantar. Você sabe que não vai ser divertido. Ivan destruía totalmente um segundo saque fraco. Eis um dos motivos para nunca tê-lo vencido. Eu era forçado a ir com um primeiro saque mais fraco para garantir que ele não visse um segundo.

Como isso se aplica a você? Quando estiver à frente, aumente a pressão sobre o oponente. Não seja descuidado ou destrambelhado. Aproveite a oportunidade para pressionar sua vantagem e forçar o adversário a tentar lances mais difíceis.

Por fim, quero ressaltar a enorme paciência de Lendl durante uma partida. Nos anos 80, ele mantinha uma disciplina mental quase equivalente à de Borg. Len nunca se apressava para fechar um ponto. Ele era muito metódico. Quase *todos* os amadores são justamente o oposto. Eles (isso inclui *você*) ficam impacientes. Tentam uma *winner* cedo demais. Querem transformar um *approach* em mais do que ele é (o *approach* prepara o *winner*, não é o *winner*).

Quando dois amadores estão jogando, durante um ponto, de repente um deles tenta encerrar logo quando está sem vantagem, sem abertura, sem motivo. Apenas porque ficou muito impaciente. Lendl, nos anos 80, sabia quando acertar. Ele era paciente. De fato, um dos motivos de o seu jogo ter sofrido nos anos 90 é que ele *não* era mais paciente como antes. Acho que talvez porque não se aguentasse de vontade de voltar para casa e ver sua família, mas ele definitivamente não tinha a mesma paciência.

Aprendendo com Lendl
1. Comece a partida com apenas 65% de sua potência.
2. Descubra onde fica sua "base de lançador" e vá até ela.
3. Estenda uma liderança com riscos inteligentes. Pressione o oponente quando você estiver à frente.
4. Seja paciente. Não force um lance que não esteja lá.

Ivan era ótimo em manter a vantagem, mas não tão bom em retomá-la quando estava ficando para trás. Na verdade, no começo da carreira, ele perdia algumas quando ficava para trás ou não estava muito a fim. Tenistas diferentes englobam tendências diferentes. Eu fico cauteloso quando estou à frente e tento pressionar meu adversário com um jogo duro. Lendl gostava de elevar o nível. Vale a pena tentar no seu próprio jogo.

BORIS BECKER

Boris era um superatleta, talvez o melhor no tênis profissional. Dava pra sentir a vontade dele de competir. Ele também tinha uma presença grandiosa na quadra. Com isso quero dizer que jogava grande, grande em *tudo*. Dispunha de uma artilharia pesada, e com isso estava constantemente pressionando seus adversários. É aqui e agora!

Becker tinha um baita saque. Não dá para entender direito só vendo pela TV. Ele te atravessava. Além disso, se o saque entrava, isso lhe dava mais oportunidades de arriscar com outras questões do jogo, pois ele sabia que podia contar com a Bomba.

Dito isso, ainda não cheguei ao forte do jogo dele: a autoconfiança. No auge, ele tinha tanta confiança na própria habilidade de retomar ou ditar a partida que nunca duvidava da vitória. Podia até ficar bravo consigo mesmo, mas nunca pensava que alguém era melhor que ele. Não só pensava que podia vencer, mas acreditava que podia fazê-lo usando as fraquezas do oponente. Confiança total. E Boris era semelhante a Lendl no quesito aumentar a liderança. Na verdade, ia além e corria ainda mais riscos.

Becker básico
1. Acredite em si mesmo. Pense positivamente sobre o seu jogo e a sua habilidade de ganhar.
2. Quando estiver na liderança, vá em frente. Não fique tímido.

JOHN McENROE

No jogo, as mãos de John McEnroe tinham a precisão, o toque suave e a destreza de um neurocirurgião. Ele inventou, e depois passou a usar sempre, alguns lances com que outros tenistas podiam apenas sonhar. Por exemplo, no começo dos anos 80, Mac às vezes ia até a rede atrás de um *approach* fraco, e o oponente detonava a bola! Quatro ou cinco vezes por partida, John se jogava desesperadamente no lance de passagem e não somente devolvia – ele o fazia com uma suave deixadinha de *winner*. Isso não faz parte de nenhuma lição de tênis. Tente. Se conseguir, acredite em mim, foi um acidente.

Mas há também dois elementos táticos pelos quais John é conhecido e que valem a pena ser considerados. Primeiro, McEnroe jogava agressivamente. Levava a ação até o adversário. Quando estava num dia bom, você sentia a pressão antes mesmo de ele bater na bola, pois sabia que ele começaria a atacar. Ele queria ver você dar uma passada para ele. Ele queria ver *se* você conseguiria. Chegava perto na rede porque sabia que assim você falharia na linha de base, e não ele na rede. Você sabia que John atiraria o jogo dele na sua cara.

Segundo, McEnroe era flexível. Se você começava a passá-lo ou acertava os *lobs*, ele conseguia se ajustar. Ele jogava na quadra toda, se necessário. Se você mostrasse a passada, ele ficava para trás e selecionava a hora de chegar na rede. Seu jogo (e também sua mente) é muito adaptável. Ele era um jogador de tênis muito esperto e observador. Consciente da dinâmica da partida, procurava meios de explorar as fraquezas do outro.

Ataque de Mac
1. Sonde. Procure agressivamente as fraquezas do adversário. Coloque pressão.
2. Seja flexível. Se o que estiver fazendo não funcionar, mude.

Uma das coisas marcantes do jogo de John era que suas grandes habilidades eram complementadas por sua inteligência em quadra. Ele sabia o que tinha e como *usar isso da forma mais efetiva para explorar o oponente*.

STEFAN EDBERG
A abordagem tática de Stefan era o oposto da de McEnroe. É um bom exemplo de como dois estilos diferentes podem ser igualmente efetivos. McEnroe o testava aqui e ali, tentando encontrar uma fraqueza e explorá-la, chegando na rede, ficando para trás, constantemente

sondando. A abordagem de Edberg era clara: "Vou sacar e volear em cada ponto e atacar na rede sempre. Se quiser me derrotar, terá de fazer isso comigo na rede.".

Ele poliu seu saque-voleio até não haver mais ranhura alguma. O movimento logo na sequência do saque era maravilhoso. Ele pulava na quadra de forma a bater o primeiro voleio de dentro da linha de serviço. E ele não perdia esse voleio.

Stefan fez o saque-voleio 22 vezes consecutivas. É possível passar de volta 22 vezes seguidas. O que ele vai fazer em seguida? No número 23, vai fazer um saque-voleio. Enquanto McEnroe voltaria para a linha de fundo e procuraria outra coisa para prejudicá-lo, Edberg o forçaria a tornar o lance difícil outra vez. E outra. E mais uma. É preciso ser muito sólido para passar por alguém como Edberg durante uma partida inteira.

Ele não temia ninguém. Mesmo quando estava recebendo de volta com regularidade, ficava melhor perto da rede. Tirava toda a pressão de pensar no que fazer a seguir. O compatriota sueco de Edberg (e o herói do tênis do meu coautor) Björn Borg ficava na linha de base com tanta insistência quanto Stefan atacava a rede. Ele conhecia o próprio jogo e o obrigava a tentar vencê-lo enquanto estava jogando com a sua melhor característica.

Stefan Edberg também tinha grande habilidade de disfarçar uma fraqueza. Ele provavelmente tinha um dos piores *forehands* de um jogador número 1 na história do esporte. Usava uma empunhadura de *backhand* para bater uma bola baixa de *forehand*. Ele entendia isso e também tinha capacidade de contornar o dano que poderia causar.

Ele reduzia o dano de duas formas. Tirava o *forehand* de jogo nos *games* de serviço dele chegando na rede. Nos outros momentos em que Stefan usava o *forehand*, ele não tentava mais do que o básico. Entendia o que ele fazia e não tentava tirar mais dele. E dava certo. Lembra o velho ditado que diz "não se mexe em time que está vencendo"? Bem, o time dele estava vencendo. Em 1990, ele era o número 1 e ganhou 1.995,901 milhões de dólares. Em 1993, já tinha recebido mais de 13 milhões. Talvez por isso ele não tenha se dado o trabalho de melhorar o *forehand*.

Além disso, assim como Borg, Stefan Edberg também tinha controle total das emoções. Você já o viu nervoso ou irritado na quadra? A caminho da vitória do Aberto dos Estados Unidos, em 1992, ele estava perdendo por um *break* no quinto *set*, tanto de Lendl nas quartas como de Chang nas semifinais. A expressão no rosto dele era a mesma do começo da partida. Não revelava nada.

Ele entendia que ficar alterado não adiantava. Seu controle era total, e, quando se está do outro lado da quadra, é desanimador. Nunca se via Edberg desanimado. Sua postura era a mesma, ganhando ou perdendo. Ele não permitia que você se animasse com a fraqueza mental dele.

A excelência de Edberg

1. Desenvolva um jogo que se adéque aos seus lances. Tenha noção clara de quem você é na quadra.
2. Tenha um plano. Permaneça fiel a ele. Não fique nervoso se não funcionar de imediato. Faça seu oponente vencê-lo no seu melhor.
3. Não deixe o adversário saber que você está desanimado. Sua linguagem corporal (e verbal) pode ser um incentivo ao outro tenista.
4. Saiba quais são suas vulnerabilidades e reduza a exposição delas.

Stefan era mestre na abordagem do próprio jogo, que podia ser muito chato de assistir de tão previsível, mas lhe proporcionava resultados fantásticos. Ele tinha uma estratégia muito simples baseada nas qualidades, e a seguia sem cessar.

JIMMY CONNORS

Jimmy Connors era o pitbull do tênis. Mesmo depois do auge, ele foi um grande competidor. Era persistente. Supertático. Oportunista. Esperto. Ousado. Incansável. Jimmy jogava tênis como se estivesse no Coliseu, lutando pela vida – ele teria sido um ótimo gladiador.

Até Agassi aparecer, Connors era dono da melhor devolução de saque da história do jogo. Conseguia tirar a vantagem de grandes saques como os de Kevin Curran, Ivan Lendl e Roscoe Tanner. Ele devolvia e forçava o grande sacador a bater mais algumas bolas. Caras como Curran estavam acostumados a conseguir dois ou três pontos de serviço. Jimmy os obrigava a volear mais um pouco. O que eventualmente se traduzia em um *break*.

Jimmy começava uma partida imediatamente procurando pontos fracos no jogo do outro. Quando ele percebia uma falha, agia feito um tubarão em águas sangrentas. Ele atacava até que você mostrasse ser capaz de derrotá-lo. Connors descobria nos primeiros *games* qual era o seu problema naquele dia e imediatamente começava a morder.

A tenacidade e a determinação dele eram inigualáveis. Ele ia com tudo desde o início da partida. Com Jimmy, era guerra. Com Jimmy, era *pessoal*. Ele ficava ligadão como ninguém nesse esporte. Realmente, foi um dos maiores no tênis.

Aprendendo com Jimbo
1. Nunca desista. Repita. Nunca desista.
2. Procure agressivamente as fraquezas do adversário. Quando as identificar, continue atacando-as.
3. Melhore sua devolução de saque. Pode virar o saque do oponente para sua vantagem.

Jimmy Connors era a versão do tênis para um matador de aluguel. Ele aparecia com um propósito: vencer. E esse devia ser também o seu propósito. Pode soar óbvio, mas com Jimmy dava para sentir o desejo intenso de vencer o outro. Ele só queria saber de ganhar.

JIM "EXTERMINADOR II" COURIER
Jim Courier tinha um superjogo que não falhava. Ele tentava ao máximo a *cada* ponto, a cada *game*, em cada *set*, estivesse a pontuação 5–0 ou 0–5. Tinha uma intensidade incrivelmente consistente e de alto nível. Assista a um jogo dele e veja como Jim ficava totalmente focado e comprometido com a vitória.

Era possível ver esse olhar de desejo feroz nos olhos de Connors o tempo todo. Obviamente, todos os grandes jogadores têm esse desejo. Mas poucos têm o *tempo todo*. Era o caso de Courier. Tenho a impressão de que ele deve ser uma fera até para escovar os dentes.

Outro aspecto de seu jogo ao qual se deve prestar atenção é sua disposição para se jogar na bola. Quando Jim via uma bola de que gostava, ou com a qual poderia abrir a quadra, ou conseguir um lance de aproximação forte (ou um que o serviria bem), ele se jogava 110%. Não temia *conseguir o lance quando o via*. Ele não era acanhado. Não esperava a oportunidade perfeita para surrar a bola. Jim batia se ela estivesse minimamente próxima dele. E fazia isso sem ser descuidado. Quando sentia o cheiro de uma oportunidade de começar a controlar o ponto, ele a aproveitava de imediato.

Ele também era muito bom em misturar jogadas. Mandava uma bola dura e estável, girava a bola, acertava grandes ângulos e atingia profundidade. Nunca apresentava a mesma jogada, por isso o adversário não conseguiu entrar no ritmo. Ele variava o programa. E tinha um saque matador!

Por fim, quero voltar a algo que mencionei antes: pressão e nervosismo. Jim Courier lidava com isso de forma única, totalmente oposta à minha. Quando os pontos eram importantes, quando havia pressão, Jim acertava a bola com cada vez mais força. Ele não se tornava conservador, executando apenas lances com segurança. Por isso era chamado de Exterminador II (Lendl era o Exterminador original do tênis).

Quando se estava do outro lado da rede com Courier, você sabia que em pontos importantes (pontos de preparação, de *game*, de *tie-break*, de *match points*) ele bateria com tudo. Saber disso deixava você numa fria. Saber que Courier partiria para cima fazia com que seus oponentes tentassem coisas que não deviam (*aces*, *end points* cedo demais, se exceder nas raquetadas).

Jim Courier foi o jogador número 1 do mundo em 1993.

Imitando Courier

1. Desejo. Vontade de jogar. Dê tudo o que tiver. Entre na partida no primeiro ponto e não saia dela no aspecto mental ou físico antes do último.
2. Misture tudo. Use todas as suas jogadas e trabalhe no desenvolvimento de outras armas. E então as incorpore. Não deixe o oponente ver a mesma coisa de novo e de novo.
3. Coragem. Não fuja de uma oportunidade. Quando os pontos ou a situação forem importantes, mande bala! Tente a abordagem de Courier. Se cair, caia com as armas fumegando.
4. Aproveite as chances. Isso vale para o item 3 – coragem. Quando tiver uma oportunidade de fazer uma jogada, de tomar conta de um ponto, *aproveite*. Desenvolva o olfato. E então, quando sentir um cheirinho de oportunidade, capitalize-a.

Jim Courier não tinha dons físicos naturais no mesmo nível de Pete e Andre, mas ele neutralizava essa pequena diferença com a vontade. Então, caso não se queime, ele pode ser uma força no tênis nos próximos anos.[1]

PETE "A BOMBA" SAMPRAS

Pete, a Bomba, chegava na quadra trazendo suas habilidades de atleta extraordinário. Ele estava no topo em termos de talento. Como McEnroe, era capaz de lances impossíveis. Ele atacava a rede e o adversário devolvia uma passada quase perfeita na linha. Pete mergulhava na bola e, com o corpo totalmente esticado, acertava uma deixadinha de voleio que virava um *winner*. Cruel.

Suas técnicas são difíceis de copiar porque ele era muito relaxado quando jogava com seu estilo que eu chamo de "tranquilão": raquetadas ostensivas, com bastante punho, que exigem uma habilidade tremenda. Mas é possível refletir sobre algumas coisas em relação a essa abordagem tática.

Pete tinha um saque grandioso e sabia ser uma arma de dominação ao seu dispor. Nesses dias em que estava sacando *aces* (e *winners* de serviço), como se estivesse colhendo uvas, ele começava a arriscar na *devolução do saque*. Colocava uma pressão enorme no serviço do outro cara porque sabia que seguraria o saque sem problemas. Começava a atacar o saque arriscando um pouco e pressionando a cada serviço. Quando você estava sacando contra ele nessa situação, de repente, ele encarava uma pressão enorme. De fato, desestabilizava o saque.

Mas, igualmente importante, quando Pete começava a errar o primeiro saque, não tinha medo de dar um passo atrás, dar alguns *spins* e recuperar o ritmo. Ele não ficava mandando a bomba sem parar, sem sucesso. Diminuía a marcha da quarta para a terceira (ou para a segunda). Depois, quando conseguia recuperar o ritmo, a bomba voltava. Isso é boa administração mental.

Outra coisa: Pete não se importava com o que acontecia fora da quadra. Estava sempre sereno e não se deixava afetar pela plateia, por chamadas erradas, interrupções ou qualquer coisa do tipo. Não deixa-

---

[1] Lembrando de novo que esta tradução é de uma edição de 1993. (N.E.)

va o que estava fora afetá-lo. Ele se controlava com algumas respirações profundas e algumas quicadas na bola. Era muito tranquilo. Recusava-se a gastar energia ou emoções com qualquer coisa de fora das linhas.

Os princípios de Pete
1. Quando estiver segurando o saque com facilidade, aumente a pressão sobre o saque do oponente. Arrisque-se e fique mais agressivo.
2. Quando perder três ou quatro saques seguidos, mude de marcha. Não fique ambicioso – em vez disso, saque uns *spins* e recupere o ritmo e a confiança.
3. Jogue dentro das linhas. Não permita que distrações o incomodem. Isso faz desperdiçar energia e quebra a concentração.

Pete, a Bomba, tinha grandes habilidades, muita serenidade, e era um jogador inteligente. A combinação que cria uma lenda.

BRAD GILBERT

Por Tom Chivington, treinador de Brad, técnico do Foothill Junior College e treinador do ano de 1992 pelo NCC

Quando Brad veio falar comigo no Foothill College vindo da University of Arizona, em 1980, demorei para compreendê-lo. Quando eu o vi jogando pela primeira vez, pensei: "Nada de *forehand*. Nada de *backhand*. Nada de voleio. Saque fraco.". Mas também reparei em outra coisa: "Ele ganha partidas!".

É o sonho de um treinador alguém que saiba ganhar sem ter nenhuma arma de destaque. Brad fazia isso.

Ao longo de sua carreira universitária, nunca me ocorreu que Brad seria profissional (ou que ao menos tentaria ser). No entanto, ele fez algo logo que saiu de Foothill que pareceu me dizer que ele tinha futuro.

Naquela época (começo de 1982), ele precisava se qualificar para entrar em torneios. Caso você não saiba, a qualificação ocorre quando as estrelas de amanhã lutam pelas duas ou três vagas disponíveis no torneio da semana. A ferocidade e a intensidade dessas partidas são lendárias.

Os jovens estão desesperados para entrar, é sangrento. Em 1982, Brad ganhou 28 partidas de qualificação seguidas contra jogadores como Pat Cash, Guy Forget, Miloslav Mecir e outros.

Não há registros desse tipo de competição, mas duvido de que já houve algo assim. Isso mostrou que Brad era especial.

Muitos *experts* criticaram as habilidades de Brad porque não viam nele o tipo de brilho óbvio, aparente em jogadores como McEnroe, Becker, Agassi ou Sampras. Quando ele jogava como amador, diziam que não seria profissional. Quando ele se tornou profissional, diziam que ele não ganharia dinheiro assim. Quando chegou a número 4 do mundo e ganhou 4 milhões de dólares, muitos passaram a acreditar nele. Admiraram sua habilidade de encontrar um meio de vencer.

No entanto, antes de dispensar a habilidade dos lances de Brad, posso assegurar que ele tem alguns pontos fortes nesse departamento. Ele trabalha com uma ampla gama de golpes confiáveis. O forte dele é o contra-ataque. O melhor dele aparece quando ele está sendo atacado.

Sua condição física também é importante. Depois da cirurgia em 1988, Brad começou a trabalhar seu condicionamento exclusivamente com Mark Grabow, e ele melhorou sua força e sua resistência de maneira drástica. Quanto mais longa a partida, maiores as chances de Brad.

Ele também era muito bom em antecipar. Estava quase sempre preparado para o que acontecia na quadra.

Contudo, Brad era excelente, melhor que qualquer um na sua abordagem mental do jogo. Ele entendia a *importância de combinar suas forças com as fraquezas do oponente*. Sabia quando atacar e quando ser cauteloso. Tinha muita consciência de quadra e realmente entendia a dinâmica da partida. A preparação pré-jogo dele era soberba. Quando Brad chegava à quadra, estava totalmente preparado para a tarefa a sua frente.

A abordagem básica de Brad ao jogo deveria ser imitada por todos os amadores. Brad Gilbert tem *horror a erros não forçados. Odeia erros estúpidos. E simplesmente não suporta entregar pontos de graça.* Quando você joga com Brad Gilbert, tem de se virar, não dá para pegar algo emprestado. Para um tenista amador, de qualquer idade, acredito que não haja nada que melhore resultados tão rapidamente do que entender e aplicar essa filosofia. Não doe pontos. Brad garantia a mínima distribuição de pontos possível.

Brad era descrito como um tenista muito conservador, que não fazia muita coisa. No entanto, Brad fazia muito. Só que não era exibicionista, porém, extremamente analítico com seus adversários. Sabia o que esperar, o que determinado jogador faria em determinada situação. Quais eram as jogadas preferidas de cada um, e quais não iam tão bem. Ele jogava de forma inteligente em momentos importantes da partida.

Trabalhando com meus alunos, descobri que aqueles que aplicam o pensamento e a abordagem de Brad nos próprios jogos melhoram muito.

Parece fácil, só que não é. A maioria dos jogadores é mentalmente preguiçosa na quadra. Sempre achei que Brad se destacava dessa maneira porque, quando mais jovem, não se garantia com as habilidades físicas que abençoam tantos atletas. Talvez ele tenha percebido, logo cedo, que, para vencer, precisaria desenvolver o lado mental e analítico do jogo. Brad, na verdade, demonstrou a muitos jogadores medianos quão importante é esse lado do jogo.

Brad básico
1. Aprenda a odiar seus erros não forçados.
2. Observe seu próprio jogo e o do oponente. Saiba o que está acontecendo na partida.
3. Jogue sua força contra a fraqueza do adversário.
4. Leia a regra número 1 muitas vezes.

Brad Gilbert entende o quanto uma partida de tênis é jogada na mente. Observação e análise são fundamentais para o sucesso. Ele podia ter mais em sua abordagem do que o jogador médio pode aprender com qualquer outro. Não vencia com tacadas estelares. Ele vencia porque maximizava o que havia nesse departamento. Fazia isso porque é um bom pensador. Entende como se preparar para a partida e como reconhecer e capitalizar na dinâmica dela. Ele é brilhante em diminuir a eficiência do jogo do oponente. Se um amador fizer o mesmo, sua evolução será dramática.

A seguir: Táticas não são brincadeira!

III
JOGOS MENTAIS, INTIMIDAÇÃO E TÁTICAS DE JOGO: CONTOS DAS COMPETIÇÕES

"Vagas de estacionamento melhores."
– Brad Gilbert, quando questionado sobre o que significava ficar em oitavo lugar no Aberto dos Estados Unidos

12

OS MESTRES DA FÚRIA: CONNORS E McENROE

Compre a raquete mais cara do mercado. Treine até as mãos sangrarem, pratique até se arrebentar. Tome vitaminas e durma bem. Fazer tudo isso, no entanto, não vai adiantar nada se o seu adversário o intimidar durante a partida. Ou mesmo antes. E eu sei bem. Fui intimidado pelos melhores no negócio. Na verdade, John McEnroe fez um dos melhores trabalhos de intimidação da história do tênis comigo, sem ao menos precisar estar na quadra para isso. Ele me intimidou antes de a partida começar – *no dia anterior*.

Nós disputaríamos a final do Campeonato TransAmerica/San Francisco, em 1984. Eu começava a receber um pouco de atenção no mundo do tênis e, já que sou da região, queria ficar bem diante dos meus fãs locais. E quer melhor jeito do que vencendo o número 1 do mundo, John McEnroe? No entanto, Mac tinha outras ideias em mente. Uma delas era começar a trabalhar em cima de mim antes de batermos na bola.

Na noite anterior à partida, uma declaração de McEnroe foi citada pelo *San Francisco Examiner*: "Brad Gilbert não suinga a bola com força suficiente nem para quebrar um ovo. Ele não bate na bola. Ele dá um tchauzinho pra ela.". Li a notícia naquela noite, no meu apartamento, e fiquei tão bravo que nem consegui terminar o jantar. "Ele quer ver força? Vou mostrar força. Vou arrancar aquele filho da **** da quadra!" Desnecessário dizer que o resultado da partida tinha sido decidido ali. McEnroe me pegou na minha própria cidade.

No dia seguinte, fui para a quadra no Cow Palace e queria arrancar o couro da bola. Eu arrebentava saques e detonava lances baixos. Tentava *aces* no meu *segundo* saque. Tentava *winners* no *primeiro* saque dele. Queria mostrar aos fãs locais que McEnroe estava errado, que Brad Gilbert tinha muita potência. O que mostrei foi que McEnroe era um falastrão. Ele conseguiu me tirar do meu jogo. Perdi todos os *sets*.

McEnroe adorou. Ele ganhou por um duplo 6–4, e a intimidação foi o diferencial. Mais tarde, ele contou a um jornalista: "Brad parecia mais agressivo do que o normal, acho que isso o prejudicou.". E falou isso na cara dura. Ótima intimidação do Mac.

DOIS TIPOS DE INTIMIDAÇÃO

Há dois tipos de intimidação que podem prejudicá-lo. A que o oponente faz com você e a que *você* faz com você mesmo. Ambas podem prejudicar seu jogo se não houver entendimento do que está acontecendo. Com McEnroe em San Francisco eu não pensei a respeito. Ele montou a armadilha e eu caí.

Os jogos mentais durante uma partida podem afetar o resultado, da mesma forma que o físico e a parte tática do tênis. Lembre-se disto: os jogos mentais que os outros tenistas usam têm o mesmo propósito, que é atrapalhar sua concentração. Incomodam seu equilíbrio emocional e seu ritmo, eles o tiram do seu jogo. Você se torna um títere. Em vez de controlar o ritmo, a velocidade e a "atitude" da partida, tudo está sendo ditado para você.

Aqui vão algumas dicas específicas sobre o que você pode fazer para contrabalançar as táticas, psicológicas ou de outro tipo, intencionais ou não, que surgem nas suas partidas. Sempre digo: "Cuidado com a Tartaruga, a Lebre, e o Ladrão!" (jogo lento, jogo rápido e trapaças). Também quero mencionar algumas intimidações que já enfrentei, das quais você pode tirar alguma lição. Mas quero começar com o "problema mental" mais comum do tênis: raiva – a sua e a do outro. Ambas podem tirá-lo do jogo e acabar com sua chance de vencer.

O MELHOR EM SER O PIOR

Os melhores tenistas de *game* de todos os tempos foram John McEnroe e Jimmy Connors. No quesito controlar o que está acontecendo na quadra, eles reinavam; controlavam a plateia, os árbitros e até mesmo os boleiros. Controlavam as altercações e disputas, e, igualmente importante, *o momento* na partida em que ocorriam. Eram ótimos em ditar o ritmo do jogo, acelerando ou desacelerando, conforme a intenção. Controlavam a energia, a atmosfera e a atitude, na quadra e em torno dela.

Numa partida longa, eles o faziam descer e subir mais do que um elevador. E no melhor (ou pior) momento deles, podiam prejudicá-lo mais do que os outros tenistas com uma raquete. Eram como os gêmeos malignos do Bart Simpson. Veja como o rei da tática, Jimmy Connors, manipulava as coisas para tornar a raiva (a dele e a minha) sua arma predileta.

CONNORS FICA FURIOSO: CHICAGO, 1985

Jimmy e eu tivemos batalhas inacreditáveis e chegamos perto de nos atracar algumas vezes (lembra a gritaria no vestiário depois da derrota dele no Masters de 1987?). Ele não leva desaforo para casa, e eu também não gosto, ainda mais de alguém que usa um *status* de "lenda" para sair na vantagem.

Em 1985, estávamos agendados para jogar em Chicago, num momento importante da minha carreira. Tenha em mente que eu havia acabado de entrar no Top 20, mas ainda não tinha conseguido nenhuma vitória contra grandes nomes. Eu subia pouco a pouco no *ranking*, e de repente lá estava eu nas quartas contra Connors, número 3 do mundo. Uma vitória contra ele seria importante. E eu achava que poderia vencê-lo. Vamos logo para o que interessa, vou contar o que aconteceu. E por quê.

Dividimos os dois primeiros *sets*, 6–4, 4–6, e eu estava dando o meu máximo. O terceiro *set* foi uma pedreira, ninguém queria ceder nada. Seguramos o saque até ficar 4–5 no *set*, com Jimmy sacando a 30–40. Não podia acreditar. Tinha uma oportunidade de *match point* me encarando. Sei que os psicólogos do esporte dizem que se deve apenas pensar em ganhar "um ponto de cada vez" e tal, mas não pude evitar. Estava elétrico e pensando: "Gilbert, você vai acabar com o Connors. Você vai para as cabeças, meu camarada!".

Com um *match point* diante dele, Connors se preparou para sacar e permanecer vivo na partida. Ele estava muito consciente do que fazia.

Quicou a bola oito ou nove vezes. Focado. Paciente. Estou pensando que se tiver a chance quero atacá-lo antes que ele me ataque. "Aproveite assim que der", digo a mim mesmo. Então ele saca. Nada especial (a especialidade dele). Chega no meu *backhand* e eu fatio de volta para a linha. E profundo. Corro atrás. Jimmy cobre e manda um *lob* para o lado do meu *backhand*. Eu não estava esperando por isso e fui pego de surpresa. Mas o *lob* foi fraco, não muito profundo. Dou alguns passos para trás e faço uma espécie de salto giratório. Eu me estico, dou um *swing* com força e detono um *overhead* direto na linha da quadra de *deuce*. Connors tenta adivinhar o canto, mas erra. Ele vai para o leste, e a bola cai do lado oposto, atinge a linha lateral atrás dele, e o juiz de linha faz sinal de positivo.

Consegui. Venci o *match point* e derrotei uma lenda num grande torneio. Começo a pular e a socar o ar animado, exuberante, orgulhoso. Corro para a rede com a mão estendida, pronto para cumprimentar e receber elogios. Mas Jimmy não está no clima para isso.

Antes que eu dê dois passos na direção da rede, ele começa a surtar. Está gritando e berrando com o juiz de linha, apontando para a linha e uma mancha do lado de fora. Está alucinado! Tão ensandecido que sai ranho do nariz e saliva de sua boca. Ele bate com a raquete na quadra e corre para a cadeira ainda vociferando sobre a decisão. Segura a cabeça entre as mãos e berra coisas pelas quais seria preso se dissesse a um policial. Ele aponta para a "mancha" que imagina ver do lado de fora da linha.

Enquanto isso, estou parado na rede como uma criança à espera do Papai Noel. Eu teria de receber meus cumprimentos depois. Sinceramente, não sabia o que estava acontecendo. A partida havia acabado, não? Ele estava fazendo esse show todo para depois dizer que eu não o derrotara *realmente*? Na mente dele, queria afirmar que não tinha sido uma vitória legítima? Era uma variação do acontecimento do vestiário na derrota do Masters? O que estava acontecendo?

Jimmy mantém-se enfurecido, gritando na cara do árbitro. Ele está detonando o homem com a história da bola fora! Ele corre e aponta a "marca". A plateia assobia, vaia e bate os pés. Estão exaltados.

Estou com as duas mãos sobre a rede, parado, um pouco confuso. Esperando as coisas se aquietarem. Mas as coisas não se aquietaram.

De repente, escuto algo em que não posso acreditar. O juiz de cadeira liga o microfone e diz: "Veredito: bola fora. Saque do senhor Connors. *Deuce!*". *Ele deu veredito negativo sobre a decisão do juiz de linha num match point*! Se tivessem enfiado um garfo no meu olho eu não teria gritado tão alto. Só que não foi possível me ouvir. A plateia abafou. Os fãs gritavam – 8.321 deles enfiados na arena da University of Illinois –, um barulho estrondoso, como o de uma bomba. O estádio foi abaixo.

Essa decisão significava mais jogo, e a plateia adorou. Eu me senti roubado. O público adorava Jimmy em Chicago (na época, ele ainda não era tão amado por toda parte), então foi um pandemônio. Primeiro, eles vaiavam a decisão do juiz. Agora, adoravam o veredito.

Perdi as estribeiras. Corri em direção à cadeira berrando *"Como é que você dá esse veredito cinco minutos depois?!"*. Fiquei louco. E o juiz ali parado, com cara de paisagem. Olhou para mim como se eu fosse um boleiro atrapalhado.

Fiquei tão furioso que comecei a sacudir a cadeira dele. Passei dos meus limites. O cara ficou assustado, porque estava sentado lá no alto e havia um sujeito descontrolado sacudindo sua cadeira e gritando com ele. Ele parecia ter visto o fantasma de Bill Tilden, agarrado na cadeira como se fosse desfile de Carnaval. Eu estava furioso.

Não adiantou nada. A decisão foi mantida. A partida seguiu. Jimmy sacou em *deuce*. Eu não consegui esse ponto. Nem o seguinte: 5–*all*. Meu saque. Perco o primeiro ponto. O segundo. O terceiro. O quarto. Jimmy saca a 6–5. Eu perco o primeiro ponto. O segundo. O terceiro. O *match point. Match point*! Perdi o *match point*. Perdi a partida. Pesadelo total. Não ganhei um ponto em três *games*. E Jimmy arrancou a partida de mim. Jimmy foi atrás de um juiz às minhas custas. Desastre completo. Fiquei destruído.

O ponto é: Jimmy intimidou o árbitro para que lhe desse outra chance. A bola estava muito perto. Obviamente, para mim, havia entrado. E o juiz de linha pensou o mesmo. Numa bola tão próxima, num *match point*, não costuma haver veredito negativo. A não ser que Connors fique gritando na sua cara, exigindo essa decisão e 8 mil fãs corroborem. O árbitro cedeu à pressão de Jimmy. Mas isso não foi o pior que Jimmy fez. O pior foi comigo. O pior foi que eu cedi.

A decisão do juiz acabou comigo, com meu pensamento, minhas emoções, meu controle. Desmoronei de raiva e não me recuperei. Fiquei tão chateado que perdi o controle do que fazia na quadra. Senti como se tivesse sido roubado e enlouqueci. Sei que era pedir muito vencer Connors uma vez. Supus que vencer duas vezes na mesma noite já era pedir demais. Odeio admitir, mas foi uma das poucas vezes na quadra em que deixei de me importar. Sentia ter tido a vitória roubada, na trapaça.

Jimmy influenciou um juiz, e este me influenciou. No auge, ele fazia de tudo para vencer. Lembre-se, a questão aqui não é considerar Jimmy um mau-caráter. Jimmy é Jimmy. A raiva é o ponto aqui, a raiva descontrolada. Acontece no âmbito profissional e em qualquer outro. Raiva descontrolada acontece por vários motivos, e em momentos estranhos. Mas quando acontece você precisa estar preparado. Precisa reconhecê-la e ser capaz de recuperar o controle, ou será como jogar com uma raquete quebrada.

Nesse caso, eu estava mentalmente despreparado. Até então, nunca tive uma oportunidade daquela na minha carreira. Não previ que aquilo *poderia* acontecer. Foi meu erro. Aprendi com ele.

Raiva descontrolada o mata (a não ser que você seja Connors ou McEnroe). A raiva por motivos certos ajuda. Contra um mestre como Connors, eu precisava dizer a mim mesmo que deveria estar preparado para tudo. Minha preparação mental pré-jogo foi fraca. Lembra o que eu disse sobre a habilidade de Connors de "controlar os elementos"? Eu não estava pronto para isso em 1985. Precisava falar para mim mesmo que ele seria capaz de qualquer coisa. E, quando ele o fizesse, eu não deveria cair. Claro, eu tinha o direito de discutir com o árbitro, só que, quando comecei a chacoalhar a cadeira, Connors já havia vencido a partida mental. Se eu tivesse me preparado mentalmente, poderia ter ganhado a partida. O problema não foi meu tênis. Foi minha mente.

E, para fechar com chave de ouro, recebi uma multa de 1.500 dólares por ter ofendido o árbitro.

No entanto, como você verá, aprendi uma lição valiosa.

GRITAR OU NÃO GRITAR? EIS A QUESTÃO

Então, quando a raiva pode ser boa? Repito: raiva descontrolada destrói seu jogo. Raiva pelo motivo correto e sob controle vai trabalhar a seu favor.

Eu cumpro minha cota de reclamação numa partida. Algumas pessoas acham essa cota muito grande. Escuto: "Brad, você é muito duro consigo mesmo. Reclama de tudo!". E devem ter razão. Mas o que costumo fazer é tentar me animar depois de ter cometido um erro de execução ou estratégia. Quando fico descompromissado, ou perco uma fácil, ou exagero na hora errada, quando fico impaciente, ou cometo os mesmos erros físicos ou mentais, *fico bravo comigo mesmo*. E você também deveria ficar bravo consigo. Esse tipo de raiva pode funcionar.

É como um treinador do time de futebol americano do colegial que lhe dá um chute na bunda para animá-lo. Fique bravo consigo quando pisar na bola. Mostre a si mesmo que se importa. Seu jogo vai "ouvir". E então siga adiante. Olhe para o que está acontecendo na sua frente. Você precisa esquecer o que acabou de acontecer.

Não é possível olhar para trás e para a frente ao mesmo tempo. Se ficar remoendo um ponto (ou um problema) que já passou, não estará presente no ponto seguinte. Estará distraído, e um tenista distraído comete erros físicos e mentais. Com Connors naquela noite em Chicago, não fui capaz de olhar para a frente. Não pude desviar a mente do que havia acontecido e focar no que estava prestes a acontecer. Isso me custou a partida.

Então raiva – controlada – pode ser uma ótima motivação, uma ótima maneira de chamar sua própria atenção. Pode dar um gás. Use-a sem temer. Controle-a. Não se deixe controlar. Nunca entendi como um grande jogador como Björn Borg conseguia ser tão frio em uma partida. Era como se não se importasse. Ele foi roubado em muitas chamadas de linha, e sabia disso. Nunca o vi, sequer uma vez, transtornado. Dava certo para ele. Não dá certo para a maioria.

COMO CONTROLAR SUA RAIVA

Ao longo dos anos, fiquei melhor em controlar a raiva, em seguir em frente e em me distanciar do estopim do problema. Lembre-se de que a questão aqui é controlar o descontrole. Se soa como uma contradição, é porque é isso mesmo. Você entenderá ao ler minhas regras.

1. APAGUE A CENTELHA, NÃO A FOGUEIRA

Aprenda a reconhecer a raiva assim que ela surge. A raiva se insinua antes que possa reconhecê-la. Pode começar de mansinho, ou rapidamente (como no caso de Connors). Mas você pode fazer algo antes que ela o consuma. Isso requer disciplina, e muita. É preciso suplantar emoções naturais e usar pensamento racional. É difícil para a maioria.

A raiva se autoalimenta; e quanto mais você remoer algo, mais difícil será pará-la. Não deixe que a centelha vire uma chama.

2. CANALIZE A RAIVA

É importante ser capaz de canalizar a raiva para uma direção específica. Identifique a fonte. Foram as chamadas de linha ruins? Foi um lance perdido, uma série deles? Isole. Entender a causa ajuda a bolar uma solução. Fique bom em perceber a raiva logo. Pergunte a si mesmo: Por que isso está acontecendo? O que posso fazer para mudar? Se seu *forehand* estiver o matando, procure uma maneira de corrigi-lo.

Se o oponente o deixa com raiva, essa raiva também deve deixá-lo mais forte. Sei de alguns amadores que dizem não entrar na partida de fato até que o adversário faça algo que os irrite – uma chamada de linha ruim, lentidão. Se o adversário irritá-lo, transforme o negativo em positivo. Não pense "vou perder por causa dessas coisas". Diga: "Vou vencer por conta disso. Ele vai ver só!". Você vai se dedicar mais para vencer.

Eu costumava ficar *pessoalmente* bravo com meu rival. Esquecia táticas e estratégias, só pensava no babaca, ou na chamada errada do juiz de linha. Olha como era feia a coisa. Eu *ficava* bravo com essas atitudes por três ou quatro *dias*. Eu estava na Europa e telefonava para meu irmão, Barry, na Califórnia, dois dias depois da partida, e ele nem entendia do que eu estava falando. "Brad, isso não aconteceu na semana passada? Se liga!" Estou melhorando. Trabalho duro para esquecer a questão pessoal e me concentrar em tentar provocar no outro o que eu não quero que ele provoque em mim.

A raiva é volátil. Como gasolina, pode ligar seu carro ou explodir na sua cara. Clark Graebner ficou tão bravo com Ilie Nastase durante uma partida que depois pegou o cara e o pendurou num gancho no vestiário. Embora eu tenha ouvido essa história algumas vezes, duvido que seja verdadeira. (Embora Graebner tenha altura pra isso. Vai saber.) O que eu sei é que, exceto para McEnroe e Connors, raiva descontrolada acaba com o jogo de um tenista. Se você a contiver, poderá salvar pontos. Tenho certeza de que Borg fazia isso. Fazia a contenção e a transformava em motivação.

3. NÃO SE CULPE

As coisas não vão bem quando você começa a gritar consigo mesmo como se estivesse gritando com um cachorro que mordeu sua perna. Não faça isso. Já basta o adversário do outro lado da quadra tentando derrotá-lo. Se você se virar contra si mesmo, haverá mais um. Então não desconte em si mesmo. Eu ainda faço isso, e não funciona. É um mau hábito e não me ajuda em nada. "Sou o pior. Só faço porcaria. *Idiota!*" Em dias ruins, são as minhas reclamações típicas.

Primeiro de tudo, o rival vai adorar ouvir isso. Se um jogador me pegar gritando "não consigo acertar o *backhand*!", ele vai mandar mais no meu *backhand*. Além disso, anima o outro cara ver o competidor perder o controle. Ele se sente mais positivo com a chance de vencer naquele dia. Quando você começa a se diminuir assim, é difícil voltar atrás. Ao seguir essa rota, fica complicado achar o caminho de volta. Então você permanece ali. Se você começar a gritar consigo mesmo sobre como você é péssimo, logo vai se tornar péssimo de verdade.

Então, cuidado com a raiva. Pode atrapalhar pra valer. Você está lá, na quadra. Não vai sair e voltar ao trabalho. Se a raiva for um problema, canalize-a. Quando ficar bravo, pense no que fará a seguir, *não no que fez antes*.

4. TENHA UMA VÁLVULA DE SEGURANÇA

Uma boa maneira de desviar a raiva é desviar a atenção. Desenvolva um procedimento específico para seguir quando estiver transtornado pela raiva, quando precisar se acalmar. Posso dar cinquenta dicas, mas vou deixar apenas as mais úteis para aqueles momentos em que preciso me recuperar. Amarre os sapatos. Ajeite as cordas da raquete. Seque-se com a toalha. Repita.

Nada complicado. No fim, é questão de autocontrole, administração mental e emocional. Da mesma forma que você quer controlar a qualidade dos lances, do trabalho de pés, você deve tentar controlar a raiva, e pode fazer isso de forma direta e lógica – quer dizer, pelo menos até ficar fumegando de novo.

FÚRIA – PARTE II
O BOM, O MAU E JOHN McENROE

John McEnroe decidiu interromper uma partida comigo no estádio olímpico de tênis da University of California enquanto protestava contra uma decisão do juiz de linha. É um ótimo exemplo de como ele controlava o que acontecia na quadra quando achava necessário. E de como a raiva se tornava uma arma.

Era uma partida em 1986, numa noite com temperatura por volta dos 7 graus. A plateia bebia para se aquecer, e até rolou briga. O juiz teve de interromper o jogo e chamar os seguranças. Copos e folhetos eram arremessados, as pessoas berravam e gritavam nas trocas de lado. Era como estar num jogo noturno dos Raiders no Coliseu. Para se ter uma ideia da desordem.

McEnroe começou me detonando: 6–1 no primeiro *set* e 1–0 no segundo. Eu estava perdendo tão feio que não culpava os torcedores por beberem; pelo menos, arrumaram um passatempo. Em algum momento no começo do segundo *set*, olhei para meu treinador, Tom Chivington, com cara de "o que vou fazer?". O técnico não pode fazer nada durante o jogo, mas ele acenou com a cabeça algumas vezes para McEnroe. Talvez estivesse só se aquecendo, mas eu interpretei como uma dica para chegar à rede. Por que não?

Chego com tudo. Começo a dar saque-voleio. E, em alguns segundos serviços de McEnroe, eu ataco. Por desespero, vou atrás de todos, tentando forçá-lo a sair do jogo. E quer saber? Ajuda um pouco. Ele começa a cometer alguns erros. Eu me sinto melhor e acerto uns lances. Ganho o *set* por 6–4. Terceiro *set*: três *games* para cada.

Como você sabe, é nesse momento do jogo que as coisas começam a ficar interessantes. Erros custam muito. As recompensas são grandes. Mac está sacando a 15–30, 3–*all*. Estou pensando que é um ponto de preparação e, se eu levar, ganho o *game*, então seguro o serviço duas vezes e vou para casa tranquilo.

Ele saca, e o ponto é longo. Por fim, fatia o *backhand* na linha. Mando um *backhand* de volta para a linha dele. Só que ele não está lá. Dou um passo em falso, o suficiente para enganá-lo, e ele não chega. A bola aterrissa dentro da linha e é "boa".

Sabe, algumas chamadas são duvidosas. Essa bola não ficou na beiradinha nem em cima da linha. Foi *dentro*. Você está pensando: "Gilbert, lá vai você de novo. Sempre que uma chamada é contra você, é ruim. Primeiro a do Connors. Agora essa do McEnroe!". Ok, não o culpo por pensar que sou paranoico. Mas dessa vez eu tinha razão. E o juiz de linha concordou. O juiz de cadeira concordou. A torcida concordou. Só uma pessoa não concordou: John McEnroe (e eu acho que até ele sabia que era boa).

Quando McEnroe ouve a decisão do juiz, cria um rebuliço. Larga a raquete e se joga para trás, como se tivesse levado um tiro. Logo em seguida, pula gritando (deitado no chão, é difícil gritar com o árbitro). Ele age como se fosse a pior decisão da história do tênis, *embora eu aposte minha vida que aquela bola foi boa.*

Mas veja o que estava acontecendo e quando a guerra psicológica começa. John percebeu que a partida iria para o brejo se eu ganhasse aquele ponto de preparação. Ele pensava *exatamente* a mesma coisa que eu. Se eu ganhasse o ponto, estaria a 15–40 e buscando um *break* mais tarde, numa partida em que eu não havia conseguido nenhum. Ele sabia que sacaria até vencer se conseguisse o *break*. Ambos sabíamos que o ponto que eu tinha acabado de fazer era um monstro na dinâmica da partida. Ele viu que eu estava jogando bem e pensou que precisava fazer qualquer coisa para acabar com o meu momento. E quando digo *qualquer coisa* estou falando sério. Era hora de Mac atacar.

Tatum O'Neal estava na arquibancada naquela noite, e mesmo ela deve ter ficado impressionada com o teatro do marido. Digno de um Oscar: "Melhor performance durante uma partida de tênis a 7 graus Celsius".

Ele está trovejando, brigando com o juiz de linha sobre a chamada errada. Então vai atrás do juiz de cadeira, Zeno Fau. Mac pensa que pode azucrinar o cara e pede uma revogação. Implora. Exige. A torcida compra a performance, assobiando noite afora (embora não entendam realmente por que o ponto importa tanto para McEnroe). Pelo menos dessa vez não estou na rede com a mão estendida. Fico de cabeça fria. Não vou entrar nesse turbilhão. Sei que a decisão será mantida.

Enquanto isso, McEnroe de algum modo dá um jeito de transformar a disputa de ponto num caos com o juiz de linha e o juiz de cadeira. *Ficamos sem jogar por dez minutos.* Não noto, mas começo a esfriar. Fico um pouco endurecido. Depois dos dez minutos, me sinto num frigorífico. Suor vira frio bem rapidinho nessa temperatura.

McEnroe mantém o caos e eu começo a perder a concentração, o foco, a energia. A raiva não é a questão dessa vez. Não me permiti ficar bravo (talvez devesse), mas me permiti sair do jogo. Eu me tornei um espectador numa performance de um dos maiores atores do tênis. Mac me pegou de jeito. Embora não tenha conseguido fazer o juiz voltar atrás, ele conseguiu o que queria.

Fau manda retomarmos a partida. São 22h15, e as pessoas começam a ir embora, talvez porque a cerveja tenha acabado. Vou para a linha de fundo com frio, chateado, mentalmente distraído. O sentimento de John é o oposto. Está aceso e pronto para rugir. Ninguém, mas ninguém mesmo, usa caos, comoção, interrupção e desordem em benefício próprio como ele. Seu jogo fica melhor em meio ao caos.

Queria saber quantas vezes ele acabou uma explosão para logo em seguida enfiar um *ace*. Muitas vezes. E quer saber? Dessa vez de novo. Ele entra no movimento de saque típico e pronto. *Ace!* 30–40. Estou com muito frio para me sentir chateado. Depois um saque-voleio. *Deuce*. E então outro *ace*. E um *winner* de serviço. Ou foi um *ace*? Não sei de mais nada. Mac voltou rugindo, e eu estou achando que vou pegar um resfriado. Quisera eu isso fosse o pior. Não era.

A partida está a 3-4 no terceiro *set*. Meu saque. McEnroe ganha uns pontos, e eu, um *winner* de serviço. Agora acontece algo a 15–30 que encerra a partida. Estou sacando. Grande momento; ponto de preparação; *game* de preparação. Ele ganha e está olhando para dois *break points*. E eu faço o que devo fazer. NMA. Eu me controlo. Digo a mim mesmo: "Sem erros estúpidos. Vá com calma. Sem pressa.".

Percebo que a partida está em perigo, embora não esteja perdida. Coloco os pensamentos em ordem. Desacelero. Peço uma toalha para o boleiro, embora não esteja suando (precisava de um aquecedor de mãos, não de uma toalha). Limpo a empunhadura e as mãos. Devolvo a toalha para o boleiro. Volto para a linha de serviço. Quico a bola e olho para McEnroe. De repente, ouço o senhor Fau dizer no microfone: "Aviso de atraso no jogo, senhor Gilbert!". Ele está falando comigo? Não é possível.

McEnroe parou a partida por dez minutos e eu recebo uma advertência? Que tortura. Foi o fim da picada. Grito com Fau. Ele me olha com cara de quem vai me dar outra advertência ou punição. Não tenho para onde ir. Estou acabado. McEnroe me quebra. Segura. *Game. Set. Match*. Oscar. McEnroe.

Por que ele me venceu naquela noite? Muito simples. Eu não fui esperto durante o atraso. Eu me deixei levar, observando, sem fazer nada. Era o show de John, e eu não pude pará-lo. Mas eu devia ter me mantido aquecido, batido alguns saques, colocado uma jaqueta. Pedido para ir ao vestiário até o intervalo do teatro de McEnroe.

O que eu não devia ter feito é ter ficado parado no frio, esfriando. De quem é a culpa? Principalmente minha, por não ter sido inteligente no atraso. Por não ter ignorado o aviso de atraso do jogo (afinal, não significava nada). Eu me permiti ser tirado do meu jogo física e mentalmente. E isso me custou caro.

Aqui está um ótimo fim para a história. Mais tarde, no vestiário, Mac aparece com um sorrisinho encabulado. Penso que ele vai se desculpar pelo teatro e pela interrupção. Estou errado. Ele olha para mim e diz: "Brad, você precisa ter mais cuidado com atrasos assim. Nesse frio, podia pegar um resfriado.". Esse é o senso de humor de John McEnroe.

TEMPESTADE NA QUADRA DE TÊNIS

O fato é que McEnroe estava sempre à procura de uma desculpa para interromper uma partida em que estivesse perdendo. Aqui vai a prova. Já o viu explodir quando *ele* está *à frente*? Já aconteceu, mas quase sempre quando a dinâmica da partida estava começando a ir contra ele (por exemplo, no início de um segundo *set* quando o rival começa a se levantar na partida depois de perder um primeiro *set*).

Do contrário, se algo incomodava John, ele podia xingar por cinco segundos só para agitar a plateia, do jeito que ele gostava. Quando ele estava à frente, não arriscava o momento provocando uma desordem. Se ele estivesse para *trás*, ou se o oponente começasse a se mostrar um perigo, aí a história era outra. Começava a peça em quatro atos.

McEnroe sabia lidar com a comoção. Sabia que isso o ajudava. E sabia que atrapalhava o adversário. E sabia que não ia se dar mal. Árbitros e juízes não mexeriam com McEnroe no topo. A partida naquela noite fria na UCLA ficou dez minutos parada porque ele precisava de um pouco de ajuda para virar a mesa. E eu que acabei com uma advertência de atraso.

Ele fez intencionalmente? Claro. É jogo limpo? Nem pensar. Fau e outros reconhecem a autoridade de McEnroe e Connors quando estes estavam no topo do tênis mundial. Permitiam que se safassem com esse tipo de coisa, impensável para outros atletas. Dá para imaginar outro profissional parando uma partida por tanto tempo naquele frio? Não consigo pensar em um (exceto Connors). Mac e Jimmy usaram isso para tirar grande vantagem dos adversários, inúmeras vezes.

Foi apenas em 1991, no Aberto da Austrália, quando juízes expulsaram McEnroe de um torneio por causa de mau comportamento, que o tênis tomou uma atitude. Até então, foram covardes. Quando ele era a atração principal, uma força em qualquer torneio que entrasse, tinham medo de enfrentá-lo. Quando ele não gerava mais tanto interesse, enfim, tiveram coragem de fazer algo. Mais um pouco e seria tarde demais. Se tivesse sido antes, teria sido melhor para o tênis e para John.

Ele pagou um preço alto por seu mau comportamento. McEnroe perdeu muitos amigos e muito respeito entre os tenistas por causa dessas táticas. Se tivesse baixado a crista na quadra, teria sido sujeito a bem menos problemas, e sua vida dentro e fora do tênis teria sido muito mais produtiva. Quão mais produtiva? John McEnroe poderia ter ganhado um ou dois títulos de Grand Slam a mais. Quem sabe, talvez até o próprio Grand Slam. Esqueça o dinheiro. Esqueça os títulos menores. Estou falando de fazer história.

Muito ruim, pois ele era mesmo um gênio do tênis. Os deuses do tênis o abençoaram com um jogo que poucos, quiçá outro sequer, jamais receberam. O hóquei tinha Wayne Gretzky. O basquete, Magic Johnson. E o tênis tinha o talento incrível de John McEnroe.

Quando ele estava no auge, ao longo dos anos 80, o que fazia com uma raquete era lindo. Era arte. Porém suas palhaçadas começaram a prejudicar o jogo. A imprensa, a torcida, a publicidade e sua imagem afetaram os nervos e a cabeça dele.

Wimbledon se tornou um pesadelo anual para ele. A imprensa britânica o massacrava como se ele fosse Jack, o Estripador de fiança. A torcida chegava pronta para provocar e gritar, como se ele fosse uma bizarrice de circo. Ele se tornou o saco de pancadas de todos. Ali estava talvez o maior jogador de tênis sendo exemplificado como o que havia de *errado* no esporte. Por fim, ele se abalou. As controvérsias constantes o tiraram do prumo, e ele precisou se afastar por meio ano.

E é preciso lembrar que ele me culpou parcialmente por sua aposentadoria (quando o venci no Masters, ele disse que era hora de reconsiderar porque sequer estava jogando tênis). Eu fui a gota d'água.

John McEnroe se estabeleceu como um dos maiores tenistas de todos os tempos. Ele teve uma carreira incrível, mas poderia ter sido *o* melhor. Ele não se deu a chance de exercer todo o seu potencial. Entretanto não foi só culpa dele. O sistema do tênis divide a culpa. Não tiveram coragem de lidar com ele antes, quando seria melhor para John e para o esporte.

McEnroe entendeu logo que todo o drama funcionava para ele. Era capaz de abrir as portas do inferno na quadra e sair ileso. Foi o que ele fez comigo naquela noite na UCLA, da mesma forma que fez com outros ao longo de sua carreira. O que ele não percebeu foi o preço que pagaria por isso, danificando sua cabeça, seu jogo e sua vida.

VENCER McENROE É COISA DE DOIDO

E já que estamos no assunto McEnroe, lembra quando eu falei que ganhar dele no Masters de 1986 foi "grandioso demais"? Aqui está o que eu quis dizer.

Depois da partida no Madison Square Garden, a imprensa se animou comigo. Dei entrevistas para toda a mídia nacional. O programa *Good Morning America* queria minha presença. Os programas de esporte especulavam a fim de saber se eu seria a próxima estrela americana do tênis. Em poucas horas, me tornei alguém. Na minha cabeça também. Tudo era bom demais para mim: "A nova estrela do tênis americano!". Era algo muito distante das quadras cheias de névoa do Golden Gate Park em San Francisco. Infelizmente, eu caí nessa. Por pouco tempo.

Em apenas doze horas eu passei de um jogador que nunca rendia nada a um cara que anunciava vitória. De um jogador que sempre levava a marmita e o capacete para a quadra para um que mandava passarem as meias antes do jogo. De um jogador que achava que precisaria ralar para alcançar a vitória para um que pensava ser possível nem suar e vencer. Grande erro. No dia seguinte, levei uma surra do Anders Jarryd: 1–6, 1–6.

Aprendi mais com essa partida do que com qualquer outra. Aprendi do modo mais difícil possível que é preciso saber quem você é e permanecer consciente. Eu ganhava entendendo meu jogo e o jogo dos oponentes. Percebi que não iria jogar melhor que a maioria dos jogadores. Sacar melhor. Volear melhor. O que *iria* fazer era combinar as fraquezas deles com as minhas forças. E, com ocasionais exceções (como o torneio TransAmerica/San Francisco contra McEnroe, em que eu queria impressionar os fãs), permaneci fiel ao plano.

No Masters de 1986, McEnroe tentou me tirar do meu jogo me insultando durante a troca, dizendo que eu não "merecia" estar na mesma quadra que ele. Quando ouvi isso, fui esperto o suficiente para reconhecer que ele estava mal, tentando me vencer psicologicamente, porque ele não acertava os lances.

Eu sabia que ele pensava na possibilidade de perder para mim pela primeira vez. E na frente de seus fãs nova-iorquinos! Fui até a cadeira, coloquei a toalha sobre a cabeça e falei comigo mesmo: "McEnroe está preocupado. Fique no seu jogo, poxa. Prepara-se para tudo. Tênis consistente. Mantenha a bola na jogada. Tênis consistente...". A intimidação dele não rolou porque eu sabia o que ele estava fazendo. Quando as interrupções começaram, eu estava pronto. Ganhei a partida porque fiz uma boa administração mental e emocional.

Naquele dia, John não foi capaz de me tirar do meu jogo. No dia seguinte, fui tirado por mim mesmo. Fui para a partida com Anders pensando que o sapo havia virado príncipe. Fui trazido de volta para a realidade com 1–6, 1–6. Aprendi a lição bem rápido. Na semana seguinte, as semifinais do US Indoors. Alguns dias depois fui nomeado para a equipe da Copa Davis. Ganhei o Indoor, vencendo Connors, Edberg e Jarryd. Um mês depois, Jarryd e eu jogamos de novo em Memphis. Ganhei de 6–3, 6–0. Nunca mais perdi para ele. Quem dera dizer a mesma coisa sobre McEnroe.

13

A ARMA LETAL DE LENDL

Eu chamo de Ritmo de Tartaruga – desacelerar tanto a partida que parece que você está jogando na areia movediça. É como um daqueles sonhos em que você corre o mais rápido possível, mas não chega a lugar algum. Tudo em câmera lenta. O mestre do Ritmo de Tartaruga é Ivan Lendl.

O Ritmo de Tartaruga é voltado (como toda intimidação) para alterar a dinâmica do que está acontecendo na quadra. Ali, de diversas maneiras, um jogador pode parar o tempo. A vítima (você, ou, neste caso, eu) fica impaciente. Impacientes tendem a se afobar. Quando se afobam, cometem erros mentais e físicos. Cometa erros e perca pontos. Está vendo como funciona? Seu ritmo foi rearranjado. Sua concentração vagueia. Você pode destruir seu jogo se não souber reagir.

Ivan não costumava ser um jogador lento; deliberado, sim, mas não realmente lento. Ele usa essa tática quando as coisas não estão boas para o lado dele. Usou com sucesso contra mim em uma partida em que estava no auge, e ainda sinto a dor de cabeça que ela me provocou. Se você se lembrar de que nunca o derrotei, pode pensar que é rancor. E pode ser que você tenha razão. Mas isso é principalmente um exemplo de como é necessário saber o que fazer quando se sentir intimidado, ou você vai perder. Veja o que aconteceu.

LENDL VS. GILBERT: STRATTON MOUNTAIN, VERMONT, 315 MIL DÓLARES, VOLVO INTERNATIONAL, QUARTAS DE FINAL, 1986

Coloquei muita pressão sobre mim mesmo antes dessa partida, pois eu sabia que uma vitória contra Lendl seria algo muito bom por uma questão psicológica. Eu nunca havia derrotado Lendl. Ele era o número 1 do mundo, e eu estava na luta entre a 12ª e a 13ª posições. Tinha a sensação de que poderia surpreendê-lo nas quartas, e nocauteá-lo. No final, era o que estava acontecendo.

Embora Ivan tenha ganhado no primeiro *set*, comecei a encontrar meu ritmo e estava bem afiado no segundo, em que venci por 6–3. Continuei assim no terceiro e estava num *break* e depois *hold*, 2–0. Ivan sabia que era um momento-chave. O *set* e o *match* poderiam lhe escapar. Se eu segurasse o saque até o fim, ganharia. Ele compreendeu a dinâmica desse ponto da partida e entendeu que precisava fazer algo a respeito.

Ele também sabia que eu estava me dando bem, numa zona onde tudo estava funcionando para mim – tacadas sólidas, bom trabalho de pés, concentrado, atitude positiva. Quase fui capaz de ouvir meu discurso da vitória. No final, o discurso precisou ser adiado. Ivan tinha alguns truques na manga curta da camiseta.

Lembra que eu disse que Ivan era um dos melhores em segurar e estender uma liderança? Ele também era um dos melhores em impedir que uma partida escapasse de suas mãos. Como McEnroe e Connors, ele tinha uma percepção aguda de quando isso começaria a acontecer. A reação dele, no entanto, era totalmente diferente.

A partida estava em perigo para ele, e Ivan não deixaria isso se prolongar. Ele sabia que naquele ponto uma das minhas maiores vantagens era o impulso. A energia que eu tinha criado me impulsionava, e eu pontuava com tranquilidade. Ganhei oito dos últimos onze *games*, então Lendl entendia que eu o vencia com meus lances. Sabia que para vencer precisaria atrapalhar esses lances, e a melhor maneira (naquele momento) seria atrapalhar minha compostura, quebrar meu impulso. Ivan sabia que era a Hora da Tartaruga!

Novamente, onde estamos na partida? Terceiro *set*, meu saque a 2–0. Vou para a linha de base e me aprumo para servir. Ivan tinha outros planos. Primeiro, ele causa um probleminha logo antes do meu movimento de saque. Solicita ao juiz de cadeira que peça aos torcedores que não usem flash. Bem, depois de mais de duas horas de jogo e dois *sets* e meio, ninguém mais está tirando fotos. Como era possível? Ninguém mais tinha filme na câmera. A reclamação foi só para interromper meu movimento.

Jogamos um ponto. Ivan anda até o juiz de linha e questiona a chamada. Pergunta sobre uma chamada anterior e sugere ao juiz que preste mais atenção. Lendl fica parado, balançando a cabeça, com aquela cara amarrada, pensando na morte da bezerra. Lentamente, volta para a linha de fundo.

Ivan balança a cabeça como se a vida estivesse muito difícil para ele. Nada de mais. Apenas um atraso para interromper as coisas. Perfeitamente legítimo. Gradualmente... desacelerando... as... coisas... Gradualmente... alterando... o... ritmo... do... jogo... Na volta para a linha de fundo, ele para e se seca.

Agora acrescenta algo mais ao esquete. Estou me aprontando para o saque. Quando vou me mover, Ivan levanta a mão e anda lentamente até o juiz de cadeira. Ivan aponta para mim. Ouço-o pedir ao árbitro que me mande parar de enrolar, porque isso atrapalha a partida. Boa! Sou pego de surpresa. Reclamo com o árbitro que ele está fazendo a mesma coisa a partida toda. Estou irritado. O árbitro concorda. Entretanto, eu começo a cair na armadilha de Lendl.

Quase imperceptivelmente, ele está quebrando meu ritmo e minha concentração. Quer que eu saia da minha zona mental, porque ela me levou para a liderança. Quer que eu pense em como ele está me dominando com essa reclamação. Quer que eu reflita se estou *mesmo* demorando demais no saque. Quer que eu tenha em mente qualquer coisa diferente daquilo que me levou a tomar a dianteira!

As táticas dele estão funcionando. Em vez de pensar em levar um ponto de cada vez (ideia confiante e positiva), começo a pensar nas interrupções e nos atrasos, na possibilidade de perder (ideias negativas). Estou deixando que as ações de Lendl se intrometam na minha concentração. Estou ficando receoso. Quero acelerar a partida. Estou impaciente.

Acelero as coisas como forma de combater a tática dele. Só um pouquinho. É a reação errada. É exatamente o que ele quer, e funciona.

Lendl me quebra na hora. Estamos no saque, e eu fico muito irritado. Perdi o foco. Deixei de seguir minhas regras. As distrações me impediram.

Comecei a jogar de forma emocional. Eu reagia da forma errada. Em vez de dizer a mim mesmo que estava à frente e que um pouco de paciência me levaria à vitória, me preocupei com a possibilidade de ele tomar a partida de mim.

O MELHOR GUISADO DE TARTARUGA

Lendl recuperou o *break* e está sacando a 2–1 no terceiro. Estou furioso e determinado a recuperar o *break* imediatamente.

Lentamente, ele se encaminha à linha para sacar. Eu me preparo, mas ele ainda não entra na posição. Precisa resolver alguns assuntos primeiro. Começa com a história dos cílios. Você já deve ter visto. Ele arranca um cílio e observa. Depois outro. E outro. Como ele ainda tinha cílios naquele nível da carreira? Não sei. Havia quinze anos que ele os arrancava e olhava. Naquela noite, no Stratton Mountain, ele começou a arrancar de novo.

Depois, matuta sobre com que bola sacar. Olha para uma. Depois demoradamente para outra. E de volta para a primeira. Aí começa a girar a bola na mão, como um dado. E então olha de novo para cada uma. Por fim, se decide. Eu ainda estou na posição.

Hora do saque? Ivan começa a bater a bola finalmente escolhida. Uma vez. Duas. Três. Quatro. Espera. Deve ser o suor nos olhos. Ele seca as sobrancelhas. Eu ainda estou na posição. Ele bate a bola. Uma vez. Duas. Três. Para tudo! A empunhadura deve estar escorregadia.

Ivan pega um pouco de serragem no bolso. Esfrega na empunhadura. Eu ainda estou na posição. Ele gira a raquete algumas vezes. Bate no sapato. Quica a bola outra vez. Ele me encara. Eu ainda estou lá.

Ele saca. *Ace*! Lendl lidera por 15–0. Eu ainda estou na posição. Ivan repete toda a atuação no segundo ponto. Estou há tanto tempo na mesma posição que posso ter câimbras nas pernas. A história dos cílios, primeiro. Depois o suor. Bater a bola. A serragem. Bater a bola. Ele saca, enfim. Falta! Na rede.

Ivan se afasta da linha de fundo. Ajeita as cordas da raquete. Seca o suor. Olha para as bolinhas. Tudo de novo antes do *segundo* saque. Talvez até demore mais.

Um fato: apesar das regras, foram cronometrados 50 segundos entre o primeiro e o segundo saque de Lendl (é permitido demorar 25 segundos para se preparar), quando lhe serviu. Isso é Ritmo de Tartaruga, e é letal. Estou começando a perder. Ivan desacelera para segurar. A partida está empatada.

Ivan trabalhou seu plano perfeitamente. De 2–0 no terceiro, eu não ganhei mais nenhum *game*. Ele ganhou a partida com seis *games* seguidos, 6–2, 3–6, 6–2.

Assista a um jogo antigo dele em que ele usou essa estratégia e estude-a. Pense no que isso significa para quem está esperando do outro lado da rede. Esperando. Você sabe que é um joguinho, e o joguinho pode derrotar você. E você acaba se derrotando.

Naquela noite de quartas, no Volvo International, em Stratton Mountain, Lendl foi capaz de quebrar minha concentração, meu ritmo, meu *timing*. Se eu tivesse sido esperto, ele não teria conseguido.

Ele manteve o Ritmo de Tartaruga até sair um *break* à frente, depois voltou ao ritmo normal. Fui intimidado por um dos maiores intimidadores do esporte. Esqueci as regras de contrapartida. Se me lembrasse, poderia ter ganhado.

COMO VENCER TÁTICAS DE LENTIDÃO

Já comentei que táticas de intimidação são usadas para atrapalhar a concentração, atrapalhar seu jogo. Raramente um jogador inteligente será visto alterando o jogo quando estiver à frente. Queremos que as coisas permaneçam iguais. É quando ficamos para trás que tentamos incomodar o outro. O objetivo é distrair, levar o adversário a pensar nas coisas erradas.

A tática de lentidão engloba muitas formas – o teatro de Lendl, mais amarrar cadarços, pegar a bola mais distante para sacar, ou fazer qualquer coisa pra enrolar. Já vi um amador que tem um método único. Quando está para trás e sacando, ele arremessa a bola duas ou três vezes antes de bater. É como se estivesse treinando o arremesso. Em todo ponto. Não é ilegal, mas atrapalha.

Lembre-se, nenhum jogador inteligente muda as coisas quando está à frente. Mas, quando fica para trás e começa a fazer joguinhos que incomodam, é bom ter um plano para se proteger. Quando a questão for lentidão, veja como não se prejudicar.

LUTE LENTAMENTE CONTRA O JOGO LENTO

Tartarugas sabem que você precisa esperar por elas para poder jogar. É difícil, mas é preciso ser paciente. Quando notar um arrefecimento na ação, seja flexível. Não pressione. Não force nem fique impaciente. Não há como fazer alguém jogar mais rápido se ele estiver intencionalmente (ou mesmo sem intenção) desacelerando o ritmo da partida.

Deixe a tartaruga se arrastar, fazendo tudo o que ela quer fazer. Espere. Espere. E espere. Quando finalmente ela se der o trabalho de realmente jogar, logo antes de sacar, será sua vez de desacelerar. Levante a mão e saia até a linha. Amarre o cadarço. Afaste-se da linha e ajuste as cordas, ou limpe o suor. Faça a tartaruga esperar. E, quando for a sua vez de sacar, revide com a mesma lentidão. Quique a bola oito ou dez vezes. Faça sua versão de Ritmo da Tartaruga. Eles vão captar a mensagem.

Eu imagino o que você deve estar pensando. Todos esses joguinhos vão atrapalhar seu pensamento e seu ritmo. Você ainda vai se dar mal. Não necessariamente. Agora a iniciativa é sua. Não está sendo apenas passivo. Não é mais um joguete nas mãos do adversário. Está fazendo algo para se defender. Isso pode lhe dar um ânimo psicológico.

Há uma regrinha que eu sigo. Antes de um ponto, não gosto de ficar parado na linha de fundo esperando o adversário chegar e ficar pronto. Isso gera tensão e me acelera. Se o outro não está pronto, eu me afasto da linha e quico a bola várias vezes, se for meu saque. Se estiver recebendo, eu me afasto e ajusto as cordas. E, quando ele se aproximar da linha, eu o copio. Mas não fico só parado esperando. Nem você deveria. Estejam ou não fazendo você esperar por querer, não importa. De qualquer modo, ficar ali parado esperando não ajuda o seu jogo.

Lendl era um dos melhores em manter um ritmo bom quando estava à frente. Na liderança, era metódico e impiedoso. Porém, quando estava atrás, ou apertado no terceiro, quarto ou quinto *set*, era como observar água evaporando. Ele deixaria você louco, e você perderia o foco no processo. E os juízes ao longo dos anos deram várias colheres de chá para ele, como fizeram com McEnroe.

Descobri que ajuda muito se eu puder me ocupar enquanto estou sendo intimidado. Em vez de ficar ali absorvendo o teatro do adversário, quero responder. Como? Fazendo com ele o que ele faz comigo. Com Lendl, daquela vez, deixei que me afastasse. Ele agiu, eu reagi.

Contra Lendl não funcionava ficar ali parado. Quando ele demorou 50 segundos para se preparar para o segundo saque, eu deveria ter pedido ao árbitro que exigisse o tempo correto. Se não funcionasse, na vez seguinte, eu deveria ter me afastado da linha quando ele terminasse e me secado (ou amarrado o cadarço, ajeitado as cordas, puxado cílios, qualquer coisa). Eu deveria ter desacelerado a partida e o forçado a ficar parado esperando.

Mas eis por que Lendl é o mestre. Ele começou a trabalhar em mim antes que eu reconhecesse a tática. E, antes que eu percebesse, eu estava reagindo com raiva e frustração. Estava pronto para gritar, de tanto que ele me enrolou.

Foi por isso que perdi? Não. Mas foi em parte o motivo. A dinâmica da partida é volátil, e Lendl tinha tomado controle num momento crucial. Perdi porque não reagi corretamente.

E, só para não deixar a impressão errada, ele me "dominou". Ivan Lendl é física e mentalmente muito durão. Na maioria das vezes ele me venceu porque é bom mesmo. No entanto, a questão é que, nas ocasiões em que tive a chance de vencer, ele sabia usar a tática. Não estou reclamando. São ossos do ofício.

Ivan entende muito bem os aspectos psicológicos do jogo. Veja um pequeno exemplo. No começo da minha carreira, quando ele não me encarava como uma ameaça, eu era convidado às vezes para treinar com ele. Treinávamos numa quadra de sua propriedade em Connecticut (a mesma que ele mandava recapear anualmente de acordo com as quadras do US Open). Quando eu comecei a dar trabalho nos torneios, às vezes levando o jogo a três *sets*, os convites cessaram.

Ivan sabia (e eu também) que essas sessões estavam aumentando minha confiança contra ele nos torneios. Ele perdia a aura, pois se tornava conhecido para mim, e eu não sentia mais aquele assombro de antes. Quando ele percebeu o que estava acontecendo, arrumou outro parceiro de treino. Ele é esperto, dentro e fora das quadras.

PODE ACONTECER COM VOCÊ TAMBÉM: MOINHO DE VENTO E DOUTOR J

Você deve estar pensando que esse tipo de coisa (jogo lento) nunca acontecerá onde você costuma jogar. Ótimo. E espero que não aconteça mesmo. Mas pode acontecer. Eu deixei a maior artimanha, a de "lentificar a partida", para o fim. Caso esteja pensando que o Ritmo de Tartaruga só acontece no âmbito profissional, está prestes a ver que pode acontecer em qualquer nível, inclusive amador. Se algo assim ocorrer com você, apenas admita que foi passado para trás e volte para casa triste, porém mais sábio.

Novamente no tênis-clube de San Francisco. Dale Crase e Julius Colbert (nomes reais) estão jogando nas semifinais do torneio da agremiação. São eles que decidem as próprias chamadas de linha e aplicam as próprias regras (o que levou ao problema). Vou descrever o estilo de jogo de cada um.

Crase é um receptador nato cujo apelido é Moinho de Vento em virtude de seu saque esquisito. Ele fica com o braço do saque esticado de lado, segurando a raquete. Joga a bola para o ar e, sem dobrar o cotovelo, gira para acertá-la. Ele nunca dobra o cotovelo. Parece um moinho de vento, por isso o apelido.

Colbert (apelidado Doutor J) é um bom atleta, que já jogou beisebol semiprofissional até que uma lesão o impediu de se profissionalizar. Seu jogo é tudo ou nada. E, às vezes, ele executa jogadas excepcionais. Às vezes. Mas vamos à partida.

Moinho de Vento vence o primeiro *set* com facilidade por 6–2 e sai na frente no segundo: 4–1. Parece uma partida rápida, com passagem para as finais. Mas Doutor J começa a entrar no ritmo. Executa alguns dos tais lances espetaculares e fica animado, cheio de atitude. De repente, ganhou seis de sete *games*, vencendo o *set* por 7–5! Os *sets* estão empatados a 1–*all*. O impulso mudou drasticamente, e Moinho de Vento sabe disso.

Hora da troca. (O protocolo do clube em torneios era pegar bolas novas e fazer a troca de lado antes do terceiro *set*.) Eles se sentam para uma pausa. Moinho de Vento pede um favorzinho. Tudo bem ir ao vestiário trocar de camiseta? Doutor J concorda. São amigos, e quem não deixa um amigo trocar de camiseta? Moinho de Vento sai. Não demora muito para que Doutor J perceba que há algo de errado. Quatro minutos se passam. Sete. Treze. Doutor J começa a ferver. Não acredita no que está acontecendo. Dezoito minutos e nada do Moinho de Vento.

Por fim, depois de 22 minutos, Moinho de Vento reaparece, como se tivesse dormido, feito massagem e se refrescado. E é quase a verdade. Ele *pegou* uma camiseta limpa. E a *trocou*. Mas primeiro tomou banho, fez a barba, se acalmou e comeu um chocolate.

Doutor J estava furioso. O amigo tinha passado a perna nele. E o que ele fala quando Moinho entra na quadra? Nada. O ego fala mais alto. Ele se recusa a declarar falta porque prefere descontar na quadra, arrebentar com o jogo, finalizar com Doutor J por 6–0 no terceiro. Dá pra adivinhar o restante. O resultado *foi* 6–0 no terceiro. Só que para Moinho. Doutor J não conseguia acertar uma dentro. Ele ficou perturbado e perdeu. Não soube lidar com o jogo lento e as táticas de atraso. E não soube lidar com a raiva.

Talvez Doutor J devesse ter desqualificado Moinho de Vento (embora tenha permitido que ele saísse). Talvez devesse ter reclamado e abandonado o jogo. Ter ido para casa almoçar. Em vez disso, foi "almoçado". Ele foi intimidado e pagou o preço. Como eu paguei com Lendl. Se acontecer com você, esteja preparado. Não deixe que a Tartaruga quebre sua concentração e seu jogo.

14

AGASSI: QUEBRANDO O LIMITE DE VELOCIDADE

Andre Agassi se mexia mais rapidamente *entre* um ponto e outro do que alguns jogadores durante os pontos. Ele estava sempre apressado. Tinha tanta energia que poderia deixar um beija-flor irritado. Mas ele vivia de cafeína e açúcar, então acho que era de esperar esse lado agitado.

Eu gosto de Andre e acho que ele era ótimo no esporte. Alguns jogadores se ressentiam com seu jeitão de Las Vegas e pelo fato de ele chamar tanta atenção para si, mas isso atraía público. Além do mais, Andre não zoava o adversário. Sem querer, acontecia, porque ele se movia mais rápido que qualquer um. E isso poderia acabar com o jogo do outro.

Apressar-se nos pontos é ruim. Fazer isso significa que está apressando o jogo inteiro. Como vimos com Lendl, a pressa acarreta erros mentais e físicos. Acaba com seu ritmo de saque. Cria todos os tipos de problemas de *timing*. Tira você totalmente do seu jogo. A não ser que você seja Andre Agassi. Andre gostava de pressa.

O ator do jogo rápido não necessariamente precisa pegá-lo de surpresa (por exemplo, sacando rápido). Em vez disso, o que prejudica é o ritmo em geral e entre os pontos. Você não consegue ficar confortável, ajustado, focado. Ele o coloca no ponto *imediatamente*. Andre anda tão rápido no saque que parece que você vai perder algo se piscar. Ele não anda. Trota. Poderia ser o símbolo da indústria do café.

Jogo rápido é comum no meio amador. Você vai se deparar com jogadores que querem ser mais rápidos só para atrapalhar. Sacam assim que você chega na linha. Não se sentam nas trocas. Um jogador amador costumava girar a raquete para o saque quando ele e o adversário ainda estavam no vestiário! Havia outro que se apressava antes de chegar à quadra. Acontece. E quando acontece é preciso administrar.

CONHEÇA O SEU LIMITE DE VELOCIDADE

É mais fácil lidar com um apressadinho – o coelho – do que com uma tartaruga. A questão principal é ficar atento ao que está acontecendo. Você costuma se deixar levar pelo ritmo mais rápido, sem perceber. Nunca se ajusta, não há momento para se recompor ou analisar o que está acontecendo à sua frente. E são dois elementos cruciais do meu jogo. Quero constantemente pensar sobre o que está acontecendo na partida. Se você começar a jogar mais rápido do que o normal, vai ficar mentalmente desleixado e fisicamente descuidado.

Então, o que fazer? Simples. Conheça seu limite de velocidade. Isso significa conhecer o ritmo em que você gosta de jogar. *Não deixe o oponente ultrapassá-lo*. Cuidado quando isso acontecer. Não seja bonzinho. Desacelere! Se o adversário correr para a linha de saque antes de você estar pronto, levante a mão e se afaste. Se ele não se sentar na pausa entre as trocas, sente-se. Não tenha medo de se secar, ajustar as cordas da raquete e amarrar o cadarço. O artista da correria vai mandar na quadra se você deixar.

Em 1991, eu joguei contra Andre numa semifinal e tive a sorte de vencê-lo em *sets* diretos. Ao ir para essa partida, eu queria manter *meu* ritmo: NMA. Ele, não. Muitas vezes, ele deslizou de volta para a linha de serviço e queria começar antes que eu estivesse pronto. Fiz questão de me aprumar, fiz questão de não apressar pontos e *games*. Eu me secava, amarrava os cadarços, conferia as cordas da raquete. Chequei muita corda nessa partida, aliás. Com Andre, é preciso fazer isso, ou vai ser um rolo compressor. (Nas finais do torneio Volvo/San Francisco, em 1993, ele se vingou, ganhando em três *sets* e jogando um tênis incrível.)

Você pode fazer o mesmo com os coelhos que aparecerem. Proteja seu ritmo. Mantenha-o. Quando estiver à frente de um coelho, não deixe que ele dite a velocidade da partida.

A CATIMBA

Há outra situação ou artimanha que pode dar as caras, e vale a pena mencionar isso, já que estamos falando de táticas: a catimba. É quando um jogador finge ou exagera uma lesão. Pode ter um efeito muito negativo.

No nível amador, você sabe como funciona. O oponente do catimbeiro (você) fica numa sinuca de bico. A partida não vale se você ganhar porque o rival estava lesionado, certo? Se perder, foi para uma pessoa machucada, certo? Muito embaraçoso. Não dá pra vencer nessa.

Quase sempre acaba com o jogo. Você não se esforça tanto. Não se concentra direito. Fica desleixado. E pode perder. É quando o oponente vem e fala: "Sabe, minha perna não incomodou tanto quanto eu pensei. Boa partida! Mais sorte na próxima!". Você caiu na catimba.

POUPE SUA COMPAIXÃO

Lembre-se disto: não importa se a lesão é real, exagerada ou fingida, *você não terá compaixão com o adversário até o final da partida*. Se o oponente estiver saudável o suficiente para andar pela quadra e continuar a jogar, também está saudável o suficiente para merecer seu melhor esforço. Ignore qualquer coisa que ele diga sobre dores. Presuma que é para impressionar. Porque, seja real ou não, pode ter efeito negativo sobre você. Pode acabar com sua concentração.

Exemplo: joguei contra Jimmy Connors numa semifinal da ATP no começo de 1993. O cara chegou *mancando* na quadra. Sério. Ele estava favorecendo o pé direito por causa de um problema recorrente com bicos de papagaio. Bem, Jimmy era um grande manipulador e um *showman*, então tentei ignorar – nada de "compaixão pelo diabo".

Contudo, durante o primeiro *set*, a coisa ficou tão feia que ele começou a se alongar em alguns pontos, por causa da dor. Não era teatro. Detonei o primeiro *set* por 6–1, em uns dez minutos apenas. Achei que ele fosse desistir na troca de lado. Não desistiu.

Tentei entender o que estava acontecendo. Não havia maneira de ele terminar a partida – provavelmente não conseguiria nem terminar o *set*. Que situação. A torcida viu que ele estava em dificuldade e passou a torcer pelo esforço guerreiro dele. De repente, sou o vilão detonando uma lenda em agonia. Então, o que aconteceu? Jimmy começou a vencer. Foi até 4–1 e depois *se retirou*. Eu sabia que ele estava pensando: "Eu o peguei, Gilbert!". E pegou mesmo.

Poupe sua compaixão.

15

COMO LIDAR COM TRAPAÇA

Às vezes, você pode se deparar com um trapaceiro que roube as chamadas de linha. Também pode ter de lidar com um jogador que faça chamadas erradas sem querer. As duas situações são difíceis. Já vi os dois lados da moeda. Já fiz chamadas ruins e já as recebi.

Na categoria júnior, eu tinha uma reputação terrível para chamadas de linha. Provavelmente, a merecia. Queria tanto ganhar que não dava ao outro o benefício da dúvida. Depois corrigia o problema e quase sempre acabava recebendo tantas chamadas ruins quanto as que eu dava. Não era algo de se orgulhar.

O que fazer quando isso acontece na sua partida, especialmente durante um torneio? Tenho algumas sugestões.

Não discuta sobre a chamada limítrofe. Você pode estar errado. Mas não deixe uma chamada obviamente errada passar. Não precisa ser babaca, mas deixe o adversário saber que não vai começar a bater numa quadra menor que a marcada pelas linhas brancas.

Comece devagar. Pergunte se ele tem certeza. Olhe com atenção. Controle-se. Dê ao oponente a chance de ser generoso. Se começar a acusá-lo de chamadas erradas, ele vai ficar defensivo e pagar na mesma moeda. Um aviso prévio de que espera chamadas justas vai afiar o olho do outro tenista. Na verdade, depois de dar um cutucão sobre uma chamada ruim, quase sempre você vai perceber que ele dará bola boa para algumas que saírem. Consciência pesada, provavelmente. Então, no começo, seja diplomático.

Quando a diplomacia não funciona, sabe o que a maioria dos amadores faz? Devolve na mesma moeda. Eles começam a dar chamadas erradas. Não é assim que se faz. Entre outras coisas, isso acaba com sua concentração. Você se enrosca na questão das chamadas e esquece o resto. Acredite em mim: é raro uma chamada fazer diferença, então não deixe que isso atrapalhe sua administração mental.

Trapacear de volta não funciona. Gritar não funciona. (Eu já recebi gritos e já gritei. Não funciona.) Mas você pode dizer o que acha da chamada. Ei, não tenha medo de sorrir ao opinar. Dê ao oponente a chance de ser legal.

Se ele continuar, tente resolver o problema de uma vez. Na maioria dos torneios há alguém disponível para se responsabilizar pelas chamadas de linha. Chame essa pessoa para se concentrar no seu jogo.

Por fim, o melhor que pode fazer com um trapaceiro crônico é riscá-lo da sua lista de adversários. Quando se encontrar numa situação em que não possa escolher o oponente (como num torneio), lute pelos seus direitos. Tente minhas sugestões. Costumam ajudar.

O mais legal do tênis é quando você está totalmente engajado física e mentalmente. Intimidações podem ser parte do esporte. É importante reconhecer quando está sendo intimidado e saber o que fazer a respeito porque o que o afeta mentalmente tem efeito sobre seu físico.

Quando eu era júnior e comecei a jogar, a intimidação era brutal. Foi um bom condicionamento para o que estaria por vir dos profissionais.

Você vai ficar muito satisfeito em se defender quando o adversário (que pode ser um amigo) começar a tirar truques da manga para atrapalhar seu jogo. Mesmo se for sem querer, você deve estar disposto e ser capaz de lidar com isso efetivamente.

Eu conheci um jogador no Ensino Médio que media a altura da rede antes de cada jogo. Era um showzinho dele, e ele colocava o adversário num papel passivo ou reativo. O sujeito medindo a rede tomava o controle de cara. Dizia que era um tenista mais minucioso, que tomava cuidados a mais. Ele determinava se a rede estava apropriada. O oponente ficava ali esperando o cara seguir a própria regra. Ótima intimidaçãozinha.

Joguei uma partida certa vez quando era garoto e o rival disse durante a troca de lado: "Gilbert, você é competitivo demais!". Fiquei desconcertado porque pensei estar fazendo algo errado. Recuei um pouco. Foi uma boa manobra.

Lembre-se. A maioria das partidas é para diversão. O melhor quando alguém começa a fazer coisas erradas é tirá-lo da lista de rivais. Eu menciono "truques sujos" para se ter uma ideia do que rola num torneio. Talvez isso ajude a enfrentar algo semelhante, especialmente em torneios em que não seja possível escolher os adversários. Aí talvez seja melhor apagar fogo com fogo.

16

A PARTIDA DE 1 MILHÃO DE DÓLARES: A GUERRA COM WHEATON

> "Bradley era diferente. Não chamou muita atenção no colegial. Quando falou em faculdade, ficamos chocados. Pensamos que uma hora ele arrumaria um emprego, ganhando uns três dólares por hora, e aos poucos receberia algumas promoções."
> – Senhora Elaine Gilbert, mãe do Brad

A Grand Slam Cup da Federação Internacional de Tênis em Munique é um dos eventos que mostra como o tênis evoluiu em termos monetários. O vencedor recebe 2 milhões de dólares. Mas o incrível é que o segundo lugar recebe 1 milhão! É para levantar defunto. John Newcombe ganhou algo por volta disso em toda a sua carreira.

Fui convidado para o torneio de 1990 quando Andre Agassi desistiu por causa de uma lesão na cartilagem da costela. Fui até as semifinais, em que estava escalado para enfrentar David Wheaton, um tenista que eu vencera por 15–13 em uma maratona de cinco *sets*, o que me levou às quartas de final de Wimbledon. Esse confronto tinha a pressão extra de valer mais dinheiro do que havíamos ganhado em jogo na vida. O vencedor poderia se aposentar; uma vitória valia 1 milhão de dólares e a chance de eventualmente conquistar os 2 milhões.

De muitas maneiras, era o auge da minha carreira. Eu jogaria contra um dos melhores da época pelo maior prêmio oferecido em um torneio. Kim e meu filho Zach, à época com 2 anos, vieram para me dar um apoio moral.

PREPARAÇÃO MENTAL PRÉ-JOGO
Na preparação mental para o jogo no Hilton de Munique, repassei uma lista relativa ao jogo de Wheaton: saques formidáveis, tanto o primeiro como o segundo. Talvez o *melhor* segundo saque à época. Em Wimbledon, ele fez 23 *aces* contra mim. Ele adora velocidade de bola. Não lida bem com bola fraca. Não é o melhor na velocidade de corpo, e o trabalho de pés às vezes não está bom. *Forehand* questionável. Costuma chegar atrasado no *swing*. Comete muitos erros na devolução de saque com *forehand*. (Num jogo contra ele, errou vinte devoluções de saque com *forehand*.) Quando fica na corda-bamba, tende a exagerar nas devoluções com *forehand* – e, quando ele começa a fazer isso, o restante do jogo sofre um pouco.

Eu também sabia que Wheaton podia se atrapalhar. Em Wimbledon, ele saiu na frente em dois *sets* e não conseguiu converter dois *match points* quando teve a oportunidade.

O TÍPICO JOGADOR AMERICANO?
Essa era a imagem que eu tinha de seu jogo, ou pelo menos das jogadas e tendências. Mas era em seu outro lado do tênis que eu realmente pensava: a questão mental e emocional. Wheaton é um jogador bem "honesto", muito emocional e agressivo. E, naquela época, ele se embrulhava na bandeira, usando uma faixa vermelha, branca e azul, ou uma camiseta com listras e estrelas.

Isso me irritava porque obviamente ele estava tentando criar uma imagem de si mesmo como "o" jogador americano, como se representasse o tênis dos Estados Unidos. Eu tinha jogado pelos Estados Unidos nas Olimpíadas e ganhado medalha de bronze. Muitas vezes, fui convidado como membro da equipe da Copa Davis e fiquei empolgadíssimo por representar o meu país. Não me considerava "o" tenista americano, e caras incríveis como Chang, Sampras, Agassi e Courier também não. Essa história de vestir a bandeira era um truque de Wheaton. Besteira.

Também não tinha me esquecido da partida dura em Wimbledon. Sabia que Wheaton não desistia na dificuldade. Era difícil acabar com ele. Com aquele tanto de dinheiro em jogo, eu queria estar pronto para tudo. E, no final, a partida exigiu tudo de mim nos aspectos físico, mental e emocional.

John McEnroe e Jimmy Connors estavam dispostos e eram capazes de transformar uma partida num hospício, no qual controlavam o caos. Lendl podia estrangular alguém de maneira lenta mas eficaz. No entanto, o que aprendi nessas provações me ajudaria na partida mais difícil e lucrativa da minha vida.

Mais de 14 mil torcedores lotaram o Olympiahalle em Munique, obviamente animados com o tênis que veriam. Eu ouvia o barulho deles do vestiário. Queriam ver tênis de verdade. O que viram foi quase boxe. Mas isso ainda estava por vir.

Uma hora antes do jogo, eu estava tentando permanecer calmo, brincando com Zach no *lounge* dos jogadores. Havia uma máquina de *pinball* ali e a gente se distraía um pouco. Eu puxava a alavanca, e ele ria quando a bola acendia as luzes e fazia o som tocar. Claro, ele não estava preocupado com nada. Isso me ajudou a controlar minhas emoções.

Nosso tempo juntos logo terminou. Fui para o vestiário, e Kim e Zach foram para os seus assentos no Olympiahalle. Hora do ganha-pão.

GUERRA COM WHEATON

Partidas de Grand Slam se definem no esquema "melhor de cinco *sets*" (eles querem que você tenha *trabalho* para ganhar o dinheiro). Quando fomos para a quadra, eu estava mais tenso do que nunca. As luzes pareciam mais fortes, o barulho, mais agudo. Tudo mais rápido por conta da pressão e da tensão. No aquecimento pré-jogo, eu conversava com meus pés e tentava respirar fundo, afastando o nervosismo e estabelecendo um pouco de ritmo. Não foi fácil. Eu nunca tinha jogado naquelas circunstâncias.

"BITTE MEINE HERREN, SPIELEN SIE TENNIS" ("SENHORES, POR FAVOR, JOGUEM TÊNIS")

Wheaton e eu começamos no estilo habitual, lutando por pontos e *games* difíceis. Eu ganhei o primeiro *set*. Ele, o segundo.

O terceiro fica complicado. O saque dele entra no ritmo e se torna ótimo. Por duas vezes quase me atinge de tão rápido. Não quebro desde o primeiro *game* do segundo *set*. Ele segura com facilidade, e eu estou lutando para não ter o serviço quebrado. Vamos para o *tie-break*, que vai até o último segundo – seis iguais. É meu saque, um Ponto de Preparação. Ganho e estou de cara com um *set point* e um possível sossega-leão na partida. Estou a dois pontos de uma liderança de 2–1.

Decido ir para o *forehand* dele quando tenho chance, lembrando que é um ponto fraco (um ponto fraco que vale 1 milhão de dólares). Faço um *approach* com ângulo aberto para o *forehand*. Ele me devolve uma bola fraca. Estou na rede e voleio para a linha lateral da quadra de vantagem, mas exagero.

Estou com todo o lado da quadra aberto e mando pra fora! Pelo menos o juiz de linha chama. Arremesso a raquete na rede: "Aaarrgghh!". Mas, antes que eu possa ao menos protestar contra a chamada, o juiz de cadeira, Stephen Winyard, da Grã-Bretanha, indefere: "Correção. Bola dentro. Ponto para o senhor Gilbert.".

Abrem-se as portas do inferno. Wheaton está berrando com Winyard. E com razão. É ruim indeferir chamadas duvidosas. Ainda mais em momentos cruciais. Meu lance foi dentro? Eu achava que sim, mas era duvidoso. Indeferimentos não são para chamadas muito duvidosas. Devem lidar com erros óbvios. Eu fiquei feliz com a decisão? Muito. No entanto, entendia Wheaton. Estive na mesma posição com Connors em 1985.

BRIGA DE FAMÍLIA

Wheaton vê o cheque de 1 milhão de dólares escapando de suas mãos. Ele vai até a cadeira e grita dizendo que a chamada não pode ser indeferida, que foi fora, que o juiz de linha podia ver melhor, que a arbitragem está destruindo a partida! Está enlouquecido. Pula como se estivesse pulando corda. Não o culpo.

Porém, não acaba aí. O irmão de Wheaton vai até o juiz e começa a berrar obscenidades. Está gritando tão alto que dá para ouvi-lo por toda a arena conforme ele anda de um lado da quadra para o outro. Wheaton está alucinado, agindo feito um idiota. O irmão pula de lá para cá. E a plateia assobia, bate os pés e grita. Outro hospício. Mas eu já tinha visto isso antes. Connors e McEnroe são especialistas em criar esse tipo de situação. O indeferimento foi mantido.

Saque do Wheaton em 6–7. É um ponto importantíssimo – se vencê-lo, fico numa boa, com dois *sets* a um. Estou totalmente focado e pronto. Wheaton saca. *Ace*! A bola passa por mim num borrão. Inacreditável. Parece o McEnroe. A briga parece lhe proporcionar energia e foco, melhorar o jogo dele. Agora o placar está em 7–7 no *tie-break*. Outro Ponto de Preparação, dessa vez para nós dois. Muito, muito, muito importante. Wheaton se prepara para sacar outra vez. Quica a bola algumas vezes e olha para mim. Lança a bola no ar e gira o braço. Falta. Gostei.

Outra vez ele olha para mim e quica a bolas duas vezes. Rapidamente, saca de novo. Outra falta. Dupla falta? Engasgando? Talvez ele não seja como McEnroe. Lidero a 8–7 e me preparo para sacar. Mando a quase 130 quilômetros. Wheaton tenta arrebentar, exagera e manda para a rede. "*Set*, senhor Gilbert." Ganho por 7–6 (9–7) e lidero dois *sets* a um. No entanto, o problema não acabou.

Na troca, o irmão de Wheaton começa a me xingar, bem nas minhas costas, quando me sento. Ele berra sem parar: "Vou enchê-lo de porrada, Gilbert!". Ele nem está jogando, mas deve supor que parte do dinheiro vai para ele. Reclamo com Winyard que o irmão de Wheaton está atrapalhando a partida, que deve calar a boca, que está descontrolado. O juiz concorda com um aceno de cabeça e o alerta para ficar quieto e se afastar da quadra.

TÊTE-À-TÊTE

Agora passo por Wheaton na volta para a quadra. Ele tem algo a me dizer impublicável. Está enfurecido por eu ter criticado seu irmão e me ameaça. Devolvo com algo também impublicável. É como uma briga de escola. A plateia percebe e começa a fazer ainda mais barulho, assobiando e vaiando. Wheaton tromba comigo e eu com ele. Ficamos cara a cara, gritando um com o outro. Virou um circo.

No fundo, ainda ouço o irmão dele me cornetando. Minha mulher está sentada perto dele. Torço para ela não bater no cara com a bolsa. Parecia o segundo *round* de uma luta de boxe. Sangue no ar. Bruno Rebeuh, o outro juiz, corre em nossa direção. Ele agarra Wheaton pelo braço e me empurra ao mesmo tempo. Está dizendo: "Parem com isso! Parem com isso. Por favor, senhores, se acalmem!".

Wheaton disse mais tarde: "Não teria ficado chateado se Gilbert desse o primeiro soco". Eu estava incomodado, mas não seria expulso de uma partida valendo 1 milhão de dólares por isso. Lentamente, a ordem foi restaurada e a torcida se aquietou para o começo do quarto *set*, mas não sem antes Winyard dar a ambos uma advertência de conduta.

Eu me senti bem porque tinha aprendido a lição direitinho. Não deixei que o confronto ou os xingamentos atrapalhassem meu jogo. Na verdade, estava tão calmo que fiquei descuidado, tão aliviado de acabar a crise logo e de estar à frente que saí do meu plano de jogo.

Estou a dois *sets* à frente e, em vez de usar minha tática habitual de enfiar uma liderança ali (tênis consistente, não arriscado), começo a ficar um pouco ambicioso – apressando algumas jogadas, tentando *winners* muito cedo –, um pouco agressivo demais. Eu achava que a partida estava ganha. Mas é perigoso ficar confortável com o placar a favor e começar a achar que a partida está no papo. Lembre-se: quando estou à frente, devo ficar ainda mais alerta. Devo ficar mais preocupado com o poder de réplica do oponente. Falhei. Esqueci minha filosofia básica e me tornei um tenista felizardo. E, simples assim, perdi o *set* por 6–2. Não quebrei o saque de Wheaton em quase três *sets*.

Vamos para o quinto. Um *set* para 1 milhão. Se paro para pensar no dinheiro valendo, mal consigo respirar. Mas estou tão irado por ter perdido o quarto *set* que meu foco se afia. Agora nossas mentes se inverteram. Eu era um caso clássico de urso ferido, e Wheaton, o tenista felizardo. Queria fazer algo acontecer logo. Ele poderia ter ficado aliviado por ter equilibrado as coisas.

Antes do quinto *set*, eu demoro na preparação. Quero bloquear o impulso dele. Não quero que ele comece bem esse último *set*. Não há troca de lado, então vou pegar minha toalha. Depois de me secar, devolvo a toalha para um boleiro. Reviso meu plano de jogo. O que estou tentando fazer? O que quero impedi-lo de fazer?

Digo a mim mesmo que estou permitindo que ele segure o saque com muita facilidade, errando muitas devoluções. Quero colocar meus retornos *em jogo*, tirar um pouco dele, obrigá-lo a bater umas bolas. Lembro-me de trabalhar seu *forehand*, tentar quebrá-lo e torcer para que comece a errar. Decido bater quase tudo para aquele lado. Se ele estiver bem ali, eu perco. Mas, se titubear, se começar a exagerar, eu ganho.

Wheaton saca para começar o quinto. Ele vai bem, mas não com tanta força quanto no *set* anterior. Fico no jogo, me esforçando, batendo algumas, massageando outras. Demoro nos pontos um pouco mais tentando fazer um pouco menos com minha devolução. Wheaton consegue um ou dois lances a mais a cada ponto. Perde um voleio ocasionalmente.

O primeiro *game* do quinto *set* vai a *deuce* várias vezes. Por fim, consigo um *break*. Lidero o quinto, 1–0. Meu serviço. A estratégia deu certo. Ele está tendo que dar mais duro pelos pontos. Não vou doar nada. Vamos para a troca.

Novamente, foco no meu plano. Por fim, consegui um *break*. Agora quero apertá-lo – sem bola de graça, nada de doações –, fazê-lo merecer. Fico em pé e vou sacar.

Imediatamente, mando tudo o que tenho para seu *forehand*. Continuo massageando a bola, e ele se atrapalha. Seguro, e ele também. Lidero por 3–2. À medida que nos aproximamos do *set* final, Wheaton sabe que precisa fazer algo. De outro modo, apenas permanecerei na luta até o fim.

E, conforme ele tentar fazer algo acontecer, exagera em alguns lances e comete erros do lado do *forehand*. Como sempre, começa a cometer outros erros também. Não consigo outro *break*. Contudo, mais importante, ele também *não*. Seguro o saque até um 5–4 de vantagem na partida e ao menos 1 milhão de dólares de prêmio.

Eu poderia dizer que estava tão focado no *match point* que não senti medo nem ansiedade. *Poderia*, mas seria mentira. Estava *muito* nervoso. Olhei para o outro lado da rede e vi Wheaton, um cara pronto a dar a vida. Ele pulava sobre cada pé. Não parecia cansado.

Lembrei a minha estratégia básica. Acerte o saque no *forehand*. Quiquei a bola duas vezes. Olhei mais uma vez para o outro lado da rede e respirei fundo. Depois, um belo arremesso, e um ótimo movimento. *Vap!* Meu saque cai na rede. Wheaton fica bem animado. Pula sem parar. Para a frente e para trás. Percebeu que eu estava numa fria.

Segundo saque. Se fizer o ponto, garanto o cheque de 1 milhão! Novamente dois quiques. Olho por cima da rede e lanço a bola no ar. Um arremesso não muito bom. Um saque não muito bom. Mas consegue se arrastar para o outro lado da rede e a gravidade faz o resto. E vai para o *forehand* de Wheaton. Ele parece preparado, mas erra. Atrasa e tenta forçar o lance. Bate muito aberto. Nunca fiquei tão feliz em ver uma bola na vida. Peguei-o de jeito. Eu o venci (e também venci o irmão) por 6-4 no quinto.

A partida havia começado às 20h30 do sábado, dia 15 de dezembro. Era 00h47 de domingo – mais de quatro horas do tênis mais intenso que eu já havia jogado. Tinha acabado de ganhar 1 milhão de dólares (menos 5 mil de multa que ambos tivemos de pagar pela briga).

Houve cumprimentos. Sem muito ânimo. Ele estava cansado demais para ficar bravo. Eu só queria sair dali logo. Dei umas entrevistas, coloquei gelo, recebi uma massagem para relaxar as pernas e tomei um banho. Cheguei no hotel às 4h30. Em menos de dez horas, eu jogaria a final com meu amigo Pete Sampras. Eu não tinha mais nada a oferecer.

Eu estava bem. Havia jogado mais de quatro horas de um tênis incrivelmente difícil contra um oponente muito duro. Dormi cinco horas e depois comecei a me preparar para a final. Eu teria detonado Pete em nossas duas partidas anteriores, mas ele acabou comigo em todos os *sets*. Dei tudo de mim, mas não era muito depois da luta com Wheaton. E Pete jogou um grande tênis.

Olhei para Kim durante a cerimônia de premiação. Vi lágrimas nos olhos dela. As últimas doze horas haviam sido algo inédito em nossas vidas. A intensidade foi demais. Sorrio para ela, que acena de volta. Zach está no colo da mãe, mordendo uma bola de tênis. Então cumprimento Pete e recebo um cheque de 1 milhão.

A LONGA E TORTUOSA ESTRADA

No voo de volta para os Estados Unidos, depois do torneio em Munique, pensei em outro voo e outro torneio oito anos antes. Daquela vez, eu estava no avião voltando para casa depois de ganhar meu primeiro torneio como profissional. Eu jogava profissionalmente havia seis meses e de repente ganhei um título em Taipei. Venci um cara chamado Craig Wittus. Todo mundo ficou surpreso, até eu mesmo fiquei. E, para deixar tudo ainda mais legal, pagaram em dinheiro: nada de cheque, depósito, transferência. Quinze mil dólares em dinheiro vivo!

Eu me lembrei desse voo de volta para casa, retornando de Taipei, depois da minha primeira vitória. Minhas raquetes estavam no compartimento superior, e as notas do dinheiro do prêmio, guardadas na minha bolsa de equipamento, em meu colo. Pode parecer estranho, mas fiquei mais animado dessa vez do que com os milhões em Munique. Ninguém, mas ninguém mesmo achava que eu tinha chance. Eu não tinha jogadas. Não tinha habilidade natural. "Quem você pensa que está enganando, Brad? Arrume um emprego de verdade." Eu sabia que meus dias estavam contados se não conseguisse os resultados em breve.

Então, o voo que partiu de Taipei foi especial. Nunca vou me esquecer da sensação de voltar para a Califórnia com aquela mala de dinheiro, sentado no escuro com uma lata de cerveja gelada na mão, olhando o Pacífico. Percebi pela primeira vez que eles podiam estar errados. Talvez eu pudesse me dar bem nos torneios. Talvez esse jogador de fim de semana, esse cara com lances "feios", tivesse uma vida como tenista profissional diante dele. Ao adormecer, me lembro de pensar: "espero que isso não seja um sonho". E não era.

17

EMPENHO DE TORNEIO O TEMPO TODO

COMO ADAPTAR O ENSINAMENTO AO SEU JOGO

Quando eu era um menino iniciando no esporte, adorava assistir a partidas de tênis. Quando eu não podia jogar, papai sempre estava disponível para bater umas bolas comigo e aprimorar meu jogo. Quando ele não podia, minha irmã, Dana (que depois jogou no circuito feminino), ou meu irmão, Barry (que também jogou profissionalmente), trocava umas bolas comigo. Eu gostava tanto disso que se não arranjasse um parceiro batia contra uma parede e fingia estar numa partida. Passei milhares de horas em Piedmont, na Califórnia, com uma raquete, uma bola e uma parede.

Aos poucos, desenvolvi minhas habilidades no esporte e comecei a entrar em alguns torneios em San Francisco. De vez em quando, um evento local na Bay Area era agendado e eu começava a treinar cada vez mais e a prestar muita atenção – garantia um equipamento completo e uma boa noite de sono. Minha mãe cuidava da minha alimentação. Para um torneio, eu prestava muita atenção no que fazia antes e depois das partidas. Tenho certeza de que você faz o mesmo.

Nesse começo, eu jogava trinta ou quarenta partidas por "diversão" (e jogava contra a parede por horas e horas) para cada torneio em que eu me inscrevia. Ao longo dos anos, a proporção mudou aos poucos. Um dia, acordei e percebi (como profissional) que não jogava mais nenhuma partida por "diversão". Não tinha mais um conjunto de regras para "diversão" e outro para "profissão". Eu me empenhava como se estivesse disputando um torneio o tempo todo. Precisava prestar atenção o tempo inteiro porque havia um bom dinheiro envolvido.

A questão é: muitas das ideias e dicas deste livro exigem esforço para ser absorvidas e aplicadas. Mas se genuinamente quiser melhorar seu jogo, integrar essas ideias de forma adequada vai lhe fornecer resultados impressionantes: você vai ganhar mais vezes. E se divertirá muito aplicando essa parte mental ao seu tênis.

DESEJO, DEDICAÇÃO, DILIGÊNCIA

Aborde como se estivesse abordando um torneio. Aplique-se à tarefa e faça um esforço consciente para ser um jogador mais esperto e atento. Trabalhe nisso. A maior parte do que discuto no *Jogue para vencer* envolve atenção mental: reconhecer oportunidades, analisar opções, capitalizar em cima da oportunidade com a melhor opção. Reconhecer. Analisar. Capitalizar.

Você pode comparar minha abordagem com a de Tim Gallwey no livro *O jogo interior do tênis*. Ele foca no lado direito do cérebro, no processo intuitivo. Eu foco no lado esquerdo. O lado esquerdo do cérebro é o administrador, conferindo dados e estabelecendo prioridades. Na minha abordagem do jogo, isso é crucial para vencer.

ADMINISTRAÇÃO MENTAL

Além do aspecto físico do tênis, há o mental, que pode impactar profundamente o resultado da partida. Mas é preciso ser capaz de reconhecer e aproveitar as oportunidades, saber o que está acontecendo antes e durante a partida. Você vai ganhar se jogar um bom tênis com o lado esquerdo do cérebro.

É preciso entender que jogar tênis não é *apenas* uma questão de atividade do lado esquerdo ou direito do cérebro. O esporte usa ambos os lados, em uma combinação incrível de respostas mentais e físicas criativas e espontâneas, além de fazer uma abordagem fria e calculista que envolve observação e cálculo.

Adquirir esses novos hábitos mentais e incorporá-los ao seu jogo exigem tanto esforço quanto desenvolver novos hábitos físicos no tênis. É preciso querer, ou então não vai rolar. É preciso aplicar a mesma abordagem que você usaria antes de um torneio: diligência, desejo, dedicação.

SAINDO NA VANTAGEM

Conforme você se preparar para uma partida, garanta também sua preparação mental e física. É uma oportunidade à espera de ser capitalizada, então saia na vantagem. Geralmente, essa oportunidade é ignorada, desperdiçada. Mas, para o jogador esperto, ela está lá, à espera, pronta para ser usada.

1. Preparação mental pré-jogo: pense no seu oponente e desenvolva um plano de jogo antes de entrar na quadra.
2. Também pode custar partidas: ao olhar para o que um jogador iniciante leva na bolsa, em geral, consigo prever o quão sério ele encara as vitórias.
3. Alongando para o sucesso: aqueça os músculos e se alongue para uma performance melhor e com menos risco de lesão.
4. Saia na frente: comece a partida de modo inteligente com o objetivo de conseguir um rápido *break* e estabelecer um domínio imediato.

JOGUE COM INTELIGÊNCIA

Sempre acredite que na maior parte do tempo há uma maneira de ganhar. É preciso apenas saber achá-la.

1. A chave para a vitória: Durante uma partida, acumule informações sobre como você está ganhando e perdendo pontos. Pergunte-se "Quem está fazendo o quê com quem?".
2. Destrua o plano de jogo do adversário: Saiba o que fazer quando o oponente estiver ganhando pontos com ataques.
3. Os pontos de vantagem escondidos: Reconheça os momentos de dinâmica desprezados na partida e saiba o que fazer com eles. Mas, principalmente, esteja atento quando ocorrerem.
4. O *pit stop* do tenista: Quando um lance em particular estiver com um pneu furado, reconheça e faça um esforço para consertá-lo antes que seja tarde demais.
5. Aprendendo com as lendas: Observe os tenistas no topo e aplique ao seu próprio jogo as táticas que funcionam para eles.

JOGOS MENTAIS, INTIMIDAÇÃO E TÁTICAS DE JOGO

Esteja ciente das dinâmicas *pessoais* da partida e reconheça o que o outro está fazendo que afeta o seu jogo – táticas, velocidade ou qualquer outra coisa que atrapalhe a concentração e tire sua mente do objetivo. Proteja-se.

Os dois erros mais comuns dos tenistas amadores são estes:

1. Não pensar no que estão fazendo.
2. Fazer tudo rápido demais.

O resultado é tênis aeróbico, jogadores que se apressam na hora de acertar a bola, inconscientes de tudo, exceto da pontuação. Não há nada de errado nisso – afinal, é bom para a saúde –, mas, se ganhar for importante para você, então incorporar o conteúdo deste livro valerá a pena.

AS REGRAS DE OURO DO GILBERT

1. TENHA UM PLANO

Um jogador com um plano é um jogador pensante. Mesmo um plano ruim é melhor que nenhum. Um plano ruim vai ser percebido e modificado por um tenista pensante. O resultado será um plano melhor. Planos melhores vencem partidas.

Isso se aplica a todos os aspectos do seu tênis. Tenha um plano para a preparação mental, o alongamento, o aquecimento e o começo de partida. Tenha um plano de jogo para a partida e uma rotina para verificar sua efetividade ao longo da competição. Saiba o que está fazendo na quadra.

2. NÃO SE APRESSE

Saiba qual é a melhor velocidade ou o melhor ritmo de partida para você e mantenha-se fiel. Não se deixe apressar para chegar ou passar à frente por pontos. Pense, delibere, observe e analise – incorpore o lado esquerdo do cérebro em seu tênis. Não dá para controlar seu ritmo quando se está jogando tênis aeróbico.

Siga essas regras e outras ideias que sugeri e você não somente ganhará mais vezes, mas se divertirá muito no caminho. Os oponentes vão começar a dizer: "Ei, suas jogadas estão iguais. Por que está ganhando mais de mim?". Sorria e responda: "Acho que hoje é meu dia.".

18

A ROTA PARA O NÚMERO 1

Nota do coautor: Muita coisa aconteceu desde que apresentei a Brad Gilbert a ideia para um livro chamado Jogue para vencer com o método ganhando feio. *Entre outras coisas, ele se tornou* best-seller *nos anos 90, recebendo boas críticas do* Los Angeles Times, Tennis Week, Indianapolis News, Inside Tennis, Atlanta Journal, Los Angeles Daily News, Tennis, San Francisco Examiner *e de outras publicações.*

Mary Carillo, John McEnroe, Barry MacKay, Fred Stolle, Cliff Drysdale e outros comentaristas de tênis começaram a mencionar o livro nas transmissões de TV: "Rapaz, essa saiu das páginas do Jogue para vencer!*"*

Treinadores do ensino médio e de universidades ao redor do país fizeram de Jogue para vencer *leitura obrigatória para muitos de seus atletas. Na verdade, treinadores na Texas A&M University, na University of Washington, em Stanford, na University of California-Berkeley, na University of Florida, entre outras, distribuíram às suas equipes exemplares do livro para ser estudado. O treinador da Década da Divisão I da NCAA [Associação Atlética Universitária Nacional], Dick Gould, chamou o livro de "esplêndido!".*

Até Michael Chang foi visto comprando um exemplar. Foi lançado em série pela principal publicação de tênis do Japão, a Tennis Classic, *e também publicado na Europa. Ei, até o Tony Bennett gostou dele.*

Mas, ao longo do caminho, algo deu ainda mais atenção a Jogue para vencer: *Andre Agassi pediu para Brad Gilbert ser seu treinador. Pouco mais de um ano depois, Agassi passou de número 32 do mundo para número 1, e ganhou dois títulos de Grand Slam, incluindo o Aberto dos Estados Unidos.*

De repente, publicações cujo escopo não era o tênis, como The New Yorker, Esquire, The New York Times, Men's Journal *e* Newsweek, *publicavam* histórias sobre a ascensão meteórica de Agassi e o papel de Brad Gilbert. Brad foi votado Treinador do Ano pelo United States Tennis Registry, recentemente.

Em entrevistas separadas, pedi que um avaliasse o outro, e refletisse e comentasse sobre o que é um dos mais extraordinários relacionamentos da história desse esporte.

A seguir, o treinador e o tenista falam sobre perder, ganhar e contam como chegaram ao topo.

"Qual é, Andre. Pro meio! Pro meio!" Estou observando Michael Chang quicar a bola durante uma semifinal importante no Aberto de Sybase em 1996 e sei o que vai acontecer. Steve Jamison, meu coautor, se inclina e me olha. "Mas pra que meio?", pergunta.

Bum! Chang descarrega um *ace* no meio para assumir a liderança, 4–2 no terceiro *set*, de uma partida que ele deveria ter perdido em dois. Jamison concorda com a cabeça enquanto a torcida urra. Andre ficou esquentado. "No meio! No meio!", estou pensando. "Estamos com um problema sério. Não se deixa Chang voltar assim para uma partida, ou ele vai perder."

TREINAR *VS.* JOGAR

Uma coisa que aprendi desde que Andre e eu nos juntamos como tenista e treinador é que é muito mais difícil jogar do que treinar. Sentado nas laterais, é muito fácil entender o que está acontecendo na partida; quem está fazendo o quê com quem. É bem mais difícil dentro do ringue, lutando pela vida. É fácil se distrair, e Andre se distraiu; com a torcida, com os erros causados por uma possível impaciência, com Chang. Até mesmo o penteado dele começou a incomodar.

Sentado no camarote, via Chang provocar um grave sangramento sacando no centro, e fazia isso em quase todos os pontos importantes. O motivo? Chang é baixinho, talvez tenha 1,70 metro, e é mais difícil para ele sacar aberto, pois a rede é mais alta nos cantos. É física simples, ou geometria. O que quer que seja, é mais fácil para ele causar danos sacando no meio de ambas as quadras de *deuce* e de vantagem. Um cara como Sampras não tem esse problema, porque é mais alto e tem braços longos. Pete pode ter 1,80 metro, mas saca a 2 metros, e adora sacar aberto. *E* consegue fazer isso sob pressão.

Mesmo com a nova raquete longa do Chang, ele tem mais dificuldade no saque aberto, ainda mais sob pressão. Então consegue muitos pontos importantes martelando o meio. A certa altura, ele havia mandado no meio nove vezes seguidas; cinco para *winners* ou retornos fracos. De novo e de novo. Quando ele estiver à frente, *pode* tentar um amplo; caso contrário, é melhor não. Meio.

O NÚMERO 1 EM PERIGO

Esta partida de sábado à noite próxima a San Francisco é importante porque, se Andre ganhar, avançará para as finais no domingo, contra Pete Sampras. O vencedor *dessa* partida se tornará o número 1 no *ranking* mundial. Será a primeira vez na história do tênis que dois jogadores que não estão em número 1 lutarão pelo topo. (*Nota do editor: Thomas Muster foi número 1 muito brevemente em fevereiro de 1996, mas ao perder na primeira rodada de outro torneio estaria prestes a perder o topo. O vencedor da rodada final daquele domingo à noite seria elevado a número 1 do mundo.*)

Uma vitória ali iniciaria o ano de 1996 muito bem: um ótimo retorno para Andre, que havia lesionado o músculo peitoral durante a Copa Davis e esteve fora de ação por três meses até o Aberto da Austrália, em 1996, no qual Chang o derrotou.

INÍCIO RÁPIDO

A noite começou bem para Andre. Ele batia com força, muito focado e metódico, e levou o primeiro *set* por 6–2. Sem grilo. O segundo *set* ficou ainda melhor porque Chang começou a cometer uns erros não forçados muito raros ao tentar fazer algo acontecer. Chang doando pontos é como nevar no deserto. Bem incomum. Andre está um *set* à frente e por 4–2 neste. A oito pontos de pegar o ingresso para a final. Mas então começou.

Não percebi de imediato, mas muito sutilmente houve uma mudança na partida. Chang se acalma e para de doar pontos, o que eu já esperava. Mas, ao mesmo tempo, Andre começa a se apressar um pouquinho; correndo para finalizar um ponto, rápido demais. Perdendo o primeiro serviço, proporcionando a Chang uma olhada no segundo. Ele pode ter ficado ansioso demais para fechar a partida, mas, seja lá o que for, mudou seu padrão de jogo. De forma muito sutil, mas aconteceu.

Agora Andre está sacando a 4–2, um *set* à frente; um momento importantíssimo na partida. Chamo de Superponto de Preparação, pois este *game* pode mesmo alavancar a posição de Andre, colocando-o a apenas quatro pontos da vitória. Se segurar o saque, Chang está na mira. Perdendo, Chang volta para o serviço e pode mudar completamente a dinâmica do jogo. Chang arruma mais combustível. Estou pensando: "Segura, Andre. Acerta o primeiro saque!".

Que nada. Chang quebra de volta. Ops. Em serviço, a 3–4, segundo *set*. Mas uma quebra nunca é uma quebra até que segure. Talvez quebrar de volta tire um pouco o foco de Michael, deixe-o ávido demais. Talvez não. Chang não perde o foco duas vezes em uma mesma partida. Andre continua tentando a morte rápida; apressado, tentando finalizar um ou dois lances mais cedo. Talvez três. E continua assim, com Chang segurando para ir a 4–4.

Penso que Andre também ficou um pouco agitado porque a torcida comemora o retorno de Chang. Querem um terceiro *set*, e, não importa quem seja, a plateia vai se virar contra você se isso significar mais tênis. Andre arranca a bandana quando olha para o enorme telão e vê que está torta. Isso agita a torcida de novo e mais de 10 mil torcedores começam a berrar. Ele não parece contente. Estou achando que ele precisa ter mais paciência.

O PONTO PERFEITO

O que quero dizer com isso é que Andre jogava de modo objetivo um ponto com Michael que leva entre seis e nove lances. Em outras palavras, contra um receptador como Chang, que pega tudo, Andre se sairia melhor se batesse ao menos seis vezes na bola e no máximo nove para construir um ponto que leve a uma vantagem.

Mais de nove, e é uma guerra de fricção na qual Michael se dá bem. Menos de seis, e Andre provavelmente ficará forçado a ir para um ponto gigante, porque o ponto ainda não se abriu direito. Estou falando genericamente.

Obviamente, há exceções, mas, ao longo da partida, é isto que Andre deve fazer contra Chang: construir uma abertura entre seis e nove jogadas.

Andre está dando uma colher de chá para Chang ao tentar finalizar cedo demais. Está sacando a 5-6 agora, segundo *set*; ainda errando o primeiro saque e deixando Chang ver muitos segundos nos quais pode dominar o ponto. Chang quebra em *love*.

Ele está no piloto automático. A partida está empatada, mas apenas na pontuação. Michael tem todo o impulso e fica nessa para ir a 4-2 no terceiro. Este está indo embora, e vai doer. Não é possível que Andre vá deixar Chang vencer.

De repente, *Chang* está a oito pontos da final. Mas, apesar da tenacidade de Michael, vou contar uma coisa sobre Andre Agassi: ele é consistente. Eu gostava da atitude mental dele nessa época. Alguns anos antes, ele podia ter pensado que não era seu dia e entregado o jogo. Agora Andre continua em busca de uma maneira de cavar para fora do buraco, até o fim. Ele pode não vencer, mas vai lutar.

Chang ganhou seis dos últimos nove *games* e está pronto para dar uma gravata em Andre. Mas Andre se acalma. Vejo-o voltando ao ritmo e se focando. Ele olha em nossa direção e vejo os olhos dele calmos e focados. Totalmente focados.

Andre vence 16 dos 21 pontos seguintes e quatro *games* diretos. Manda ver na raquete e dita a pontuação; espera a abertura boa. E pro meio; faz o ajuste e antecipa o meio para devoluções incríveis. É o máximo.

Melhor que na noite seguinte, quando Pete chega focado. O primeiro saque dele é medido a 202 quilômetros por hora. Isso é o que se chama sair do vestiário pronto para jogar. Pete disse depois que foi seu melhor jogo contra Andre, e a vitória lhe deu o primeiro lugar do mundo a 00h01 de 19 de fevereiro. Mas fiquem ligados.

TÊNIS *ROCK AND ROLL*

Andre era o rebelde do tênis quando começou; quase um astro do rock ou algo do tipo, com cabelo comprido, brincos, jogando a camiseta para os torcedores. Um grande *showman*.

Eu não me importava com nada disso. O que chamou minha atenção foi algo *realmente* doido, em minha opinião: Andre não aproveitava seu talento corretamente. Todo mundo via as habilidades impressionantes do cara, mas o que eu via era um sujeito que não capitalizava em cima delas.

Ele se dava bem mesmo assim porque tinha muito talento, o suficiente para vencer as partidas, apesar do seu jeitão. Também perdeu muitas que deveria ter ganhado.

Por não pensar na quadra, ele nunca foi consistente. Tenistas que deveriam ter sido derrotados por ele acabavam ganhando. Perdia partidas que ele deveria ter ganhado. De vez em quando, ele se ligava e alcançava a perfeição – por exemplo, quando venceu Ivanisevic nas finais de Wimbledon em 1992, ganhando seu primeiro Slam.

Chegou a número 3, mas vê-lo jogar era quase doloroso para mim porque eu vislumbrava um talento descuidado. Via-o fazendo lances incríveis e depois segui-los com uma deixadinha fraca atrás da linha de fundo, quase como se estivesse numa partida de exibição para agradar a galera.

Então, ao longo dos anos, mantive um registro dos jogos dele, como fiz com outros do circuito. Sabia o que ele estava fazendo e tinha uma boa ideia do que *deveria* estar fazendo para ganhar mais. Mas nunca em um milhão de anos pensei em treiná-lo, nem ele nem qualquer outro.

COMO ME TORNEI O TREINADOR DE ANDRE

Durante os Campeonatos Lipton de 1994, em Key Biscayne, Andre e eu jantávamos em um pequeno restaurante italiano em Fisher Island. Desde a vitória em Wimbledon, Andre caíra para #32 no *ranking* mundial por conta de várias coisas, inclusive uma lesão no punho que exigiu cirurgia e repouso. Mas o punho não era a verdadeira questão.

Em algum ponto entre o espaguete e o *spumone* naquela noite, Andre perguntou se eu tinha alguma ideia de como melhorar seu jogo. Pensei que estava apenas jogando conversa fora e comecei a dizer como achava que ele não estava no limite de seu potencial; como poderia traçar estratégias melhores para as partidas; como ele jogava *fora* da quadra; como se segurava atrás da linha de fundo. Ele era o melhor jogador da história do tênis por pegar a bola no alto, então não fazia sentido nenhum ficar parado atrás da linha e deixar a bola afundar.

Também disse que seu jogo me parecia inconsistente de uma partida para a outra – às vezes, estava pronto para a luta; outras vezes, tinha cara de quem nem havia pensado no assunto. Disse ainda que jogava descompromissado contra alguém e depois precisava sair da enrascada com grandes *winners* da linha de fundo.

Mas, falando sério, não penso ter dito nada que Andre já não soubesse ou sentisse. Ele é inteligente, então o que falei estava de acordo com o que ele pensava. Aconteceu de forma casual assim. Ele disse: "Vamos trabalhar juntos quando der. Sem compromisso; bater umas bolas em torneios, bater um papo no telefone". Acho que nunca se disse a palavra "treinador", nem assinamos um contrato.

No começo, continuei com minha agenda de jogos e deixei as coisas progredirem da maneira combinada no jantar; batendo bola nos torneios, conversando por telefone. Falei para Andre que não esperava ver nenhum resultado real em torneios nos próximos cinco meses, por conta do repouso. Foi um bom chute. Nada aconteceu a princípio, e os resultados de Andre no Aberto da Itália, no da França e em Wimbledon não foram muito bons.

Então, quase exatamente cinco meses depois que conversamos em Fisher Island ao redor de nossos pratos de macarrão, ele foi para Toronto e venceu o Aberto do Canadá de 1994. Próxima parada: Aberto dos Estados Unidos. Andre não seria cabeça de chave por conta de seu baixo ranqueamento (número 19 do mundo).

A MAGIA DA CRENÇA

Eu tinha muita certeza de que Andre poderia ganhar tudo em Nova York porque o jogo dele teve um estalo durante o torneio do Canadá. Ele esteve tão bem em quadra que eu lhe disse que poderia chegar até o fim em Nova York. Andre deve ter pensado que eu estava brincando porque respondeu: "Se eu ganhar, você precisa se depilar todo, como eu fiz em Wimbledon ano passado, ok?". Eu tive o mau pressentimento de que precisaria raspar o peito dali a quinze dias.

No entanto, Andre tinha uma tarefa complicada pela frente. Teve de jogar com Wayne Ferreira, Michael Chang, Thomas Muster, Todd Martin e, nas finais, com Michael Stich. Derrotou todos.

Ninguém na história do Aberto dos Estados Unidos havia ganhado daquele jeito: da maneira mais difícil, vencendo cinco cabeças de chave a caminho da vitória. Vê-lo conseguir impulso e confiança, ver sua performance e seu foco mental aumentando cada vez mais foi formidável. A concentração dele foi ao máximo.

Depois daquilo, ele começou a me chamar de "o crente". E mais importante: ele se tornou um crente.

Dois dias depois de ganhar seu primeiro US Open, cumpri minha promessa: em rede nacional, com minha esposa, Kim, peguei a navalha e raspei os pelos do peito. Eu pago minhas dívidas.

PENSAMENTO EM LONGO PRAZO

Mas queria que ambos pensássemos além de um torneio ou título. Nunca pensei que o objetivo de Andre fosse vencer outro Grand Slam, mas vencer *títulos* de Grand Slam. É por isso que a única coisa que falei para ele quando veio até o camarote após a vitória contra Michael Stich em 1994 foi: "Agora, a Austrália". A Nike ofereceu uma festa para todos naquela noite, no restaurante Il Vagabondo, em Manhattan, e eu repeti a mensagem. Seis meses depois, ele venceu Pete Sampras na final do Aberto da Austrália de 1995.

Em 10 de abril de 1995, Andre alcançou o número 1 no *ranking* e permaneceu lá por trinta semanas. Pete alcançou essa posição de volta. Thomas Muster esteve lá por alguns dias, e depois Pete recuperou a classificação de novo naquele domingo à noite no torneio de Sybase. Eles continuaram por um tempo disputando o topo.

19

ANDRE AGASSI SOBRE "GANHAR FEIO"

"Ganhar feio" para mim é ser capaz de descobrir como ganhar mesmo quando não se está no seu melhor dia, quando as coisas não acontecem do jeito ideal e é preciso fazer mais do que bater na bola com força. *Esta* é umas principais coisas que aprendi com Brad: como ganhar feio quando necessário.

Brad Gilbert fala bem. Na verdade, ele está *sempre* falando. Quando o conheci no circuito, isso me incomodou, porque ele falava demais; sempre dizendo algo ou tentando conversar com alguém. Fiquei pensando: "Meu Deus, por que esse cara quer se intrometer em tudo? Ele fala *o tempo todo*!". Mas BG é assim. Ele tem uma opinião sobre tudo e todos.

Então jogamos a Copa Davis juntos na Alemanha, em 1989, e eu comecei a conhecê-lo um pouco melhor. Além disso, conheci a esposa dele, Kim, que é uma pessoa ótima, e pensei: "Se ela gosta desse cara, talvez ele seja legal". Jantamos juntos algumas vezes ao longo daqueles meses e aprendi que, embora BG falasse muito, sobre esporte ele sabe do que fala. Principalmente tênis.

E foi assim que fomos nos conhecendo: conversando antes e depois de algumas partidas e de treinos da Copa Davis, em outros torneios, uma pizza de vez em quando. Tudo muito casual, mas aos poucos o conheci melhor e nos tornamos amigos. Que bom.

APRECIANDO O JOGO "FEIO" DE BRAD

O que BG fez para meu jogo desde que nos aproximamos é inigualável e ninguém poderia ter feito algo parecido porque ninguém mais conhece esse esporte melhor do que ele. Não há dúvida na minha mente. Ele tem um entendimento enorme de tudo: estratégia, táticas, dinâmicas de partida e como aplicá-las para derrotar caras como Pete, Michael Chang, Boris, Courier e outros.

Ele é muito científico na análise de oponentes. Brad os coloca sob o microscópio e pode ver claramente onde as falhas e as forças de cada um estão; especialmente onde rachaduras no jogo deles aparece durante um ponto importante, onde faz diferença.

Eu me deparei com essa habilidade pela primeira vez quando joguei contra ele. Era uma experiência frustrante, pois Brad não me deixava jogar.

Preparando-se para enfrentá-lo não dá para se sentir confortável como se fosse para disputar com outros, porque você sabe que, de algum modo, ele vai tirá-lo do ritmo, que pode controlá-lo. Você acaba jogando o jogo dele em vez do seu.

É quase como fazer aula de tênis, porque ele sempre aparece com uma surpresa. Nunca se sabe quando vai atacar ou não. Nunca se sabe quando vai martelar ou massagear a bola. O que se *sabe* é que ele não permite que o outro entre num ritmo tranquilo e confortável.

Jogar contra BG era muito frustrante porque ele tinha uma habilidade impressionante de explorar o jogo do rival; pegar uma fraqueza e cutucá-la até quebrá-la. E, além dessa mente incrível para o tênis, ele tinha garra. Nunca desistia de uma partida.

E se você for um novato, esqueça. Brad acaba com novatos. Sei porque a primeira vez que jogamos eu ainda era inexperiente. Fui para a quadra pensando "moleza", e saí da quadra pensando que tinha sido um sonho ruim. A coisa foi feia. Novatos não venciam Brad.

Em janeiro de 1994, eu tinha caído no *ranking* mundial: de número 3 para 32. Meus dias com Nick Bolletieri ficaram para trás. Eu havia passado um tempo com Pancho Segura. Pensei que Brad e eu poderíamos conversar.

FÓRMULA VENCEDORA

Na Flórida, durante os Campeonatos Lipton, em março de 1994, pedi a ele algumas ideias sobre meu jogo; o que eu poderia fazer para melhorar. Imaginei que ele tivesse muitas opiniões. De cara, ele me falou que eu deveria estar ganhando mais. Tudo o que ele disse foi certeiro. O principal foi: "Pense".

Ele me falou: "Se jogar com Sampras do mesmo modo que joga com Chang, vai perder. Se jogar com Becker como joga com Courier, vai perder. Cada jogador é diferente. Sua estratégia deve ser diferente para cada um.". Ele tem razão, e aplicar isso provocou uma revolução no meu jogo.

"DESENVOLVA UM PLANO"

Brad acredita que, para vencer consistentemente em qualquer nível, é preciso "desenvolver um plano". Isso significa que, durante uma partida, é preciso ter uma estratégia clara do que se quer e então trabalhar para forçá-la sobre o adversário. Para isso é preciso fazer três coisas corretamente. O Brad básico:

1. Conheça suas forças e suas fraquezas.
2. Entenda as forças e fraquezas do adversário.
3. Passe um tempo pensando: "Como posso impor minhas forças sobre as fraquezas do oponente?".

Eu não estava fazendo isso. Brad não acreditou quando contei que às vezes decidia para onde mandar o saque durante o arremesso da bola. Para Brad, isso era inaceitável, pois ele era o tipo de jogador que pensaria aonde mandar a bola duas semanas antes do arremesso.

ESTRATEGIZANDO

Uma das primeiras coisas que ele me disse foi que eu precisava entrar com tudo quando abria o jogo. Ele percebeu que eu adorava martelar os lances baixos. Mesmo quando eu abria a quadra com um *swing* amplo e recebia um retorno fraco, eu permanecia atrás para mandar outra bola forte. Brad disse: "Quando tiver a chance de terminar um ponto, aproveite. Entre de cabeça.".

Ele também me colocou para pensar a respeito do meu serviço. Em vez de apenas dar um *spin* para dentro, comecei a usá-lo para preparar o ponto. No US Open de 1994, na final contra Michael Stich, Brad e eu discutimos a necessidade de misturar os tipos de saque para o rival não ficar confortável, permanecer na defensiva e ir para a rede. Funcionou. *Sets* diretos para o título do Grand Slam.

TRANSFORMANDO AS FRAQUEZAS EM FORÇAS

Bem, isso parece coisa básica, mas é incrível como jogadores limitam seus talentos físicos ao não utilizar os talentos mentais. Sei que isso valeu para mim. Na verdade, não tenho dúvida de que minha mente era minha fraqueza. Eu achava que não precisava usá-la. Pensava que podia aparecer e bater com mais força que o outro cara.

Os tenistas sabiam que, mesmo quando eu estava jogando bem, se aguentassem firme tempo o suficiente, eu provavelmente daria a partida de bandeja. Gosto muito de ter sido capaz de provar a mim mesmo que é possível pegar uma fraqueza e transformá-la em força.

Fiquei com a sensação de que eles sabiam que, mesmo se eu não estivesse jogando tão bem, eu ficaria tão em cima que poderia perder um pouco da garra, como se talvez não valesse a pena.

Senti essa diferença depois que BG e eu nos unimos. Os jogadores passaram a me respeitar, e eu percebi isso. Sabiam que eu estaria focado 100% no aspecto físico e mental até o último ponto.

Outra coisa importante foi que Brad enfrentou e venceu os mesmos caras que eu encarava. Ele sabia por experiência o que eles eram ou não capazes de fazer nos pontos importantes, e desenvolveu um plano para o meu jogo contra esses caras.

O CANHÃO DO COURIER

Por exemplo, com Jim Courier, sabe-se de antemão que seu *forehand* é um canhão. Mas muitos o temem tanto que tentam mandar a bola para seu *backhand* no começo do ponto. Não fiz mais isso depois que aprendi que, apesar de seu *backhand* ser vulnerável, fica ainda mais quando precisa ser usado em movimento.

Então primeiro eu vou para o *forehand* dele, sua força, que abre a quadra e expõe o *backhand* em movimentos. É aí que ele tem mais dificuldade do que se estivesse pronto para isso. De alguma forma era preciso abrir a quadra para ele bater com o *backhand* em movimento. Era um ponto quase certeiro quando eu conseguia.

Brad tentava a mesma coisa como jogador, abrindo a quadra de *deuce* no saque. Eu fazia tanto no saque como no começo do ponto, com lances baixos.

O plano que desenvolvi era apenas um pouco diferente do que todos os outros tentavam fazer com Jim, mas eu usava minha força (lances baixos) para montar uma armadilha contra a fraqueza dele, que não é o *backhand*, mas sim o *backhand* em movimento. E o motivo de sua vulnerabilidade era a empunhadura. A mão dele ficava em volta da empunhadura tão mais para baixo que ele parecia segurar um taco de beisebol. É o tipo de coisa que Brad gostava de observar e explorar.

BECKER ERA TEIMOSO DEMAIS

Meu plano contra Boris (Becker) era quase nulo por conta da teimosia dele. Boris jogava de forma clara. Ele era uma pessoa muito teimosa e, por causa disso, ficava tempo demais na linha de fundo e tentava me martelar. Funcionava direitinho com minha força, os lances baixos.

Era quase como se Boris fosse tão teimoso a respeito do que acreditava poder fazer que isso o impedia de aceitar o fato de que não funcionava comigo. Isso não o deixava tentar qualquer outra coisa. Foi muito surpreendente. Era como se Boris atacasse minha força com a fraqueza dele. Contra outros caras, ele misturava bem. Contra mim, ele ficava meio irritado. Esperava tempo demais por uma bola curta, o que me permitia explorar o movimento dele, que não era tão bom quanto o de Courier. Seu *backhand* se transformava mais numa fraqueza por conta da pouca velocidade.

A outra vantagem na qual trabalhava era seu saque. Eu devolvo bem, o que tirava Boris de seu hábitat.

No entanto, ele era um tenista perigoso. Nas semifinais de Wimbledon, em 1995, eu estava com 6–2, 4–1, jogando um tênis perfeito. Na verdade, Boris até disse depois que meu jogo no primeiro *set* tinha sido o melhor tênis que ele já enfrentara.

Mas, em Wimbledon, Boris nunca esteve morto, e voltou à vida no sexto *game* do segundo *set* depois de um ponto fantástico que de alguma forma conseguiu. Aquele único ponto o convenceu de que poderia vencer. Ao mesmo tempo, eu estava no piloto automático, pensando sobre as finais com Pete. Boris venceu em quatro *sets*, 2–6, 7–6, 6–4, 7–6. Encontramo-nos outra vez dois meses depois no Aberto dos Estados Unidos com resultado melhor para mim.

PETE É QUASE PERFEITO

Pete (Sampras) era o jogador mais talentoso no circuito. Ele fazia tudo direito e não tinha nenhuma fraqueza realmente notável. No entanto, a única coisa que talvez não fosse tão forte nele como todo o resto era a devolução do saque. Ele gostava de mandar de volta flutuando e depois trabalhar no ponto.

Brad enfatizou que era ali que eu precisava prejudicá-lo rapidamente. Trabalhei para dar um bom saque em cima dele e esperar o retorno fraco ou curto, e então tentar prejudicá-lo imediatamente. Não podia esperar que ele voltasse para o ponto. Ele conseguia trabalhar esse jogo de transição, indo da defesa para o ataque, melhor que qualquer um. Você pensava que o havia pegado na defesa e de repente ele explodia em uma bola e partia para o ataque.

Com Pete era preciso obrigá-lo a pagar por cada bola curta que devolvia. Antes, eu não teria sido tão agressivo em capitalizar a bola curta. Brad vivia de buscar a menor abertura. E me ensinou a pensar assim: buscando oportunidades para explorar.

Claro, o saque de Pete era coisa de outro mundo. Mesmo se estivesse aprendendo o jeito certo, ele poderia vencê-lo com o serviço. Era preciso torcer para você chutar certo ou para que ele não estivesse num dia bom. E se o primeiro serviço dele estivesse falhando, eu precisava atacar o segundo. Brad também me alertou para ficar atento com Pete servindo aberto para meu *forehand* na quadra de *deuce* sob pressão. Ele gostava de sacar ali e depois vir por trás, com um lance de aproximação. A mesma coisa na quadra de vantagem; sob pressão, Pete gostava de mandar para o meio e depois chegar atrás.

Outro elemento do jogo de Pete que era preciso respeitar é o *forehand* em movimento, tanto na linha de base como no *approach*. Era uma arma poderosa, mas não era possível respeitá-la a ponto de não atacá-la e o deixar mandar *forehands* do lado *backhand*. Você o via acampado a quase um metro para a esquerda do centro da linha de fundo. Brad me dizia: "Tira o Pete da base de lançador. Tira o cara dali!". Então eu tentava trabalhar um ponto no qual ele não ficava raqueteando do seu lugar preferido da quadra, o que significava mandar para a força dele.

Brad e eu conversávamos muito sobre essa mistura de expor uma fraqueza ou vulnerabilidade do adversário indo atrás da força dele. É um equilíbrio delicado às vezes, mas é a chave para abrir a partida. Funciona. Venci Pete nas finais dos Campeonatos Lipton, no Aberto da Austrália e no Aberto do Canadá em 1995. Mas não funciona sempre. Ele me pegou nas finais do Aberto dos Estados Unidos naquele mesmo ano. Mas, como eu disse antes, quando Pete estava 100% no jogo dele, e eu 90% no meu, eu sentia como se estivesse a 60%.

Basicamente, quando jogávamos juntos, ele segurava o saque e eu o atacava com lances baixos. A questão era: eu o quebro ou ele me vence no chão? Quem conseguia ganhava.

DESAFIANDO CHANG

De todos os jogadores do Top 10, jogando meu jogo, eu preferia encarar Michael Chang. Eu combinava com ele. Com isso quero dizer que a única coisa que considerava melhor nele do que em mim era a movimentação. Então, se eu estivesse no auge do meu jogo, ele não tinha voz na partida. Eu simplesmente tinha mais poder de fogo. É como se dois pesos-pesados do boxe fossem se encarar e um deles pesasse dez quilos a mais que o outro. Eu costumava vencer.

O que fazia contra Michael era atacar sua força, que era a velocidade. Na verdade, eu gostava dessa velocidade, pois, se ele pegava uma, tinha de correr para a próxima. Eu queria que ele pegasse. Minha mentalidade era: "Eu consigo bater nessas bolas de um lado para o outro mais do que ele aguenta correr de um lado para o outro". Basicamente, minha força era maior do que a dele. Eu só precisava ser paciente. Brad me tornou muito mais paciente.

SUPERANDO MEUS PRÓPRIOS ERROS
No Aberto da Austrália de 1995 contra Pete na final, eu segurava o saque com facilidade no primeiro *set* e tive três chances de quebrar o serviço, mas não o fiz. Depois saquei a 4-5, e o *game* e o *set* de repente escaparam das minhas mãos. Pete acertou um bom lance. Eu errei. Subitamente, 0-30. Depois, 15-40. E ainda dupla falta da minha parte, e então cedi o *set*! Uma dupla falta para perder um primeiro *set* de um Slam? Inacreditável.

Acredite em mim, fiquei chateado, muito bravo, porque deveria ter ganhado o *set* ao menos duas vezes; em vez disso, perdi com uma dupla falta. Fiquei muito nervoso.

Mas veja a diferença. Com Brad, aprendi a transformar essa emoção, essa raiva, em algo positivo. Em vez de me derrubar, a raiva me levou a outro nível. Senti como se tomasse uma injeção de adrenalina. Quase como marcação sob pressão no basquete.

Contra Pete naquele segundo *set* nas finais australianas eu fui muito intenso; indo atrás de todos os rebotes, a marcação sob pressão, em cima dele por toda a quadra. Eu lutava por tudo. De repente, 6-1 e estou de volta na partida. Não só isso. Ganho em quatro.

GANHANDO FEIO
Uma das coisas mais importantes que aprendi com Brad é como permanecer na partida quando ela não está saindo do jeito que a gente quer. Ele acredita que em 5% do tempo o oponente está em concentração máxima e você não vencerá, e vice-versa. Mas, em 90% do tempo, vale tudo; há uma maneira de vencer. É preciso apenas descobrir qual. E fazer o que for preciso para permanecer positivo. É preciso acreditar. Eu melhorei muito com isso graças a Brad.

AGRADECIMENTOS

Brad Gilbert

Minha esposa, Kim; meu filho, Zach; minha filha, Julie.
Meus pais, Barry, Sr., e Elaine Gilbert.
Meu irmão, Barry, Jr., e minha irmã, Dana.
Meu treinador, Tom Chivington, e Georgie Chivington.
Todo o pessoal do Brad Gilbert Tennis Camps.

Steve Jamison

Meu pai, Ev, o melhor treinador do mundo.
Minha mãe, Mary, a melhor do mundo.
Pat, Kris, Kate e Kim, minhas irmãs.
As famílias Edstrom, Cronen, McKegney, Brand e Stark, nossa família.
Doutor George Sheehan – um corredor que inspirou muitos de nós a nos tornar atletas.

Este livro foi impresso pela Gráfica Grafilar
em fonte Baskerville sobre papel Pólen Bold 70 g/m²
para a Edipro no outono de 2023.